新时代地方全面深化改革案例选编

全面深化改革"淄博实践"制度创新案例集萃

中国经济体制改革杂志社 组编

U0832789

中国财经出版传媒集团
中国财政经济出版社

图书在版编目（CIP）数据

全面深化改革“淄博实践”制度创新案例集萃/中国经济体制改革杂志社组编．—北京：中国财政经济出版社，2018.5

（新时代地方全面深化改革案例选编）

ISBN 978－7－5095－8737－9

Ⅰ．①全…　Ⅱ．①中…　Ⅲ．①改革开放－成就－淄博　Ⅳ．①D619.523

中国版本图书馆 CIP 数据核字（2018）第 290321 号

责任编辑：郁东敏　　　　责任校对：胡永立

封面设计：秦聪聪

中国财政经济出版社 出版

URL：http：//www.cfeph.cn

E－mail：cfeph @ cfemg.cn

（版权所有　翻印必究）

社址：北京市海淀区阜成路甲 28 号　邮政编码：100142

营销中心电话：010－88191537

中煤（北京）印务有限公司印刷　各地新华书店经销

787×1092 毫米　16 开　21 印张　311 000 字

2018 年 9 月第 1 版　2018 年 9 月北京第 1 次印刷

定价：63.00 元

ISBN 978－7－5095－8737－9

（图书出现印装问题，本社负责调换）

本社质量投诉电话：010－88190744

打击盗版举报热线：010－88191661　QQ：2242791300

编写组

组　长：史克毅　潘治宏

副组长：蔡文武　贾存斗

成　员：贺　真　侯新宇

鼓励基层探索创新是抓改革落地的重要方法

（代序）

高尚全

党的十八大以来，习近平总书记围绕全面深化改革问题发表了一系列重要论述。主要包括：始终高举改革开放大旗，实践发展永无止境，改革开放只有进行时，没有完成时；牢牢把握改革的正确方向，坚持社会主义市场经济改革方向，以促进社会公平正义、增进人民福祉为出发点和落脚点；紧紧抓住全面深化改革的重点，以重大问题为导向，发挥经济体制改革牵引作用，解决我国发展面临的一系列突出矛盾和问题；全面把握深化改革的重大关系，稳中求进，协同推进，把改革的力度、发展的速度和社会可承受的程度统一起来；激活基层经验，对率先突破、取得经验的，及时拿到面上来研究论证，条件成熟的要及时推广，等等。

改革开放40年来，尊重地方的首创精神，是我国经济社会各方面取得重大成就的最宝贵经验之一。改革开放在认识和实践上的每一次突破和发展，无不凝聚着人民群众的实践和智慧。在全面深化改革的进程中，地方结合各自经济社会比较优势，全面解放思想，激发创新活力，积极探索创新，为全面深化改革找到了落脚点、提供了动力源。

改革进入深水区，需要地方发挥首创精神；新形势新任务新要求，更需要鼓励地方探索创新；全面深化改革任务越重，越要重视基层探索实践。中央深改委会议提出要“激发制度活力，激活基层经验，激励干部作为，扎扎实实把全面深化改革推向深入”。对各地来说，勇于创新、敢于探索，是政治要求，也是发展机遇；是执政压力，更是改革动力。

智慧来自群众，经验源自基层。习近平总书记十分重视基层创新实践对全面深化改革推进落实的重要推动作用，要求“把鼓励基层改革创新、大胆探索作为抓改革落地的重要方法”。他对基层在改革创新中的定位，对因地制宜推广改革经验的指示，充分彰显了以习近平同志为核心的党中央对基层经验的高度重视。当前和今后一个时期，改革发展稳定任务繁重，要最大限度调动地方、基层以及各方面的积极性、主动性、创造性，形成鼓励基层探索创新的合力。

在这方面，山东省淄博市的做法很值得研究和借鉴。他们突出思路引领，狠抓改革落实，摸索出一套自己的措施办法，是贯彻落实习近平总书记要求的具体体现。最突出的是，他们用“五个坚持”保证了改革沿着正确方向前进；用“六个一”督察制度保证了全面深化改革落到实处；将信息化渗透到改革实践的方方面面、各个领域。淄博改革创新实践目前已经形成了完备的理论体系、制度体系、执行体系，使各项改革任务落到实处，对全国全面深化改革具有很强的指导意义，得到各级和社会各界以及各大媒体的广泛关注报道，走在了全国前列。

其理论体系，即坚定不移持续推进“五个坚持抓落实，深化改革惠民生”全面深化改革“淄博实践”，坚持时时对标中央改革决策部署，用足用好改革“关键一招”；坚持以制度创新为突破口，加快推动老工业城市高质量发展；坚持“六个一”督察制度，奋力打通改革落地的难点和堵点；坚持以信息化为抓手，提升各领域改革质量效率；坚持扛起改革“施工队长”重大责任，构建强有力的落实保障体系。“五个坚持”有很强的系统性、逻辑性，淄博改革实践的成功也证明了它的科学性和可操作性。

其制度体系，即在建立领导小组、专项小组和市委深改委会议制度、上级改革精神贯彻落实制度、改革方案呈报审议制度、改革落实督导评价制度、改革成效第三方评估制度、基层创新实践总结推广制度等一系列制度基础上，将“五个坚持”的工作思路具化细化量化为各项工作的具体规范和制度要求，总结提炼基层在推进全面深化改革进程中形成的、行之有效的工作规范和办法措施，在全国首创《淄博市全面深化改革运行规则》，用制度形式把改革的好做法、好经验固化下来，起到了管根本、利长远的作用。

其执行体系，即以督察评价为手段，对明确的改革任务，充分调动各方面力量，合理分解目标任务，做到有目标、有路径、有措施、有成果，直至政策落地，做到了“一个行动胜过一打纲领”。他们从小处切口、从点上发力，对制约自身的问题一个一个解决，市委书记亲自抓，避免了掣肘和推诿，突出了全面性，体现了改革的系统性、整体性、协同性。

更难能可贵的是，他们始终坚定不移持续推进“五个坚持抓落实，深化改革惠民生”全面深化改革“淄博实践”，坚定不移突出“以信息化推进民生领域改革”淄博特色，每半年持续推出10项信息化推进民生领域制度创新改革经验，向下推广向上推介，真正做到了“群众有所呼，改革有所应”，做到了以改革为引领，持续提升淄博人民的获得感幸福感安全感。本书收录的60个改革案例，正是他们三年来连续六批推广推介的60项基层创新经验。这些经验涉及教育卫生、政务服务、生态环保、创业就业、社会保障、公共安全等群众关心关注的各个领域，来自市、区县、镇办甚至村居多个层次，有很多做法被相关领域顶层设计时采纳，为全国面上提供了路径参照，可谓亮点纷呈。

中国经济体制改革研究会、中国经济体制改革杂志社历来都十分重视地方基层实践的总结和推广。近年来，淄博的做法不仅得到了中央深改委的关注，也得到了大江南北和社会各界的关注。我到过淄博几次，全国50多个地市的改革战线同志们也都去过淄博，学习他们在全面深化改革方面的经验做法。我曾在多次会议上倡议推广推介淄博的改革经验，他们“信息化作为重要抓手推进全面深化改革”被2017年中国改革年会暨年度案例征集委员会评选为中国改革（2017）年度唯一特别案例奖。“淄博市：全面深化改革推进落实体系的淄博实践”入选“改革开放40年地方改革创新40案例”。

这次，中国经济体制改革杂志社以新时代治理体系和治理能力现代化标准，对淄博推广推介的60个基层改革优秀案例进行了整理并汇编成册，旨在从地方顶层设计、基层创新落实、改革推进方式等各个角度，深度观察、梳理和总结淄博改革实践的燎原星火，充分发挥其示范引领作用和推广推介价值，启发改革思路和智慧，提振改革信心和决心，凝聚更广泛力量和共识，为推动全面深化改革向纵深发展贡献力量。

高尚全

CONTENTS 目录

第一篇

高质量发展篇

淄博市工业精准转调“1 + N”供给侧结构性改革（2016）

按照中央和省市供给侧结构性改革部署，淄博市深度对接《〈中国制造2025〉山东省行动纲要》，紧扣“精准”，着眼“转调”，2016年出台《淄博市工业精准转调“1 + N”供给侧结构性改革实施方案》，包括1个实施纲要和化工、电子信息、医药、机械装备制造、陶瓷、纺织等6个重点行业实施方案，明确转调目标、任务和措施，力争通过5年持续努力，实现工业由大到强的战略提升。

一、着力健全工作推进机制，精准转调工作稳步推进

一是成立工业强市指挥部。为深入推进全市工业领域供给侧结构性改革，统领精准转调各项工作，淄博市成立了工业强市指挥部，上下贯通、左右联动、一体指挥、一体运作、统筹推进全市工业精准转调工作；指挥部下设各行业指挥分部，具体负责各行业精准转调推进工作；各区县也相应成立工作机构，负责区县工业精准转调工作，形成市区两级高效顺畅的组织领导体系，确保各项任务落到实处。二是建立“六个一”工作机制。探索建立了一套实施方案、一套路线图、一套政策体系、一个服务平台、一支专家服务团队、一个评价体系的“六个一”工作推进机制，即出台技术改造突破年实施方案，将淄博市“753”现代产业发展体系要求、“1 + N”精准转调方案及化工、医药、电子信息、汽车、工程机械等产业链发展重点环节作为工作路线图，将制定的涉及设备（软件）购置补助、税收增量奖补、贷款贴息、创新发展咨询、产业引导基金奖励、产业集群培育等政策作为一套全方位支持技

术改造的配套政策，应用好建立的技术改造工作调度服务平台，充分发挥好依托山东理工大学建立起的专家服务团队，研究建立一套完整的技术改造效果评价体系，按照这"六个一"工作机制全方位推进技术改造工作，将精准转调工作落到实处。

二、着力开展技术改造突破年活动，推动精准转调工作持续深入

2017 年，淄博市政府出台《关于实施新一轮企业技术改造的意见》，2018 年又先后出台了《关于印发〈2018 年全市技术改造突破年实施方案〉的通知》《关于加快实施新一轮高水平企业技术改造专项行动计划的意见（2018－2020 年）》，形成了涵盖目标、思路、任务、责任分工、政策措施等领域的系统化工作推进体系，为新一轮企业技术改造工作顺利开展提供了强有力的政策保障。市委市政府领导多次听取技术改造工作情况汇报，亲自指导技术改造工作开展。2018 年 5 月 20 日，市政府在博山区召开了技术改造突破年现场会，现场观摩了企业技术改造情况，总结了前段时间工作情况，分析了存在的问题，并对下一步工作进行了部署安排。6 月 12 日至 13 日，市委督查室、市政府督查室组织对工作落后的区县进行了现场督查，确保各项工作落实到位。2018 年，全市工业技改投资同比增长 27.8%，高于全省平均水平 18.2 个百分点。

三、着力抓好项目建设，夯实精准转调基础

项目是精准转调工作的重要载体，抓好项目建设对精准转调工作尤为重要。2018 年，共策划实施 306 项市级重点技术改造项目。截至 2018 年 6 月底，项目整体推进顺利，已开工项目 252 个，开工率 82.35%。7 月，市级重点技改项目名单进行了调整，调整后，项目数达到 363 个，总投资 919 亿元。一是加强项目精准服务。实行领导干部挂包责任制，定期调度项目进展情况，协调解决项目建设过程中遇到的困难和问题，为项目建设提供全过程跟踪服

务。加强项目技术服务，分行业组织技术改造专家服务团队对规模以上企业技术改造开展诊断咨询和技术支持，推动企业精准技改、快速转调。二是加强要素保障。定期梳理项目建设过程中遇到的问题，先后对提出涉及土地、手续办理等方面的42个问题进行了分类办理。在全市组织的“金融活动周”，对首批有融资需求的53个项目进行了发布对接。三是组织开展技改政策兑现。制定了设备（软件）补助、贷款贴息、产业集群等支持政策申报指南，并对区县及企业进行了技术改造政策解读。上半年开展了相关专项的申报工作，共收取各区县申报材料155份。目前，政策兑现工作正在按程序进行。

四、着力发挥典型带动作用，有序推进重点企业精准转调

为认真贯彻落实市委、市政府深入推动工业精准转调的指示精神，市经信委出台了《关于切实加强重点工业企业精准转调工作的实施意见》，集中做大做强一批重点工业企业。一是明确工作任务。制定重点企业精准转调方案，对有中长期发展战略、行业或区域代表性强、发展基础好、创新能力强、产品优势明显、“十三五”期间有重大项目的300家重点工业企业结对挂点帮扶，逐个企业制定精准转调方案，逐个细化工作目标、方向、路径、步骤和重点保障措施，实行“一企一策”“一事一议”，加速企业做大做强。二是加强工作推进。成立了7个挂点小组对重点企业进行结对帮扶，印发了“挂点帮扶工作明白纸”，定期召开工作会，研究工作推进措施。优先对重点企业开展管理咨询，指导企业加快精准转调。三是抓好监测分析。及时分析掌握企业、行业经济运行和投资态势，为企业精准转调提供决策依据。2018年上半年，重点监测企业主营业务收入、利润分别同比增长12.6%、33.5%，企业发展质量效益进一步提高。

五、着力加快推进智能和绿色制造，推动实现高端化绿色化转调

一是打造智慧工厂和智能车间。出台《关于推动两化深度融合打造产业

竞争新优势的实施方案》，建设10家智慧工厂、100个智能车间、完成机器换人300台（套）、上云企业1 000家。目前，已遴选出16个智能车间建设项目，作为2018年智能车间建设示范引领，初步确定了涵盖淄博市七大传统行业的12家智慧工厂、130个智能车间拟培育名单。二是积极推动企业上云。制定《2018年“企业上云”行动计划》，各区县均组织召开企业上云启动大会，举办各类企业上云培训活动30余场，培训企业总数超过2 500家。设立市级企业上云财政专项引导资金，用于扶持企业上云。目前，全市上云企业数近1 000家，山东省企业上云公共服务平台注册企业391家。三是实施绿动力提升工程。2016~2017年，实施了总投资107亿元的绿动力提升工程。两年来竣工项目3 477个，削减燃煤消耗600余万吨，分别减少烟尘、二氧化硫、氮氧化物排放3万吨、12.1万吨和7.8万吨，淄博市绿动力提升工程创新性举措在全省全国推广。四是大力实施绿色制造。共组织实施工业绿色转型升级、高效节能照明设备LED推广、太阳能集热系统建设等项目101项。淄博京科电气的开关磁阻电机调速系统节能技术入围《国家重点节能低碳技术推广目录（2017年本）》，2项节能成果申报山东省节能重大成果，3项成果申报省节能优秀成果。

六、着力加强创新支持引领，为精准转调提供技术支撑

一是提高企业核心技术开发能力。重点针对传统产业技术改造产业链关键环节和重点产业集群区域的企业技术中心进行认真筛选，制定了《淄博市2018年企业技术中心培育计划》，进一步完善制造业创新体系，加强产业前沿和关键共性技术研发，促进技术转移扩散和商业化应用。二是全力抓好泰山产业领军人才申报和管理。以新一代信息技术、高端装备、新能源新材料、高端化工等新旧动能转换重点产业领域关键共性技术研发为重点，推荐申报泰山产业领军人才（传统产业创新类）。三是大力组织实施技术创新项目。2018年，淄博市62个项目成功入选第一批省级技术创新项目，项目研发经费投入合计2.98亿元，达到国内领先水平以上的项目占总数的95.16%。

七、着力加强骨干企业培育，培优培强精准转调主体

一是强化企业家培训。按照《淄博市工业和服务业企业三年培训计划（2018－2020）》，2018年，先后在浙江大学、山东理工大学组织了培训。目前，市级已培训12期，培训企业学员近1 600人，区县自主培训规模以下企业主要负责人8 000余名。二是积极发挥龙头企业作用。按照《关于扶持企业做大做强提高企业发展质量单项突破工作实施意见》，采取“行业抓龙头、分级抓骨干”的办法，梳理筛选骨干企业，市县分级培育，强化政策扶持力度，形成龙头企业、骨干企业、产业集群梯次发展格局。

淄博市绿动力提升工程改革

（2016）

淄博市是一个依托资源开发兴起的老工业城市，年耗煤 4 500 万吨，约占全省的 1/9，燃煤消耗带来的污染是影响大气环境质量的主要因素。2015 年以来，淄博积极践行绿色发展理念，全面启动实施绿动力提升工程，对全市所有燃煤设施、工艺进行全面节能减排综合治理，探索建立生态环保和节能减排约束机制，推进实现经济发展和环境改善相协调。淄博被国家发展改革委列为 2017 年全国生态文明先行示范区建设工作现场会备选城市，被国家工信部确定为“工业领域煤炭清洁高效利用示范城市”和中意绿色工业示范园区合作方。山东省政府在淄博市召开了加快推进工业绿动力计划和散煤治理工作现场会，推广了淄博的经验做法。

一、坚持精细化实施，全力推动工程精准落地

把绿动力提升工程作为生态淄博建设和产业结构调整的突破口和重要抓手，综合运用经济、法律和必要的行政手段，控制增量、调整存量，扎实有序开展综合治理，实现了绿动力工程对燃煤需求各领域、各环节的全覆盖。对涉及的 3 477 个项目进行精细划分，通过个案研究，使每一项工程都具有可行性和实操性。一是坚持分类实施。在对能耗突出的燃煤锅炉、建材、冶金和民用煤及其他行业四大类项目实施绿动力提升工程基础上，出台了《淄博市 2017 年重点区域重点行业环境综合整治实施方案》和《关于进一步明确重点区域重点行业环境综合整治标准强力推进绿动力提升工程的通知》，确定将耐火材料、日用玻璃、板簧、氧化铝球、水泥粉磨、炭素六大行业以及建陶行业精准转调

和环境综合整治工作纳入2017年绿动力提升工程。二是坚持先易后难。在进度安排上按照先易后难的原则，对于条件成熟的项目优先启动实施；对于目前条件不太成熟、需配套保障的工程项目，在时限设定上加以适当照顾，从而使每项工程项目都按照既定目标任务有序推进。三是坚持差异化扶持。对于存在问题的工程，市政府分类施策。市财政专门下达了绿动力提升工程切块补助资金，联合青岛银行开展绿色金融债券项目专项贷款；指导方大工程、中科洁能等煤粉供应企业成立高效煤粉锅炉推广应用基金；指导区县推进大型压缩天然气储供中心建设，帮助不具备管道天然气供气条件企业解决用气供应问题。

二、坚持项目化推进，有效强化节点进度管控

一是实行挂图作战。研究制定了《淄博市绿动力提升工程实施意见》，以此为施工蓝图，各行业主管部门分别研究制定具体实施方案。各区县也分别制定了本区县的实施意见和实施方案。对每个阶段、每项任务都设定了明确的时间节点，确保一环紧扣一环、高效有序推进。

二是压实工作责任。成立市绿动力提升工程指挥部及办公室，各区县成立延伸到乡镇、企业一级的指挥工作体系。市政府与区县政府逐一签订目标责任书，区县政府与企业签订任务责任书，落实主体推进和主体建设“两个主体责任”。各部门分工合作，经信部门围绕建立健全工作体系、工作协调、工作督导、要素保障等方面做细工作；环保部门严查重处环境违法犯罪；煤炭部门加强执法力度，积极推动煤炭高效清洁利用；行业协会坚持多方引导企业创新、积极推动产业转型升级。

三是加强调度督导。市委、市政府主要领导将绿动力提升工程列入生态淄博调度会重要议程，连续召开各项推进会、调度会，逐个区县现场调度督导。指挥部每旬调度分析，每月召开工作协调推进会议，制定督查办法和专项督查方案，对每个项目都检查督促到位、标准细化明确到位。通过下达问题清单等方式，督促整改标准不严、推进缓慢等问题300余个。制定《淄博市绿动力提升工程月度考核排名办法》，对各区县工程进展情况每月一考核、一排名、一通报，派驻专家对区县工程进展情况进行系统评估，找准问题，

提出个性化措施建议。

四是加大舆论宣传。组织淄博日报、电视台等主流媒体开设宣传专栏，全面解读绿动力提升工程政策，及时报道工程进展情况，宣传工程取得的突出成效和成功经验，进一步增强人民群众对工程的知晓度、满意度和支持度。同时，充分利用门户网站、微博、微信等新媒体，努力在全社会形成践行绿色发展的浓厚氛围。

三、坚持机制化保障，确保工程取得实效

一是制度保障。一方面，制定出台《关于进一步加强重点行业环境管理的通知》《关于进一步深化重点行业综合整治强力推进绿动力提升工程的通知》，规定了“九个一律”空气质量保障措施和“十六个一律”绿动力提升工程推进措施，构建“刑责治污”工作体系，把严格的标准和依法停产治理的环保执法硬手段挺在前面。另一方面，实行挂图作战、实时调度、日常分析、月度通报和重大工作即时报送的工作调度督导机制，市和区县指挥部办公室实行“周走访”制度，深入 3 477 个项目一线协调服务，先后督促整改和解决各类问题 560 个。

二是要素保障。指挥部会同市财政、环保部门制定了《淄博市重点区域重点行业环境综合整治专项资金管理暂行办法》。设立绿动力提升工程专项奖补资金，市财政统筹资金 10 亿元，其中 7 亿元按具体项目进度进行奖补，3 亿元按区县项目奖补额和完成进度奖励区县政府。积极向上争取政策支持，争取的资金及政策，优先支持绿动力提升工程项目。对地方公用电厂改造完成并达标排放的机组（锅炉），适当增加电量奖励。在供热价格调整时，对实施绿动力提升工程项目的供热企业给予价格优惠。通过实绿动力提升工程形成的能耗和排放空间，由市里统一管理，区县分别核算，用于支持新项目建设。

三是技术保障。大力推广应用节能环保新技术，逐企落实窑炉节能改造措施。开展项目建设技术、安全、管理、运行等专题培训，组织行业专家制定《高效环保煤粉锅炉系统集成工程安装规范》《高效环保煤粉制备装置标

准》和《高效环保煤粉产品标准》。召开高效环保煤粉锅炉替代改造企业座谈会，协调高效环保煤粉供需关系，大力推广合同能源、总集成总承包等新模式，支持企业采取 BT、EMC 等建设模式积极参与高效环保煤粉锅炉替代改造项目建设。

淄博市绿动力提升工程是探索解决转型发展和环境改善问题的创新性举措，目前成效已经显现。2016 年实际节能量 670.98 万吨标准煤，削减燃煤 799.57 万吨，减少烟尘排放 6 267.44 吨、二氧化硫排放 20 727.08 吨、氮氧化物排放 40 240.77 吨。2017 年实际节能量 81.95 万吨标准煤，削减燃煤 114.27 万吨，减少烟尘排放 1 228.15 吨、二氧化硫排放 2 798.67 吨、氮氧化物排放 4 224.83 吨，真正实现了经济发展和环境质量改善的双提升、双促进。一是初步探索建立起绿色环保能源利用的制度体系。通过实施绿动力提升工程，在能耗源头控制方面，能耗过程控制环节，以及监督问效、考核评估等结果运用方面都初步建立起了一整套相互衔接、配套完善的制度体系。二是促进了生态环境明显改善，2017 年，淄博市全年实现良好天数 194 天，同比增加 11 天，良好率达到 53.9%，同比增长 3.8 个百分点；“蓝繁”天数 252 天，同比增加 27 天，“蓝繁”率达到 69%；二氧化硫（SO_2）、二氧化氮（NO_2）、可吸入颗粒物（PM10）、细颗粒物（PM2.5）年均浓度分别同比改善 33.3%、13.0%、11.2%、14.9%；综合指数同比改善 11.2%，改善幅度位居全省前列。三是推动了经济发展提质增效。2017 年，淄博市规模以上工业增加值同比增长 5.69%，实现主营业务收入 11 059.64 亿元，同比增长 4.11%；利税 1 206.47 亿元，同比增长 4.44%；利税 702.15 亿元，同比增长 2.85%；主营业务收入利税率为 10.91%，列全省第 4 位。

编制空间规划
推动“多规合一”改革创新
（2016）

为做好桓台县“多规合一”试点成果的推广应用，探索解决淄博市作为组群式城市在各项规划之间矛盾冲突多、协调难度大的问题，2016 年 7 月，淄博市在全省率先开展了区县空间规划（“多规合一”）编制工作，并报送了第二批改革创新经验《编制空间规划　推动“多规合一”》，取得了显著的成效。

一、推广推介情况

考虑到淄博市作为“组群式”城市的典型特征和具备桓台县“多规合一”试点经验的优势基础，淄博市率先启动各区县空间规划编制工作，这对于集中整合全市优势资源，优化各区县国土空间开发格局，统筹协调产业发展、生态建设、公共服务等各方面关系具有十分重大的战略意义，是优化和拓展全市未来长远发展空间的重要举措。经过两年多的时间，期间历经土地利用总体规划调整完善、永久基本农田划定和生态保护红线划定等工作，在充分吸纳相关成果的基础上，各区县空间规划编制工作已基本完成。2018 年 1 月，淄博市被列为全省“多规合一”试点。

（一）制定工作方案

在全面总结借鉴桓台县“多规合一”试点经验成果的基础上，制定了《淄博全域推进区县空间规划（多规合一）编制工作方案》，详细阐述了区县空间规划编制工作的背景依据、指导思想、编制原则、目标任务、进度安排和相关要求，征求各部门意见修改完善后，经第 64 次市政府常务会议审议通过。

（二）召开部署会议

市政府专门召开全市区县空间规划编制工作动员部署会议，各区县政府、市直有关部门和相关单位负责同志共计 120 人共同参会。会议印发了工作方案，明确了任务分工，解读了技术标准，为做好规划编制工作统一了思想认识，理清了思路方向。

（三）广泛开展调研

一是指导区县结合各自实际制定了空间规划编制的实施方案，成立了专门机构，健全了工作机制；二是指导区县召开了空间规划编制动员会，进一步细化了责任分工；三是组织专业团队分别前往各部门和各镇、街道进行实地调研，逐一开展座谈，摸清具体需求，全面收集资料，整合相关数据，提高规划编制的针对性和可操作性。

（四）举办专题培训

为确保如期编制出理念先进、技术前沿的高水平规划成果，举办了高质量的全市区县空间规划编制工作培训班，邀请国土资源部、国务院发展研究中心、北京大学等单位的 6 位知名专家前来授课，各区县政府和市、县发改、国土、交通、水利、环保、规划部门主要负责人、分管负责人及相关工作人员共计 220 人参加了培训，提升了理论素养、开拓了眼界视野、培养了全新思维。

（五）做好宣传报道

在 2017 年 2 月 11 日《中国国土资源报》第 4 版头条发表了《山东淄博全域推进区县空间规划编制——“组群式”城市“以点带面”迈出国土空间开发新步伐》专栏报道，详细介绍了淄博市全域空间规划编制工作开展情况，提高了淄博市空间规划编制工作的知名度和影响力。

二、主要经验

（一）省市县镇齐联动

省直相关部门、淄博市、桓台县、各镇办对区县空间规划编制工作高度重视，密切指导和参与各项工作，按照多层级、多轮次上下互动的方式，积极贯彻“自上而下”和“自下而上”相结合的反馈协商工作制度。

（二）部门协同共推进

为加强组织领导，形成工作合力，汇集多方资源，市政府成立了淄博市区县空间规划编制工作领导小组，由市长任组长，常务副市长和分管副市长任副组长，20个市直相关部门主要负责人为成员，各区县也分别相应成立了空间规划编制工作领导小组，也为空间规划编制工作顺利开展提供了有力的组织保障。

（三）专业团队作支撑

为确保全市各区县技术标准一致、成果体系相通、编制进度同步，按照统一组织招投标的工作模式，最终选定北京地格规划顾问有限公司和淄博国土调查测绘院联合体作为技术支撑单位，其中北京地格规划顾问有限公司也是桓台县“多规合一”试点工作的主要承担单位，团队主要成员多次承担国土系统的规划试点工作，为编制好区县空间规划提供了强大的智力支持。

（四）协商互动同编制

构建起“协商式规划”的工作机制，由市、各区县及相关部门与技术团队一起围绕规划编制工作进行多轮次的协商互动：开展市、县、镇多层级、多部门的实地调研，广泛凝聚各方共识全面掌握各类诉求；同赴全国“多规合一”试点和先进地区学习考察，深入交流经验体会；有关各方多次召开专门会议，共同商讨阶段性的成果方案，共同修改完善相关规划成果；对编制成果向全社会公示，公开征询意见并认真梳理、分析和采纳。

三、工作成效

按照“契合国家目标，体现地域特色”的总体思路，形成了各区县国土空间规划文本、说明、图件等一系列成果，围绕建设和非建设、合理开发和有效保护两条主线，划定了“生态保护红线、永久基本农田、城镇开发边界”等三线和“城镇村建设空间、其他建设空间、基本农田保护空间、基本农田整备空间、一般农用地空间、林业发展空间、农林用地整备空间、水域”等八类国土空间，构建起保护“二基一水一条线”（基本农田、基本林地，水域，生态保护红线）和开发“两界一区五张网”的基本空间格局（城镇开发边界、村庄建设边界，产业聚集区，交通网、能源网、水利网、信息网、安全网），为引领指导各部门专项规划协调融合提供了科学可行的方案。

2017 年 10 月，按照淄博市国土资源局统一调度要求，各区县政府分别组织本区县领导小组成员单位，召开了空间规划方案成果审议会，商讨了现有成果，提出了意见建议，确保现有规划成果充分契合了各区县的发展意愿和诉求。2018 年以来，淄博市国土资源局组织各区县分别召开了规划成果听证会，并在市政府门户网站上集中进行了公示，充分听取吸纳了社会公众的意见建议，确保规划成果的科学性和可行性。

四、下一步工作

《中共中央关于深化党和国家机构改革的决定》指出：“强化国土空间规划对各专项规划的指导约束作用，推进‘多规合一’，实现土地利用规划、城乡规划等有机融合。”可以预见，编制国土空间规划是推进“多规合一”的实施手段和实现途径，也将是新组建的自然资源管理部门的一项核心职能。而国土空间规划作为新生事物，其总体框架、内容体系、技术标准及其与现行各专项规划的关系等目前均不明确，同时考虑到机构改革等客观因素，该项工作的进度尚存在不确定性。对此，淄博市国土资源局将积极作为、密切关注、及时跟进，确保高质量完成全省“多规合一”试点任务。

本着“节约高效、科学实用”的原则，2018 年 5 月，淄博市国土资源局会同市发改委前往省级试点牵头单位省发改委进行了请示协调，详细汇报了淄博市区县空间规划（“多规合一”）编制工作进展情况，以及下一步在现有成果基础上修改完善后进行报批的推进思路，得到省发改委领导的赞同和认可。下一步，淄博市国土资源局将重点做好以下工作，高质量完成试点成果审查和报批。

（1）修改完善现有成果。组织区县和技术承担单位，根据最新的生态红线优化方案成果，进一步完善区县空间规划成果。

（2）组织召开专家论证会。召开高规格专家论证会，邀请 5 ~ 7 位国内空间规划领域知名专家学者，围绕规划成果的科学性、可行性、先进性和创新性等方面进行论证，给出科学权威的审查意见。

（3）提报市政府常务会议审议。按照专家论证会提出的修改意见，进一步修改完善后，提报市政府常务会议审议。

（4）组织好试点成果审批。在对各区县空间规划成果进行梳理汇总的基础上，结合省“多规合一”试点方案要求，将空间规划成果上报省政府审批。

淄博市国土资源局将以试点工作推进为契机，围绕“建立一套技术标准、提出一套制度规范、形成一套成果体系”的基本内容，深入提炼规律性的方法和技术，深刻挖掘典型性的工作机制和实践模式，大胆探索、勇于创新，力争为在全省乃至全国层面编制空间规划、推动“多规合一”提供“淄博方案”。

以信息化推进新旧动能转换 增创转型发展新优势

（2017）

淄博市积极抢抓“中国制造2025”和“互联网+”战略机遇，以两化融合为主抓手，以信息化推进新旧动能转换，点上突破、面上展开、点面结合，加快推进产业智慧化、智慧产业化、跨界融合化和品牌高端化，推动老工业城市转型发展迈出坚实步伐，成功创建为全国老工业城市和资源型城市产业转型升级示范区。

一、主要做法及成效

（一）以智能制造为主攻方向，推进产业智慧化

促进新一代信息技术向制造业研发、生产、管理和服务全过程渗透，大力开展数字车间、智能工厂、无人生产线、智慧园区应用示范，提升企业在资源配置、工艺优化、过程控制、产业链管理、质量控制与溯源、能源需求侧管理、安全生产等方面的智能化水平，有效促进了装备智能化、设计数字化、生产自动化、管理现代化、营销服务网络化，淄博“制造”向淄博“智造”转型步伐不断加快。东岳集团氟化工智能工厂项目入选2016年国家智能制造试点示范项目，鲁泰纺织智能化染色成套技术与装备项目、新华医疗制药装备智能制造项目入选2017年山东省首批智能制造试点示范项目，美旗石化交易园、淄川建材城、淄川高端装备制造产业园入选全省智慧园区试点。

（二）以信息技术为核心载体，推进智慧产业化

聚焦大数据、云计算、集成电路、移动互联网、物联网、人工智能、创

意设计等领域，推动智慧、技术、创意加速向现实生产力转化，促进“无中生有”“有中出新”，推动电子信息产业快速发展，成为“四新”经济发展的主导力量。2017 年，全市规模以上电子信息企业实现主营业务收入 398.4 亿元，同比增长 10.55%，产业利润率和利税率分别同比增长 19.65% 和 16.99%；其中，软件业主营业务收入同比增长 18.67%。与清华大学合作，依托高新区微机电（MEMS）研究院和产业园，MEMS 传感器产业化项目成功入选《中国制造 2025》2017 年 16 个重大标志性项目之一。依托山东强茂、恒汇电子、齐芯微科等骨干企业，大力发展集成电路封测产业，IC 卡年封装测试能力超过 40 亿片，国内市场份额占比达到 35% 以上，成为江北第一、全国第二的集成电路卡封测基地。

（三）以信息互联为关键纽带，推进跨界融合化

以“互联网+”为主线，促进信息技术向市场、设计、生产等环节渗透，引导企业围绕各行业产品、生产线、供应链及商业模式等环节，发展物联网、机联网、厂联网，培育工业云服务和大数据平台，开展战略咨询、研发设计、物流配送、品牌营销、金融服务等生产性服务，推广以互联网为载体、线上线下互动的新兴消费模式，促进各行业领域跨界融合、交叉渗透，探索建立全生产要素、全产业链、全生命周期、全价值链的产业生态系统。淄博市以“互联网+”为纽带引导产业跨界融合，取得了积极成效，涌现出以海思堡“互联网+牛仔制造”等为代表的 C2M 个性化定制模式，以齐鲁云商（煤炭）平台、新星电子商城、商赢网、乐物网、新商机等为代表的 B2B 电商模式，以东岳集团智能化管控中心等为代表的智能生产管理模式，以海旺达干散货海运平台、美旗石化交易物流信息中心等为代表的物流信息平台，以及以卓创资讯为代表的信息咨讯平台，有效促进了制造业与互联网、制造业与服务业的深度融合，催生了一批新模式、新业态。

（四）以网络营销为重要路径，推进品牌高端化

用互联网思维重构品牌培育模式，将“互联网+”融入产品设计、渠道规划、市场营销，价格策略等品牌开发、运营、管理的各环节、各领域。特

别是，有效运用互联网新媒体，强力推广品牌，广泛传播品牌形象，传递品牌价值，积极探索淄博“产品”向淄博“名品”的转变之路，实现制造优势向品牌优势、产品经济向品牌经济的提升，培育了一批特色鲜明的知名品牌。近期，全市16家企业入围山东省百年品牌企业培育工程，入围数量居全省第3位。其中，新华医疗、鲁泰纺织、金晶集团等3家企业入选做强大品牌范围，卓创资讯等13家企业入选培育特色品牌范围。以上这些企业在品牌培育上具有了良好的基础，部分企业在应用“互联网+”运营品牌方面也做了大量有益探索。比如，鲁泰集团以鲁泰纺织服装研究院为依托，以互联网技术研发组织为支撑，以原创服装设计师为产业主体，培育鲁中地区最大的“互联网+时尚”的新型时尚创客空间孵化器，将全力打造“国际品牌创新中心”。再比如，卓创资讯专注于大宗商品信息资讯与电子商务服务，注册会员已突破350万家，全球500强中有279家与其深度合作，成为国内最权威的大宗商品信息资讯品牌。未来应以入围山东省百年品牌培育工程的企业为重点，以“互联网+”为抓手，以技术创新、产品创新、运营模式创新提升品牌核心竞争力，培育百年企业和百年品牌。

二、典型案例

（一）鲁泰纺织智能制造

为了抢占智能制造的新高地，实现智能生产，鲁泰通过在关键工序、重点装备和特殊岗位上推行智能制造，逐步实现装备智能控制、产品在线检测、生产流程信息化管理。鲁泰自主设计、开发和运行信息化模块144个，形成了ERP平台，包括协同办公系统（OA），人力资源系统，产品设计系统（CAD），集成设备中控系统，自动化立体仓库、智能筒子纱染色控制系统，以及将资源整合、数据共享等高度数字化、自动化、智能化的信息系统。在纺纱工厂推行了“E”系统，将纺纱工艺数据等信息通过实时监控，实现了故障统计及预警、车间生产状况实时告知等功能，构建了高效的智能制造模式。智能制造技术在公司各个生产工序广泛应用，工作效率大幅提高，使生产车间实现了“早班有人、中班少人、夜班无人”的现代化智能生产，推动了传统企业向“智慧企业”的转型。

（二）海思堡“互联网 + 牛仔制造”C2M 个性化定制模式

海思堡采取“互联网 + 牛仔制造”的思维，通过互联网技术、信息化技术、物联网技术，满足客户个性化需求，培育形成一个以客户为中心、深度融合的 C2M 商业生态圈，创建了互联网时代带来的新消费模式，生产效率比传统制造提高了 200%。一是创建了消费者直接对工厂的 C2M 商业模式。以“个性化定制”模式为核心，去除中间商、代理商，直接为客户提供数字化、智能化、全球化的全产业链协同制造，减少中间浪费环节，服装生产周期从原有的约 1 个月缩短到 7 个工作日。二是智能匹配制造工艺。通过 20 余个集成服装版型数据库、2 300 余个服装工艺数据库、100 余个服装款式数据库、300 余个服装管理数据库，对个性化定制产品进行自动匹配，计算机自动生成制造工艺数据，减少了人工错误，提高了设计、生产效率，款式研发成本、设计周期趋向于零。企业每年可以节约人工成本均上千万元，产品毛利率提高 50% 以上。三是实行智能生产管理。在定制系统、匹配系统、CAD 系统等智能化集成的基础上，计划为上百家牛仔制造商进行智能化生产线私人订制改造，通过工业化与信息化融合，使计划排产、订单管理、工艺管理、质量管理、生产物流管理等，实现柔性、高效、高质、低成本、智能化生产，着力打造百亿级智能制造平台。

（三）淄川矿产资源交易平台（B2B 电商模式）

淄川区充分发挥互联网“新引擎”作用，组建齐鲁云商（煤炭）、水泥、石灰石三大矿产资源交易平台，改革传统大宗物资订货方式、创新传统交易机制，以产品交易为核心，形成煤炭交易平台、水泥交易平台、石灰石交易平台，通过提供个性化供应链集成综合服务，使贸易全流程实现线上化，包括线上寻找货源、在线下订单、在线签章、在线支付货款、在线收发货等环节。一是齐鲁云商（煤炭）平台。秉承“互联网 +”理念，面向全国市场，将传统大宗物资生产、销售、物流、结算等各环节与互联网电商相结合，线上打造交易、物流、金融、数据四大中心，线下提供仓储、运输配套服务，最终实现信息交流、交易结算、车货配对、融资保理、用户互动等功能，共享供应链信息资源，形成共享型商业生态圈。二是水泥交易平台。成立淄博联和水泥企业管理有限公司，与委托企业签订《托管协议》，公司在协议范围内，从产品销售开始，逐步对成员企业的原辅材料采购以及物流等实施统一管理。三是石灰石交易管理平台。依托内设的销售中心、交易中心、结算中心、监管中心，将石灰石开采企业买卖交易过程全部纳入管理平台实施。

（四）东岳集团智能化管控中心（智能化生产管理模式）

东岳通过对标台塑、宝钢、华为、江森、杜邦等世界著名企业，在组织架构、运行模式、管理方法、人力资源、安全环保，特别是智能信息化方面推动了一场管理革命。充分借鉴中石化、镇海炼化、九江石化、宝钢、台塑等先进企业的智能化管控精髓，打造了现代化智能制造系统——智能化管控中心。通过智能化管控中心建设，实施对厂区生产装置进行信息化管控升级改造，搭建中央网络及现场工业网络系统、软件应用平台系统、生产管控系统、能源管理中心系统、生产装置自动化提升、数据采集子站系统、现场仪表改造、各生产单元 DCS 系统数据接入等，功能主要包括产业链调度、安全环保、能源管控、经营管控、设备保养等，大幅提高了企业生产效率及安全、能源、环保管控水平，提升了生产线制造稳定性和灵活性，实现了产品质量、降低成本、强化多制造基地协同发展。通过电脑换人脑、机器人换人，管控信息化和装置自动化从 65% 提升到 96%。“氟化工智能工厂试点示范”跻身全国 63 家智能工厂试点示范，既是淄博市第一家，也是全国氟化工行业首家。

标准引领商贸转型
创新驱动物流发展
（2018）

党的十九大报告提出新时代物流发展的最新战略定位："要加强水利、铁路、公路、水运、航空、管道、电网、信息、物流等基础设施网络建设"，预示着党中央规划新时代经济体系建设中，已经赋予新时代物流业的基础设施战略定位，是对原有战略定位的一个重大提升，必将影响中国新时代物流的发展，具有划时代意义。

推动物流提质降本增效对促进产业结构调整和区域协调发展、培育经济发展新动能、提升国民经济整体运行效率具有重要意义。2016 年 7 月，淄博市入围全国第三批物流标准化试点，通过以标准托盘为切入点，推动商贸流通领域供应链上下游标准化、智慧化、协同化，初步实现了提质降本增效的目标。2017 年 11 月，商务部召开全国物流标准化经验交流大会，印发了淄博市商务局的经验做法。

一、试点开展的主要工作

按照商务部、财政部、国家标准委要求，高标准完成了试点方案、项目和资金管理办法、组织项目评审等程序内容，15 家企业、20 个项目列入试点。在工作中，重点抓了以下几个方面：

一是聚焦建章立制，打牢工作基础。先后出台了《关于开展物流标准化试点项目申报的通知》《淄博市政府办公厅关于印发淄博市物流标准化试点工作方案的通知》《关于印发淄博市物流标准化试点项目和专项资金管理暂行办法的通知》等文件，成立了以分管副市长任组长，市商务局、市财政局、市质监局等相关部门主要领导任成员的试点工作领导小组，不断完善部门协同、督导检查、议事协调等机制。

二是聚焦智力支撑，强化项目选拔和过程管控。按照政府采购程序，淄博市与国内商贸物流行业权威机构中国仓储与配送协会签署战略合作意向，在项目选拔、过程管控、项目验收、人员培训等方面做细做实。淄博市试点工作走在全省前列，新星集团、众得利现代农业成为全国、全省试点企业的排头兵。

三是聚焦循环共用，推动区域协同发展。2017 年 5 月，淄博市成立了全省首个物流标准化联盟，主席单位新星集团积极发挥链主作用，纵向与黄河龙集团、潍坊景芝集团和基地农户对接，部分减免和免费推广使用托盘、周转筐；横向与唐山成联电商、临沂阿帕科技、山东云鸟等企业合作，在物流信息化建设、末端配送等环节加强区域协同。2017 年 12 月，由新星集团发起，成立了山东省托盘循环共用联盟，全省共有 121 家企业参加，有力地推动了全省托盘循环共用。

四是聚焦宣传培训，提升推广推介力度。注重业务培训，试点期间，充分利用政策宣传、上级培训、全国行业大会等时机，组织各类管理人员、项目负责人和财务人员培训 10 余期。注重媒体宣传，省市电视台、淄博日报等主流媒体和自媒体多次宣传淄博市物流标准化工作情况，提高了社会广泛认知度和企业参与的积极性。市商务局和新星集团、山东云鸟物流等试点企业的经验做法在《中国标准化》国家权威刊物上发表。注重推广推介，淄博市经验做法和典型企业动态，多次在全国、全省交流，省商务厅和商务部网站在重要节点报道了淄博市试点工作情况，进一步提升了淄博市试点工作影响力。

二、试点取得的基本成效

此次物流标准化试点，淄博市商贸流通企业积极参与，这些试点企业着力加大物流标准化建设投入，初步形成了物流标准化改造升级、创新发展的局面。

一是大幅带动了社会投资。15 家企业的 20 个试点项目总投资 4.96 亿元，目前大部分项目已建设完成并通过第三方机构验收。其中，改造库房8.43万平方米，购置标准化货架1.07万米、运输车辆78台、叉车类设备120台，改造月台2880平方米，改造门店30个。参与制定国标、行标16个，推广应用237个。

二是共用标准化托盘使用量有了明显增加。企业标准化托盘使用量由试点前的5万片增加到35.48万片（其中租赁16.54万片），周转筐由10万个增加到49.17万个。

三是试点企业物流效率得到提升，成本明显降低。目前，淄博市托盘标准化率达到32.7%，比试点前提高11个百分点；带板运输率由试点前的平均2%提高到10%；试点企业物流成本占营业收入比重为17%，比试点前下降13个百分点；装卸搬运成本由试点前的平均49.4元/吨下降至43.2元/吨；货损率由试点前的平均0.8%下降到0.4%。同时，通过托盘租赁，减少了物流器具积压，降低了社会资源浪费。

在试点过程中，注重立足淄博实际，创新模式，突出特点，力求实效。

一是注重标准引领，提升标准化试点的水平。发挥企业主体作用，鼓励大型连锁企业制定并应用严于国家标准、行业标准的标准体系，推动供应链上下游应用联盟标准。指导新星集团建立涵盖服务通用基础、服务保障和服务提供在内的533项企业标准体系，在集团内部477个网点和上下游供应商间推广使用。目前，与46家上下游企业实现了带托运输，在70余家门店实现了周转箱循环共用。

二是注重开放发展，扩大标准化试点规模效应。发挥企业示范带动效应，逐步辐射周边地区，形成“立足鲁中、北接京津冀、南连长三角”的物流互联互通格局。众得利集团对内与淄博商厦、联华超市等展开周转筐循环共用，对外与北京物美、威海家家悦等10余家大型连锁企业建立“农超对接”关系，陆续盘活标准周转筐40余万个，降本增效成效明显。

三是注重协同配合，推进标准化试点的合作效应。以大型连锁、快消品生产等企业为核心，通过与上下游企业“结对子”，循环使用标准托盘。新星集团与海尔集团合资37亿元，建设1 000亩的海尔新星公路物流港。

四是注重提升标准，不断整合平台功能。以淄博市新星集团、众得利集团、云鸟物流等重点企业为主体，探索与唐山成联电商、临沂阿帕网络科技平台整合，促进物流链、供应链融合协同。

五是注重推广推介，不断扩大试点效应。以物流标准化试点经验入选淄博市 2018 十大创新改革经验为契机，制定《市商务局关于贯彻落实淄改办发〔2018〕1 号文件推广推介物流标准化创新改革经验的实施方案》，指导区县商务主管部门，按照典型引路、重点突破、梯次推进的工作思路，采取材料学习、实地考察、现场推介等多种方式，在全市层面进行推广。

三、几点体会

（一）龙头企业引领，是试点有效推广的有效动力

以供应链“链主”企业为龙头，带动上下游企业进行物流标准化升级改造，以龙头企业联合上下游企业结成联盟形式，是加快推动物流标准化的有效方法。淄博市充分发挥新星集团、众得利现代农业、淄博商厦、云鸟物流等骨干企业在项目建设中的样板示范和省市联盟主席单位新星集团的联盟推动，为其他试点企业和联盟企业起到了很好的示范引领作用。联盟主席单位新星集团与成员之间通过签订带托运输免检验货协议、统一仓储设施和信息系统建设标准等方式，实现货物高效流转和托盘循环共用。

（二）供应链上下游联动，是试点全面实施的重要支撑

物流标准化是一项系统工程，从供应链的角度讲，只有上下游企业同时进行基础设施标准化、信息化升级改造，才能实现互动联动的局面。以新星集团、淄博商厦、众得利现代农业等大型代理商为代表的企业，积极与上下游客户寻求合作，与黄河龙、景芝、北京物美、威海家家悦等多家企业达成托盘（周转筐）互换协议并试点运作，逐步向终端门店全面推广。

（三）上级支持、部门协同，是推进试点建设的有力保证

试点推进过程中，山东省商务厅和商务部、中国仓储协会、省标准化院

多次到淄博督导调研，要求准确把握试点必须坚持的尺寸规格、重点领域、引导带动等原则和资金安全等重点内容，多次召集试点企业和济南、青岛、临沂、德州等兄弟地市交流试点实施经验，推动标准化工作取得成效。市政府分管领导和商务、财政、质监等部门加强协调，强化过程管理和跟踪服务，及时帮助企业解决试点中存在的困难和问题，为推进物流标准化试点建设提供了有力保障。

（四）良好的政策环境，是推动单元化物流持续发展的关键环节

小托盘托起大物流。2018 年淄博市出台内贸政策，就全市商贸流通、第三方物流、农产品流通、电子商务等非试点企业租用标准托盘（周转箱）给予资金扶持，旨在让全市更多企业参与进来，从标准托盘应用入手，带动商贸物流转型创新发展，推动淄博市物流标准化工作再上新台阶，助推产业结构调整和区域经济协调发展，不断培育经济发展新动能。

用信息化提升审计管理效能
打造新时代“智慧审计”
（2018）

党的十九大报告提出，要善于结合实际创造性推动工作，善于运用互联网技术和信息化手段开展工作。随着经济社会的不断发展，在人员力量不变的情况下，沿用以往的工作方式很难有效完成日益繁重的审计任务。为解决这一突出问题，淄博市积极运用大数据手段，创新审计管理方式，通过开发市县共用的信息化管理平台，将审计对象管理、审计进度管理、审计成果管理、村居审计管理和投资审计管理五个系统整合为一个信息化平台，实现信息互通共享，有效提升了审计精细化水平。

一、科学制定审计计划

人工制定审计计划，如果被审单位底数不清，时间间隔不明，容易出现审计过频、过稀，甚至存在审计盲区的问题。为此，淄博市用大数据来辅助制定审计计划，使这一问题迎刃而解。一是建立审计对象库。通过与党委组织部、财政局等部门对接，将全市一级单位和具有独立财务的二级单位共计 1 880 个审计对象全部入库（其中，市本级 430 个，区县 1 450 个），详细录入每个审计对象的具体审计时间、5 年来的审计报告等基本情况。同时，通过和民政部门对接，将所有村居入库，共纳入村居 3 396 个。二是将审计对象分类。根据被审单位类型、职责、经济活动规模、掌握资金量等情况，并结合内审内控有效性、党委政府和社会关注度等因素，将审计对象分为 A、B、C 三类，实行 A 类每 3 年审计一次，B 类每 4 年审计一次，C 类每 5 年审计一次。三是实现审计计划智能生成。制定审计计划时，只需点击审计对象管理系统中“未审单位”菜单，就能按照最长时间优先的原则，自动生成科学的审计项目计划，有效解决了审计过频、过稀和审计盲区的问题，逐步实现有重点、有步骤的全覆盖。

二、有效管控审计进度

由于审计项目计划全部在年初确定，在年度计划执行中，很难做到均匀发力。淄博市通过大数据来管理审计进度，让计算机作“指挥长”，有效解决了这一问题。在年初审计计划确定后，根据项目大小、难易程度，将项目安排到月份和日期，系统实行限时管理。通过控制“审计通知”“正式进点”“征求意见”“审理完成”“业务会议”“审计报告”“档案移交”七个审计项目关键节点，系统根据录入电子文档或照片等进度信息，自动生成各节点进度情况，对节点超时项目进行自动提醒，督促相关人员加快工作节奏，从而使审计进度控制更加科学有效。

三、实现日常工作考核

淄博市通过工作成果数据化、成果数据个人化、个人排名动态化，实现了审计系统内日常工作考核的科学、透明。一是工作成果数据化。将整体工作细化为 3 大工作模块、13 大类、49 项指标，通过科学设置计分公式、赋分标准，对所有科室进行差异化赋分。二是成果数据个人化。科学确定领导、科长、主审及其他审计人员成果赋分，明确局领导得分以分管科室人员平均分的 50% 与领导个人得分合计计分，科长得分由科室人均得分的 50% 和本人得分的 50% 合计计分，促使各级领导干部既要当好“指挥员”，又要当好“战斗员”。三是个人成果排名动态化。成果管理系统将年考、月考变为日考、随时考。随着每个审计项目的完成，审计人员及时录入成果，计算机自动算出分数，排名每时每刻都在变化中。在时间上，可以设置累计、当年及任意时间段，以便于按需求进行排名；在排名上，可以设置全员、局长、科长、科级和科员等层级，还可以对科室、区县进行排名，以便于同类人员、单位形成竞争。同时规定，取得成果必须在一个月内录入，以便于形成你追我赶的工作局面。

四、更好开发审计成果

通过大数据汇总，淄博市将审计发现的普遍问题分为预算收支、公务接待、会议培训、国有资产、银行账户、津贴补贴等共15大类、60小项问题。将村居审计项目发现问题分为违反决策程序、未按规定招标、违规承包发包、签订问题合同、原始票据违规、违规处置资产、套取财政资金等共15大类问题。通过柱状图和饼图呈现，各类问题发生情况一目了然，为研究出台相关制度规定和解决措施提供了科学有力的参考依据。通过对各类问题在一定时期内的增减变化进行数据分析，准确了解同一问题在一定时期内其发生的数量是在高位运行还是在低位运行，是呈上升趋势还是下降趋势。对于高位运行的就要猛药去疴，加大措施力度将问题解决；对于虽然数量少，但呈上升趋势的倾向性问题，就要及早采取措施，防止蔓延。利用信息化管理平台大数据生成开发的这些成果，使审计工作更加丰满，提高了工作效率，促进了廉政建设，规范了各项工作，实现了底数清、计划清、进度清、成果清。这些成果也已成为各级领导和审计人员离不开的工具，做到了“人在干、数在转、云在算”，应用的时间越久，生成的大数据越有价值，则智能化水平越高，开发的成果越多，打造出新时代的“智慧审计”。

五、“智慧审计”审出成效

一是审计效率不断提升。使用管理系统后，审计项目按计划推进，任务和进度相适应，首次实现了按照年初计划完成。二是项目计划更加科学。2018年任中经济责任审计比例首次超过离任审计，达58.9%。任中审计能更早地发现问题，分清责任，经济责任审计的成果能得到较好地运用，有助于避免干部“带病提拔”。三是审计成果不断扩大。虽然有很多审计成果到年底才能考核统计完成，但就目前情况看，仅移送处理事项，2015年为79件，

2016年为90件，2017年截至目前底就已达216件，其中，移送司法机关6件，移送纪检监察机关129件，移送主管部门81件。四是服务决策水平不断提高。利用大数据生成开发的成果，使审计要情、呈阅件用数字说话，向党委政府报送的审计要情、呈阅件等审计成果45件，得到领导批示33件，市人大常委会出台了《关于加强市本级部门预算审查监督的若干规定》，市委办公厅、市政府办公厅出台了《关于强化公用经费管理严肃财经纪律的意见》，市财政局出台了《关于进一步加强财务管理严肃财经纪律的意见》《市级预算单位结转结余资金管理办法》，审计“免疫系统”的预防、揭露和抵御功能充分彰显。

淄博市审计局开发的信息化管理平台，从实际需要出发，具有“实用、易用”的特点。由于平台录入了被审单位主要工作职责、三定方案、编制人数、年度考核等基本信息，且拥有不同类型的报告模板，审计通知与进点会议程、主持词、讲话，以及被审单位自查报告等文书模板、各类规范用语、相关法律法规、历次审计报告等有利于提高审计效率的工具，使信息化管理平台和日常工作完全融合，管理平台真正成了时时浇水、施肥的花，而不是仅供摆设装饰的画。不仅提高了工作效率，促进了廉政建设，也规范了各项工作管理，实现了底数清、计划清、进度清、成果清，已成为各级领导和审计人员离不开的工具，正在形成“智慧审计”的淄博品牌。

打造“智慧项目管家”平台为重点项目提供全方位服务

（2018）

为解决重点项目建设中出现的手续办理复杂、工程进度缓慢、信息不畅、资金使用不合理等问题，山东信启信息科技有限公司利用“互联网＋技术”，打造集手续办理服务、项目建设管理、资金使用管理等功能为一体的可视化大数据“智慧项目管家”综合服务平台，为重点项目建设提供全方位服务，真正做到让投资者更轻松，项目落地更高效。

一、改革背景

在落实国家“互联网＋”战略的行动下，如何运用互联网改变传统项目管理模式，使“互联网＋项目管理”驱动行业技术创新与管理变革，提升行业核心竞争力，促进行业可持续发展，已经成为未来项目管理发展的必由之路。同时，国家“十三五”规划中提出，要加快发展生产性服务业，加快投资建设项目产业链条式发展。但项目管理是一个科学的、复杂的系统工程，在实际实施过程中许多企业往往是按照经验和感性认识来做项目管理，没有掌握系统的项目管理理论，缺乏科学的管理方法，过多关注于项目的成本及项目实施过程的管理，而不重视项目管理前期的规划工作，在项目执行期间反复变更，使项目周期成本、进度不可控，甚至导致项目的搁置，给建设单位造成非常大的损失。在此背景之下，山东信启信息科技有限公司利用“互联网＋技术”，研发建设了“智慧项目管家”综合服务平台，为加快重大项目、重点工程建设，确保项目如期开工、工程顺利推进提供了有效保障。

二、主要做法

“智慧项目管家”是基于“投资建设项目综合服务产业链”项目的研究与实践，是以投资建设项目客户需求为核心，围绕传统企业转型升级、新旧动能转换，针对投资建设项目中出现的手续办理复杂、工程进度缓慢、信息不畅、资金使用不合理等问题，通过创建“互联网＋平台”和大数据中心，探索智慧化产品与服务模式，创新项目管理信息化，打造投资建设行业与现代服务业融合发展新业态，为项目建设提供“手续办理＋项目管理＋资金管理”整体解决方案的可视化大数据综合服务平台。

服务平台采用线上＋线下服务模式，线上包括 PC 管理端、PC 客户端、移动客户端，为项目建设方提供在线实时查看项目建设过程数据，提供专业咨询，弥补企业在政策法规、手续办理、项目咨询等方面的短板，降低投资建设单位建设成本和时间成本；线下根据不同项目的不同需求提供手续办理、项目管理、资金管理等标准化服务及有针对性的定制化服务，为基础建设项目和工业投资项目提供全过程工程咨询综合服务。

（一）高效的手续管理

作为建设项目实践中的重要工作，建设项目的前期手续办理对于项目建设管理极为关键，完善、顺利的前期手续办理过程与结果，可以直接影响到项目建设管理的最终效果。“智慧项目管家”设有手续联办系统，包括政策咨询、手续管理、进度看板、数据分析等功能，涵盖项目启动、实施、收尾三大阶段。通过政策法规资源、专家咨询服务可为企业项目进行包装、规划、设计，助力企业项目孵化为重大项目，有助于企业获得政策支持、资金支持，保障企业重大项目落地。通过里程碑看板和时间进度看板，能够简单直观地看到项目的基本信息和重点手续的办理进度情况，规范了报建制度，理顺了手续办理的范围及流程，并做到线上线下的指导和服务，大大提高手续办理工作效率。

（二）可视化项目管理

可视化管理的精髓，是让问题在第一时间浮出水面，随时发现问题或者问题的苗头，随时预防和解决问题，把项目的损失降低到最小。“智慧项目管家”依托建筑信息模型（BIM），设置了程碑看板、质量管理、进度管理、成本管理、采购管理等主要模块，可对项目进行进度费用控制、成本分析控制、质量造价控制、工料资源管理、过程变更管理、合同支付管理等。通过平台，可以实时更新施工进度并配有进度备注说明，全景展示项目进展情况、现场作业场景及施工记录；可以随时查看施工过程中的质量管控数据，查看现场管控图，并对工程验收项的质量验收进行评定记录；可以及时了解最新每月各累计费用，预算费用、实际费用和付款费用等，做好资金的合理规划；可以制定采购计划，跟踪采购进展，查看采购结果，对投资建设过程中的资源调度和配置起到积极推动作用。同时，BIM 可对建设项目进行全生命周期的信息构建，降低了信息的丢失风险，增强了项目相关方的信息共享，实现数据可控；还可实现各参与方的协同管理，降低了沟通难度，促进更有效的互动，实现人员可控。

（三）有效的资金管理

“智慧项目管家”通过利用“互联网 +”、大数据、云计算等现代信息技术，可实现对建设项目资金总体使用情况进行实时监控，同时结合市场同类项目的状况，参考国家或地区标准进行比对，分析项目未来预期走势和判断合理性，有效帮助企业进行资金安排预案和财务管理预案分析，对资金使用进行科学规划，进而达到规范支出行为、合理安排经费、防控资金风险、提高资金使用效益和效率、降低项目财务成本和增值创收的效果。

三、改革成效

“智慧项目管家”把先进的管理理念、管理制度和方法引入管理过程中并进行管理创新，以此建立良好的管理规范和管理流程，从而提高项目的整体管理水平。通过平台，政府相关部门能够简单直观看到辖区内重点项目的基本信息，项目手续、投资、进度情况，以实现对项目全局信息的监督跟踪掌握，从而及时制定项目推进方案；企业可以随时掌握项目进度、成本、资金管理情况，完成各项目参与单位的统一管理，对各方工作结果进行全过程跟踪，提升参与者的协同效率，有效解决工作汇报滞后、项目管理混乱、沟通无计划等痛点，加快项目进度，降低项目成本；项目咨询单位或专家对项目情况进行分析，及时发现项目实施过程中存在的问题或可能存在的风险，为项目建设单位提供科学合理的改进和预防建议、方案，帮助项目建设单位及时做出正确的决策。同时，平台通过互联网技术实现项目实施过程中产生的所有文件及决策信息集中保存，保证项目数据的完整性，为本项目也为其他项目及后续项目留下长期应用数据，同时提供全项目范围审计追踪，便于后期项目审计。

【编辑评述】

谱写老工业城市转型发展新篇章

我国经济发展已由高速增长阶段转向高质量发展阶段。如何通过解放思想激发新时代改革发展新动力？如何深入推进供给侧结构性改革？如何科学有序推动新旧动能转换，实现高质量发展？这些问题成为摆在全国各地面前必须破解的重要课题。破解这些课题，作为老工业基地，淄博市的做法具有广泛代表性。

高质量发展的核心就是发展方式要从依靠要素大规模投入的传统增长模式转向依靠科技创新和要素质量提升的新增长模式；产业结构要从传统产业、制造业、重化工业为主转向以高新技术产业、新兴产业和服务业为主；需求结构要从以低端产品和服务消费为主转向以满足美好生活需要的高质量产品和服务消费为主；相应地，供给结构也要由以中低端的要素和产品供给为主转向以高质量的要素和产品、服务供给为主。作为典型的资源型城市、重工业城市，在新时代经济转型、高质量发展的大背景下，淄博发展面临和许多地方相似的的困难。淄博实现高质量发展，必须加快新旧动能转化，要从根本上改变过去依靠资源、能源、大规模投资和大量要素投入推动经济增长的传统发展模式，转而依靠科技、人才和创新，依靠高质量的要素、产品和服务供给，推动经济转型升级和可持续发展，这是落实新发展理念、实现高质量发展的根本举措。

近年来，淄博市坚持以习近平新时代中国特色社会主义思想为指引，持续破除老工业城市转型发展的体制机制障碍，经济结构不断优化，发展活力不断增强，经济社会发展不断迈上新台阶。在如何通过全面深化改革推动新旧动能转换进程、更快更好实现高质量发展方面做了大量的探索：产业升级夯实动能转换基础，创新驱动增强动能转换动力，集群集聚提升动能转换层次；招大引强汇聚动能转换合力，优质投资保障动能转换成效，以人才战略强化动能转换支撑。

淄博市在2017年全国城市综合竞争力排名中列第40位，先后荣获全国文明城市“三连冠”、全国社会治安综合治理优秀城市“三连冠”，并荣膺“长安杯”，被列入全国首批老工业城市和资源型城市产业转型升级示范区，连续两年获国务院督查激励。2018年9月又荣获了山东省适宜人居环境奖。

2018年7月，淄博出台了《实施新旧动能转换重大工程推进老工业城市和资源型城市产业转型升级示范区建设的意见》，在全市范围内正式启动新旧动能转换重大工程。下一步，将坚持新旧动能转换与老工业城市产业转型升级示范区“两篇文章一起做”，以信息化为助力，用改革思维和创新举措，着力发展“四新”，实现“四化”，全力打造全国老工业城市和资源型城市产业转型升级示范区，在全省乃至全国高质量发展中走在前列。

第二篇

民主法制篇

淄博市人大开展法官检察官履职评议创新司法监督工作

（2017）

近年来，淄博市人大常委会积极探索对司法工作监督的新途径，自2016年以来，组织开展了对市法院、市检察院部分法官、检察官的履职评议工作，取得良好效果。这项工作在淄博市尚属首次，也走在了全省前列。省人大常委会原党组副书记、副主任柏继民做出批示：“淄博市人大常委会对法官、检察官履职情况开展评议，是人大对其任命的国家工作人员依法进行监督的有益探索，对提高法官、检察官始终保持高尚精神追求、严谨职业操守，进一步提升司法公信力，促进建设一支过硬司法队伍，取得了明显成效，发挥了重要作用。”

一、积极探索建立“两官”履职监督新机制

保证国家法律实施，促进司法公正，通过法定的程序和方式对“两院”的工作进行监督，是人大监督工作的重要内容之一。淄博市人大常委会积极探索改进法官、检察官任免方式，通过完善任前法律考试、供职报告、颁发任命书、向宪法宣誓等制度，加强了对被任命人员的任前监督。但在具体实践中，人大对“两院”的监督主要体现为工作监督，作为由人大常委会任命的法院副院长、审判委员会委员、庭长、副庭长、审判员和检察院副检察长、检察委员会委员、检察员却存在监督缺位现象。为加强“两官”履职监督，2015年，市人大常委会主要领导及分管领导分别带领有关同志赴浙江台州、杭州以及山东省聊城就“两官”履职评议工作进行考察学习，研究制定了《关于对市法院、市检察院部分法官、检察官开展履职评议工作的意见》和

《关于对市法院部分法官开展履职评议的实施方案》。方案明确了评议工作时间、评议对象范围、评议内容和评议步骤，提出了评议工作的具体要求。常委会领导与“两院”主要负责同志进行了充分沟通，并书面征求了市纪委、市委组织部、市委政法委的意见。报市委常委会研究同意后，市人大常委会成立了工作机构，负责“两官”履职评议的具体组织实施。2016 年，淄博人大常委会正式启动了法官检察官履职评议工作，首批对市法院部分法官进行了履职评议。2017 年，市人大常委会对市检察院部分检察官进行了履职评议。同年，此项工作入选淄博市全面深化改革 2017 年第一批自主创新改革十大经验，在全市各区县全面推开。截至目前，市人大常委会法官检察官履职评议工作意见进行完一轮。2018 年，第二轮评议工作已经展开。2017 年，区县部分法官履职评议工作已经全部完成；2018 年常委会正在开展对部分检察官的履职评议。

二、开展法官履职评议的主要做法和特点

（1）随机确定被评议法官检察官。履职评议工作领导小组会同市法院、检察院，采取随机抽取的方式，从员额法官检察官中确定被评议对象。

（2）深入动员，统一认识。每年评议工作开展之初，在法院、检察院组织召开法官检察官履职评议工作动员会，市人大常委会主要领导出席会议并亲自动员讲话，统一思想，凝聚共识，提出要求，法院、检察院主要负责人代表“两院”郑重表态全力支持、积极配合。

（3）集中述职，民主测评。召开法官检察官履职评议述职暨民主测评会。分别听取被评议人员履职情况报告，并组织采取无记名投票方式，从“德、能、勤、绩、廉”五个方面对被评议法官、检察官进行民主测评。

（4）深入调研，严格评查。按照个别座谈、走访调研、征询意见、案卷评查、旁听庭审的四个步骤，对被评议法官、检察官，按照“五个必查”的原则（涉法涉诉信访案件、被检察机关抗诉的案件、发回重审案件、社会反映强烈群众关注度高的案件、超过时限久拖不决的案件必查），对近三年以来主办的案件案卷进行抽查并评分。同时，组织调研组和案卷查阅组成员与

部分市人大代表一起旁听案件庭审或查看法官检察官主审案件的庭审录像。

（5）充分酝酿，客观评价。在调研走访和查阅案卷的基础上，汇总形成履职评议工作情况报告和对被评议法官、检察官个人的评议意见。经主任会议研究决定提交市人大常委会会议审议表决。召开市人大常委会会议，对被评议法官、检察官进行履职评议。会后，履职评议意见以市人大常委会办公厅文件形式印发被评议法官、检察官和“两院”及市委组织部、政法委。

（6）反馈意见，整改落实。组织召开履职评议意见反馈会议，将常委会的评议意见向被评议法官、检察官面对面反馈。被评议法官、检察官根据履职评议审议意见制定措施进行整改，并于1个月内向市人大常委会书面报告整改落实情况。从市、区两级人大两年的实践来看，人大常委会对法官、检察官履职评议的结果与法院、检察院平时掌握的情况高度一致，同时“两院”注重对评议结果的运用，对被市人大常委会评议为优秀的不再参加当年单位年度考核，直接确定优秀等次。

三、履职评议结果公正、效果明显

法官检察官履职评议工作中，始终坚持公开、公正、客观的原则，扎实搞好每个环节工作，取得明显成效。纵观两年来市人大的履职评议结果来看，被评议法官、检察官总体履职情况良好，综合素质较高。

从履职情况看。政治业务素质方面，积极参加政治理论学习，理想信念坚定，在思想和行动上始终同党中央保持一致。能认真学习法律知识，注重总结审判实践经验，具有较高的法律业务素质。依法履行职责方面，能认真负责，爱岗敬业，办案能力强，注重法律效果与社会效果的有机统一。自觉接受监督方面，能虚心听取人大代表和社会各界的意见和建议，及时认真办理市人大常委会转办、交办的涉法涉诉信访案件。廉政建设方面，能够严格遵守有关廉洁自律规定，恪守职业道德，清正廉洁，秉公办案。

从案卷评查情况看，被评议法官、检察官所办案件审判程序均比较规范，实体裁判准确、恰当，文书制作质量较高。案卷查阅得分均在97.5分以上。从调研走访情况看，综合素质和业务素质都比较高，办案中都能够依法履职、客观公正。从民主测评情况来看，优秀票得票率都在97.5%以上。理论素养、业务能力、民主测评、廉政建设、接受监督五项综合得分均在90分以上。

这几年的法官、检察官履职评议工作在政法系统引起较大反响，有效增强了法官、检察官队伍的法制意识、公仆意识和履职意识，有力推动了司法为民、司法公正，同时也推动了人民群众对司法工作的认识和理解，树立司法队伍良好形象，为司法工作营造了良好氛围。

四、对深化"两官"评议工作的几点思考

随着法官、检察官履职评议工作的不断深化，要及时总结完善工作的方法、步骤，形成常态化监督工作机制，重点推动以下几方面工作：

（1）促进建设一支过硬的司法队伍。结合司法体制改革对法官、检察官队伍建设提出的新要求，切实加强思想建设，广泛开展职业操守教育，引导干警始终保持高尚的精神追求、严谨的职业操守。加强司法能力建设，着力提高法官、检察官适用法律、文书说理等素质，提高解决实际问题能力。牢牢把握从严教育、从严管理、从严监督、从严查处的"四严"方针，持之以恒地抓好司法作风建设，确保案件不出问题、队伍不出问题。

（2）促进司法规范化建设，进一步提升司法公信力。不断规范权力运行机制，狠抓案件证据关、事实关、法律适用关。不断规范权力行使，进一步完善定案把关、文书审签、合议程序等机制。紧密结合司法体制改革背景下司法权运行的新特点、新规律，落实好办案责任制，健全管理和监督机制，完善审委会、检委会工作等机制。

（3）促进司法公开，切实保障当事人和人民群众的知情权。进一步强化公开理念，始终坚持面向当事人、面向人民群众、面向社会公开，找准司法公开的功能定位。拓展公开内容，突出程序性信息公开、实体性资料公开、裁判文书公开、审务检务信息公开四个重点，切实保障当事人和人民群众的知情权。

（4）促进完善和落实人民陪审员、人民监督员制度。进一步完善人民陪

审员、人民监督员选任标准和程序，适当扩大规模。完善工作机制，进一步明确参审、监督范围。进一步强化管理，健全管理机构，抓好履职培训。畅通联络渠道，建立与司法行政部门及陪审员、监督员所在单位的日常沟通联络机制，争取有关部门的理解支持，为人民陪审员、人民监督员依法履职创造良好条件。

以信息化引领
创新开展部门预算备案审查
（2017）

部门预算备案审查，是淄博市人大常委会在全国没有成熟经验可以借鉴的情况下，探索开展的一项全新的监督工作。2015 年 11 月 18 日常委会会议通过的《淄博市市级预算审查监督试行办法》，明确提出市财政局在批复部门预算 20 个工作日内，将部门预算抄送市人大常委会；经主任会议同意，选取 10 个左右市级预算部门进行备案审查。

自 2016 年开始，市人大常委会紧紧围绕市委“一个定位、三个着力”总体思路和“十个新突破”工作重点，落实“坚持三个不能、做到三个带头、坚守五条底线”新要求，遵循五项原则和突出两大主题的要求，持续推进“五个坚持”，立足人大监督特点，坚持信息化引领，对部门预算进行备案审查，对提高全市预算管理水平，建立全面规范、公开透明的预算制度，保障经济和各项社会事业的健康发展具有重要意义。

一、部门预算备案审查工作主要做法

2016 年，市人大常委会对 340 个市级单位部门预算的信息资料进行了备案，选取市发改委等 10 个部门预算进行备案审查。在程序上主要有确定备案审查部门，制定工作方案，选择审查人员，组织业务培训，召开动员会议，实施专业审查，开展项目调研，集中会议审查，加强部门沟通，向主任会议报告审查结果，反馈审查结果，整改报告等 12 个工作环节。

（一）完善审查方法，突出人大审查监督特点

市人大常委会立足人大监督职责，坚持区别于财政监督和审计监督，通

过组织代表视察和审议、第三方机构参与、专业性审计、座谈调研等多种方式方法，重点关注部门预算编制是否科学完整、项目立项是否合理合法、预算执行是否规范均衡、是否达到预期目标等问题。审查中，不仅审查监督部门预算管理情况，同时对财政、审计监督形成二次监督。在整改上，充分考虑预算管理实际，要求财政部门牵头，从完善制度、严格要求、加强监督、提高标准等方面入手，从根源上解决预算管理中存在的问题。

（二）坚持信息化引领，加强对预决算链条的整体审查

审查期间，借助信息化手段和预算数据分析软件，将《预算法》相关要求分条进行量化，把部门预算、执行、决算作为完整的循环进行审查监督。认真审查财政项目库、预决算信息平台数据和部门电子账务，利用纵向对比与横向对比相结合的方式，将部门预算和决算信息、项目目标和绩效评价信息、预算批复和预算公开信息、部门之间人均量化经费等进行对比分析，通过重点审查预算和公开、决算和绩效首尾两个环节的数据，提升部门预算管理水平，提高资金使用绩效，实现“抓两头、促中间”的审查实效。

（三）周密安排部署，充分发挥代表和社会各界作用

市人大常委会高度重视部门预算备案审查工作，研究制定了周密的工作方案。各专门委员会工作室全程参与对口联系单位的审查；人大代表认真发挥监督主体作用，积极参与审查和项目实地调研，提出有效意见建议；在预算执行、决算审查方面，充分借鉴审计成果；在账目审查、数据对比、资料核实等方面，通过购买服务方式，选取第三方机构进行专业审查。

（四）坚持从实际出发，加强整改监督提高审查实效

及时就审查发现的问题与部门进行充分沟通，分析问题产生的内在原因。在整改监督方面，以提高资金效益、促进全市中心工作为目的，坚持实事求是，坚持鼓励创新和干事创业，充分考虑实际情况，提出切实可行的意见建议。对财政管理等原因形成的问题，要求财政部门结合实际，制定措施，通过以点带面的方式，对市、区县层面存在的普遍问题进行统一整改；对自身

管理等原因形成的问题，要求被审查单位立即整改，市人大常委会跟踪监督，直至整改完毕。年底常委会会议专门听取部门预算备案审查情况，书面印发部门预算备案审查整改报告。

此外，市人大常委会积极指导区县开展部门预算备案审查工作，逐步建立市区联动机制，提高审查实效。2016 年，临淄、桓台 2 个区县探索开展部门预算备案审查；2017 年，张店、淄川、博山等 7 个区县开展部门预算备案审查，市人大常委会审查市住建、水利部门，部分区县人大常委会同步选取区县住建、水利部门进行审查，系统审查部门预算管理中存在的问题，努力提高市、区两级资金的使用效益。

二、备案审查取得的积极成效

审查发现，部门预算管理中还存在编制不够科学完整、公用支出定额标准偏低、预决算口径不一致、预算执行不严格、预算公开内容较为粗略等问题，引起市政府及其有关部门的高度重视。市政府主要领导在听取专题汇报时，认为市人大常委会探索开展的部门预算备案审查是一项开创性的工作，对于提高部门预算管理水平意义重大，对于促进全市预算管理能够起到很好的作用，明确要求对存在的问题厘清原因，有序整改。

审查结果报告经主任会议通过后，市人大常委会及时召开整改会议，将审查结果反馈至市财政局和被审查部门，明确由市财政局牵头负责整改工作，对审查发现的问题逐条进行整改。市财政局和被审查部门高度重视整改工作，明确整改责任，对照问题逐条整改；研究制定了《淄博市预算公开实施方案》《市级预算单位结转结余资金管理办法》等 7 项制度文件；将市级部门公用经费标准提高 1 倍；加强了对项目编制、预算执行、资金整合、绩效监管、预算公开等方面的要求，民生支出和重点项目建设资金拨付监管更加严格，整改工作取得明显成效。审查发现的 80 个问题，有 68 个已在 2016 年预算执行和 2017 年预算编制中有效整改；12 个决算等方面的问题因会计年度已结账等原因，无法做到当年整改，被审查部门在 2017 年工作中予以改进。

部门预算备案审查工作得到了省人大常委会的充分肯定。2016 年 10 月，省人大常委会秘书长在全省人大预算审查监督培训班上，对淄博市首创的部门预算备案审查工作给予高度评价。2016 年 10 月和 2017 年 3 月，省人大常委会预算工委主任、巡视员先后带队来淄博市调研部门预算备案审查工作情况，认为淄博市开展的部门预算备案审查达到了“党委支持、人大满意、政府重视、部门服气”的效果，专门编发《情况反映》，在全省范围内推广。省人大常委会制定的《关于加强省本级部门预算审查监督的若干规定》，也吸收采纳了淄博市备案审查的经验作法。《山东人大工作》《人民权利报》等相继刊文对备案审查工作予以肯定。江苏泰州、重庆渝北和烟台、东营、聊城、枣庄等地人大常委会调研组相继来淄博市考察学习。

三、思考与启示

预算审查制度是人民代表大会制度的重要组成部分，是落实党的主张、监督政府收支的重要工具，是加强人大监督、看好人民“钱袋子”的有效途径。部门预算备案审查作为预算审查监督的一种创新方式，可以通过对预算资金的实质性审查，以资金监督推动工作开展，督促部门认真落实党委决策部署，是监督政府将党委决策蓝图变为现实的重要抓手。

（一）部门预算备案审查进一步树立了人大预算审查监督的权威性和严肃性

备案审查程序严谨规范，审查内容细致，发现问题准确，整改要求明确。通过扎实的审查工作，人大预算审查赢得了政府和各部门的尊重和认可，有力推动了人大预算审查监督从形式向内容的转变、从程序向实质的转变、从定性向定性与定量相结合的转变，进一步增强了人大监督的权威性和严肃性。

（二）部门预算备案审查有力促进了政府预算管理水平的提高

通过部门预算备案审查，基本摸清了部门预算管理的总体情况，了解掌握了部门预算管理中存在的普遍性问题，财政和各部门的预算约束意识逐步增强，接受人大预算审查监督的主动性越来越高，部门预算编制更加规范细化，实现了以点带面，提高市级预算管理水平的目的，有力地促进了新《预算法》的贯彻落实。

（三）部门预算备案审查有效破解了市级预算审查时间不足的难题

目前，受人代会前预算审查时间不足影响，地市级人大无法对预算草案进行全面深入的实质性审查。相比之下，部门预算备案审查时间充裕，可以化解这种矛盾，是对市级预算初步审查工作的进一步延伸和有力补充，也为审查当年预算调整方案和次年预算草案奠定了工作基础。

（四）部门预算备案审查极大增强了人大代表和社会各界的广泛参与意识

通过开展备案审查，人大代表接触到实实在在的项目，不再是单纯就数字说数字，他们从不懂预算到积极关注，再到提出适当的意见建议，人大代表主动参与预算管理的意识逐步增强，监督主体作用得到充分发挥。社会公众对预算公开内容的关注度也有了进一步提高，开始逐步构建起人大代表和社会各界广泛参与的社会监督网络，为推进预算民主决策打下了良好的工作基础和舆论氛围。

周村区检察院探索“互联网+精准预防”工作新模式
（2017）

近年来，淄博市周村区检察院为探索传统职务犯罪预防工作弊端，借力“互联网+”，自主创新研发可推广、可复制的集志愿者互动、重点行业和重点岗位专项预警、惠农资金监督、重大工程同步预防、菜单式预防、舆情分析监督于一体的“互联网+精准预防”六大数据平台，探索“互联网+精准预防”工作新模式，推动职务犯罪预防工作水平上台阶，取得经济发展与廉洁文化建设双频共振的良好效果。省检察院将这一经验做法向全省推广，《检察日报》等媒体多次给予报道。

一、互联网大数据，构筑职务犯罪预防“高压线”与“防火墙”

自2014年起，周村区检察院构建起“以检察机关为根本点，以行政单位为延伸线，以预防志愿者为着力面”的“金字塔”式预防职务犯罪三级网络，将预防工作层层推进至镇办村居、厂矿企业最基层，将预防常识渗透到千家万户。

在此基础上，将“互联网+”和大数据分析运用到预防工作中，创造了集“数据采集、趋势研判、预警处置、整改反馈、警示教育、责任追究”六大功能为一体的志愿者互动平台、“菜单式”预防平台、重点行业（岗位）专项预警平台、重大工程同步预防平台、惠农资金监督平台、舆情分析监督平台等职务犯罪预防六大数据平台，变人为监督为数据监督、事后监督为全程监督、个体监督为整体监督，将预防与打击同步进行、治标与治本有机结合，积极营造“不敢腐、不能腐、不想腐”的廉政氛围。

二、“六大数据平台”，助力职务犯罪预防“智能化”与“精细化”

一是充分发挥志愿者作用。在全区范围内选聘一大批职务犯罪预防志愿者，创新建立检察机关互动平台，专门为志愿者量身打造了手机 APP，借助互动平台与手机 APP 实现预防志愿者工作任务的迅速下达、反馈，以“互联网+”引导志愿者开展工作。二是精准开展预防教育服务。通过志愿者向基层干部群众征求意见并上传至“菜单式”预防平台，平台对各类意见进行分析、整合，制定宣讲“菜单”，安排宣讲团骨干上门宣讲；宣讲结束后，志愿者归纳反馈意见建议，根据意见建议予以调整完善。三是建立健全风险点筛查机制。要求重点行业、重点岗位工作人员自查风险点，根据风险点制定重点岗位整改方案；检察机关对上传到平台的各单位重点岗位人员名单、风险点自查报告、领导评价及整改方案等进行数据分析，然后按照职务犯罪苗头性问题的严重程度分级监控，从源头上预防和减少职务犯罪的发生。四是实施重大工程动态备案制度。区发展改革局、财政局等部门将批准建设的区财政投资在 100 万元以上的工程向检察院备案。重点工程招标方需将中标的工程建设方与施工方的情况上传至平台，对经常性中标企业列入重点关注对象，杜绝暗箱操作行为。五是加强惠农资金全程监督。对涉及惠农、扶贫等领域的资金数量、人员名单等数据在乡镇整合后上传至平台；各相关部门将各类资金的政策规定、审批文件、资金划拨数据等资料上传；乡镇志愿者配合检察机关对惠农资金的流向进行全程跟踪监督。六是及时跟踪分析舆情。对网络上的相关信息、报道、网友跟帖以及新闻热点等进行自动追踪、抓取、分析，筛查有价值案件线索，与平台掌握的敏感数据进行分析比对。建立数据分析库，对近年来发案的领域、类型、发案原因等进行归类、汇总，为做好职务犯罪预防提供了重要依据。

三、新模式推动，预防职务犯罪取得初步成效

一是志愿者互动平台实现由检察机关“独唱”向社会共同参与“大合唱”的转变。该院面向机关企事业单位、镇办、村居等领域共选聘186名预防志愿者。创新建立检察机关WEB版互动平台和预防志愿者手机APP，为预防志愿者配备政务通手机，借助互动平台与手机APP实现预防工作任务的迅速下达、反馈；同时，平台建立平台互动吧，并通过互动吧推送相关法律法规，实现检察机关与志愿者零距离沟通互动和工作成果的分享学习，真正实现“预防就在身边，预防就是常态，预防辐射到家”的目标。该平台的运行进一步加强了检察机关与志愿者之间的大数据互动，提升了职务犯罪预防网络平台在基层干群中的知晓率，形成群防群治的职务犯罪预防网络体系，实现了专业化预防与社会化预防的有效对接。

二是“菜单式”预防平台实现由“填鸭式”教育向“量身裁衣”式服务的转变。改变过去“一刀切、一锅煮”的灌输式宣讲模式，根据机关干部、乡镇基层干部、村“两委”成员和基层党员不同的需求，结合数据平台分析筛查出的疑点问题，有针对性地开展“菜单式”宣讲。在此基础上，探索建立“互联网+菜单式”预防平台，实现了基层“网络点单”，检察官上门服务的双向互动。根据基层干部群众的意见建议开展了50余场预防职务犯罪警示教育，并为全区副科级以上党员干部、副科级以下中层干部和村居负责人开展了多次预防职务犯罪警示教育报告会，实现了基层“网络点单”、检察官上门服务的双向互动。

三是重点行业（岗位）专项预警平台实现由“亡羊补牢”向“防患于未然”的转变。权力集中、资金密集、资源富集的重点行业、重点领域和重点岗位的预防腐败工作一直是社会关注的焦点，是构建惩防腐败体系的重要内容。该院围绕职务犯罪易发多发的重点领域和关键岗位，探索打造了专项预警平台，实现了大数据对重点行业、重点岗位、重点人员的发案概率及易发风险点的实时把控。平台通过实时数据对49个权力集中、资金密集、资源富集的重点行业、重点领域和重点岗位发案概率进行分析比对，共筛查出一级

风险点202人，二级风险点63人，三级风险点468人，实现了大数据对重点行业、重点岗位、重点人员的发案概率及易发风险点的实时把控，为从源头上预防和减少职务犯罪的发生提供了重要保障。

四是重大工程同步预防平台实现由“警示预防”向“一对一”跟踪预防的转变。针对重大工程领域利用制度缺陷、借助先进科技手段，实施的隐蔽职务犯罪较为突出的实际情况，该院注重从源头预防入手，构建重大工程同步预防平台，建立重大工程立项备案和中标备案双备案机制，随时掌握重大工程项目运行情况，努力从技术层面上使人“不能腐”，真正实现了由粗放性、经验性、单一性预防，向网络化、智能化和多元化预防的转变。通过对重大工程同步预防平台上重大工程立项、招投标数据分析，对涉及资金13亿元的243个重大工程项目投资过程中的权力运行情况进行了事前、事中、事后的全方位监督，确保“工程优质、干部廉洁、资金安全”。

五是惠农资金监督平台实现由“分散式监督”向“全程跟踪式监督”的转变。习近平总书记指出，扶贫资金是贫困群众的“救命钱”，一分一厘都不能乱花，更容不得动手脚、玩猫腻。该院围绕服务和保障中央、省、市、区委强农惠农富农政策措施实施，深入开展集中整治和加强预防扶贫领域职务犯罪专项工作，创新建立惠农资金监督平台，对资金流向和末端环节进行监督监控，构筑起信息主导、分类监督、多元参与的惠农扶贫领域职务犯罪预防新体系，护卫扶贫惠农资金走好“最后一公里”，真正实现精准惠农、精准扶贫。充分利用“互联网+”模式，对扶贫项目和惠农项目清单、扶贫和惠农资金安排等数据进行整合分析，并对资金的流向和末端环节进行监督监控，保障国家精准扶贫政策和惠农政策在基层落实到位。目前，平台已实现对全区近三年10多亿元涉农、扶贫、征地补偿等资金的实时监督，切实维护了广大农民群众的切身利益。

六是舆情分析监督平台实现由“单一式”人工监督向“全覆盖式”数据监督的转变。该院一改传统“单一式”人工网络搜索监督的旧模式，探索建立舆情分析监督平台，对网络上涉及职务犯罪的相关报道、网友跟帖以及新闻热点等进行自动追踪、抓取、分析，从异动数据中筛查有价值案件线索。平台构筑了以大数据、信息化的方式为引领的职务犯罪预警防范新机制，实现了由关注个案向整体掌控转变，由被动响应向主动预测转变，通过向大数据要战斗力、生产力，使检察机关对职务犯罪发案趋势做到心中有数，有的放矢地开展预防工作。

淄博中院探索建立轻微刑事案件快速办理机制

（2017）

一、轻微刑事案件快速办理机制运行的基本情况及成效

轻微刑事案件快速办理机制，是对案情简单、事实清楚、证据确实充分，且犯罪嫌疑人、被告人认罪的轻微刑事案件，在遵循法定程序和期限、确保办案质量的前提下，简化工作流程、缩短办案期限的工作机制。2016 年 5 月以来，淄川区法院、高新区法院在当地党委（工委）领导下，主动加强与公安、检察、司法行政等部门的沟通协调，推进建立轻微刑事案件快速办理机制，进一步提高诉讼效率，妥善化解社会矛盾，取得积极成效。该机制被评为全市第一批十大自主改革创新经验。试点运行以来截至 2018 年 7 月，淄川区法院共审结各类轻微刑事案件 214 件，高新区法院审结 83 件，办案周期均缩短为 7 天以内，已审结的案件无一上诉抗诉，服判息诉率达到 100%。2016 年 6 月 12 日上午，淄川区法院对刘某某等 6 名被告人危险驾驶罪及张某信用卡诈骗罪等 7 起轻微刑事案件进行了集中公开开庭审理，并当庭予以宣判，庭审用时 1 小时 40 分钟，7 名被告人均当庭认罪服判。2017 年 1 月 28 日，高新区法院适用刑事速裁程序，顺利审结容留他人吸毒、信用卡诈骗案件 10 件，用时 40 分钟，每起案件平均用时仅 4 分钟，宣判后涉案 10 名被告人均表示服从判决，不上诉。

二、探索轻微刑事案件快速办理机制的主要做法

（一）注重制度保障，规范运作程序

淄川区法院在淄川区委政法委的统一领导下，与公安、检察、司法五部门联合制定出台了《淄川区轻微刑事案件快速办理机制细则（试行）》，进一步明确了该机制的适用范围，规范了操作流程，加快了案件流转。将轻微刑事案件快速办理的启动节点提前至侦查机关，细化了侦查、审查起诉和审理阶段适用轻刑快审的启动条件和程序，在卷宗中明显标识适用快审或普通程序，形成了轻微刑事案件快速办理的联动格局。

（二）组建速裁团队，实行专业化审判

在收到检察院提起公诉的轻微刑事案件后，由专人负责统一登记，就是否符合快审条件进行审查，对符合快审条件的转入速裁团队，不符合条件的转入普通团队审理，将有限的司法资源集中投入到真正重大、疑难案件的解决上。组建轻微刑事案件专门审判团队，配备 2 名员额法官，主要负责办理可能判处 3 年以下有期徒刑、拘役、管制刑罚的轻微刑事案件，避免“同案不同判”。对于危险驾驶、故意伤害、盗窃、抢夺、敲诈勒索、交通肇事等案件，要求优先适用该机制办理，非特殊情况不得延长审限，防止出现超期羁押，有效保障被告人的合法权益。

（三）简化办案流程，提高审理效率

实行“三集中三简化”模式，即相对集中移送审查起诉、相对集中提起公诉、相对集中开庭，简化文书制作、简化审批程序、简化审理程序。提前告知被告人认罪认罚规定，敦促其预缴罚金，合并法庭调查中的分别宣读起诉书，忽略事实清楚案件讯问被告人程序，简要举证并质证，进一步缩短庭审时间。对于符合条件的轻微刑事案件，公安、检察、法院及时启动快速办理程序，建立办案整体联动机制，规定侦查期限不超过十五日、审查起诉期

限不超过七日、审理期限不超过七日，社会调查及指定律师提供法律帮助期限不超过三日，整个办案期限不超过一个月。

（四）规范量刑尺度，统一裁判标准

对轻微刑事案件，积极贯彻宽严相济刑事司法政策，落实量刑规范化改革成果，坚持认罪认罚从宽原则，有效减少犯罪嫌疑人、被告人对司法追诉的心理障碍和抵触情绪，及时修复受损的社会关系。认罪认罚从宽的制度主动加强与公安、检察等单位的协调，就证据规则、证明标准、量刑情节、刑罚幅度等问题充分沟通交流，统一标准、形成共识，为公安机关确定侦查重点、检察机关决定量刑建议、法院规范量刑尺度确定了方向和标准，也为被告人认罪认罚、服判息诉提供了明确预期。

（五）强化科技应用，节约司法资源

针对刑事速裁案件的审理特点，在看守所和审判庭之间实现了庭所视频关联，实行远程视频开庭模式。同时，制定出台专门的操作规程规范远程视频开庭系统的适用，规定远程视频开庭系统的适用范围、审理程序、宣判程序以及各部门之间的职责范围等。自 2018 年 5 月适用远程视频开庭系统以来，淄川区法院共适用该系统审理案件 35 件 35 人，均收到了较好的效果。淄博新闻频道“今晚 18 点”栏目对法院远程视频开庭进行了宣传报道。

三、存在的问题及下一步工作打算

在取得成效的同时，也要认识到，轻微刑事案件快速办理机制存在如下问题：一是案多人少矛盾仍未完全解决。现在刑事案件收案较多，符合该办理机制的也很多，对于专门办理该类案件的 2 名员额法官来说，工作压力较大。二是有些案件审限较短，比如在押的危险驾驶案件，从拘留到判决只有 7 天时间，任务很重。三是改革视野还不够开阔，工作思路还不够开放，需要继续扩大。

今后工作中，将在市委领导下，按照市委改革办部署要求，大胆探索，

积极创新，推动轻微刑事案件快速办理机制在全市范围内落地生根。一是健全完善长效工作机制。在遵循法定程序和期限、确保办案质量的前提下，简化工作流程，明确工作要求和标准，形成有效的工作机制，适当时机在全市推广开来，推动该机制在全市范围内应用，进一步优化司法资源配置，提高司法效率，确保司法公正。二是推进庭审实质化。在简化审理程序的同时，不减损犯罪嫌疑人、被告人的诉讼权利，让每名犯罪嫌疑人、被告人都能获得必要的法律帮助、保障自己的权利行使；同时，强化法庭庭审的主体地位，凸显法庭庭审的重要作用，真正做到轻微刑事案件快速公平公正办理。三是统一证据审查标准。按照《刑事诉讼法》第 50 条、第 53 条的规定，确保证据依法收集、严格审查、确实充分。强化与公安、检察等单位的沟通协作，统一常见轻微刑事案件主要证据标准，实现办案衔接协调，减少证据补充侦查，提高轻刑快办的效率和质量。四是建立完备的监督制约机制。在简化工作程序的同时，严格规定内部审批程序，建立纪检部门定期评查制度，加强对该机制的监督制约，防止只重效率而忽视质量，防止以权谋私、徇私办案等行为的发生。

【编辑评述】

法治政府建设位居全国前列

党的十九大报告指出:“坚持党的领导、人民当家做主、依法治国有机统一是社会主义政治发展的必然要求。”“全面依法治国是中国特色社会主义的本质要求和重要保障。”要求必须“坚持依法治国、依法执政、依法行政共同推进，坚持法治国家、法治政府、法治社会一体建设，坚持依法治国和以德治国相结合，依法治国和依规治党有机统一，深化司法体制改革。”

2017 年以来，淄博市高度重视法治政府建设，紧紧围绕全面贯彻落实中央、省市《法治政府建设规划纲要》要求，以“开展一项活动，抓好三项改革，实现五个突破”为抓手，全方位推进法治政府建设，进一步完善法治政府建设推进机制；进一步创新和规范政府立法，重大行政决策后评估及责任追究制度，建立重大决策合法性审查机制，全面深化行政执法监督体制机制改革，巩固行政执法“三项制度”试点成果，全面推行网上办案，建立完善行政执法与刑事司法衔接机制，进一步完善行政调解机制，探索相对集中行政许可权、行政裁决权。淄博民主法制建设各项工作实现了新跨越，迈上了新台阶，在中国政法大学组织的全国 100 个城市法治政府建设第三方评估中位列第 10 位。

除此之外，还取得了许多其他方面成绩：开展法治政府建设深化年活动，法治政府建设全面提速；红头文件全面清理，发展环境再优化；全面推进综合行政执法体制改革，行政执法体制建设取得实效；搭建“一委一库一平台”架构，建立“党政一体”法律顾问制度；积极推进“放管服”改革，“三最”城市建设再提速；推行重大行政决策目录管理，决策科学化、民主化、法治化取得新突破；以标准化建设为抓手，行政复议工作再上新台阶；运用“互联网＋行政执法”模式，行政执法三项制度得以全面落实；精耕细作、规范提升，行政调解工作成效明显。

第三篇

文化建设篇

推进移风易俗　弘扬文明新风
（2016）

移风易俗是推进乡村文明、弘扬时代新风的重要任务。受传统观念影响，农村坟冢乱埋滥葬、红白公事盲目攀比现象在淄博市一些地方还普遍存在，形式繁琐、大操大办、铺张浪费、封建迷信、攀比随礼等，既破坏了生态环境，加重了群众负担，又带坏了社会风气，成为精神文明建设久治难愈的顽疾。

近年来，淄博市在实施乡村文明行动进程中，广泛开展倡导“婚事新办、丧事简办、厚养薄葬、破除迷信”的移风易俗理念宣传活动，面上总体部署，横向密集宣传，纵向深入推进，有效引导广大农民群众破除婚丧陋俗，遏制不良风气，树立新礼仪新风尚，净化乡风民风，受到群众普遍欢迎和真心拥护，延续千百年的婚丧旧制被悄然改变，“以简朴为荣、以节约为美”的社会新风尚正在形成。

一、移风易俗工作做法

（一）加强顶层设计，明确目标任务

以市委办公厅、市政府办公厅名义印发《全市乡村文明行动移风易俗工作方案》，明确目标任务，细化考核内容。各区县出台推进移风易俗工作的实施意见，所有村普遍建立红白理事会，制定红白理事会管理办法和程序，选举群众威信高、熟悉和热爱群众事务的人员担任红白理事会成员、会长，有办公场所、工作制度、工作流程、工作记录和档案。制定切实可行的

《村规民约》，提交村民代表会通过后，由红白理事会严格执行。把火化率、公益性公墓建设、治理骨灰装棺和婚事操办等工作作为考核红白理事会的重要内容，将村、居红白理事会工作纳入镇、街道年度考核。每半年对理事会工作开展一次民主评议，对工作成效明显、群众反映好的理事会进行表彰和奖励，对作用发挥不明显的理事会及时批评，督促整改或调整人员。

（二）厚养薄葬，倡导丧事简办

成立乡风文明志愿服务队伍，通过开展道德讲堂、志愿服务宣讲活动，提倡老人在世时子女多孝敬，尽心尽力，让老人安享晚年。提倡人亡故后丧事简办，文明祭祀。村红白理事会协助事主举办文明节俭的丧葬活动，积极倡导事主及亲属严格按照“八建议，八提倡”简化丧礼程序，控制丧事规模。严禁违规土葬、乱埋乱葬，坚决杜绝出大丧、办长丧。提倡节俭吊唁祭祀，不大摆宴席。加强丧葬活动管理，禁止办理丧事活动时妨害公共秩序、危害公共安全、侵害他人合法权益和污染环境的行为，坚决取缔封建迷信活动。严格遵守殡葬管理及相关法规政策，积极宣传惠民殡葬政策，倡导文明祭奠、低碳祭扫。

（三）文明节俭，倡导喜事新办

村红白理事会督促当事人依法办理婚姻登记，协助举办现代文明、庄重节俭的婚礼。树立健康婚俗新风，鼓励仪式节俭，不扰民，不讲排场，不比阔气，不大摆宴席，不铺张浪费，摒弃恶俗陋习。提倡庄里乡亲随礼不随席，随礼的标准由各镇、街道指导各村居制定村规民约，限定最高标准予以公示并严格执行，杜绝相互攀比。积极推行集体婚礼、植树婚礼、“爱心”婚礼、旅游结婚等新型婚礼。自觉摈弃滥发请柬、大摆筵席、“天价”彩礼、高额礼金、借机敛财、过度“闹洞房”“闹伴娘”等恶俗陋习。严禁在公共场所乱贴红纸、大量燃放烟花鞭炮。

二、移风易俗工作经验

（一）普及理念，多举措开展基层宣传

确定了“把婚事新办、丧事简办作为全市民生大事抓实抓好！”“厚养薄葬就是孝，随礼不坐席才是情！”“红事白事无小事，政府倡导我赞成！”等移风易俗口号，用通俗易懂的白话传达了文明新风理念。各区县、村镇高度重视基层移风易俗建设工作，采取有效措施宣传推广移风易俗理念，通过悬挂条幅标语、LED屏滚动播放、进村入户发放《移风易俗倡议书》明白纸、在文化大院演出移风易俗题材的文艺作品等百姓喜闻乐见的形式广泛开展群众动员工作，让基层群众知道为什么要深入开展移风易俗、自己如何参与移风易俗建设等，在广大农村构建密集的宣传网络，使文明新风入心入脑，让群众在生产生活中严格按照规章制度践行移风易俗理念。

（二）营造氛围，各级媒体联动宣传

充分利用报纸、广播电视、网络等媒体，开辟专题专栏，发掘报道典型，使移风易俗的新要求家喻户晓、深入人心。在淄博日报、淄博电台、淄博电视台、淄博晚报、鲁中晨报等城市传统媒介的重要版面、黄金时段开设“打响移风易俗攻坚战”专题、专栏，综合运用消息、通讯、综稿、公益广告等多种形式，开展有声有色的宣传报道。淄博文明网、鲁中网、大众网、淄博新闻网等全市各大网络媒体在首页头条、大图等显著位置设立专题、飘窗，每日报道全市各区县先进村的移风易俗工作经验，积极刊发淄博市移风易俗口号，营造了浓厚舆论氛围，让移风易俗的典型家喻户晓。新华社、人民日报、中央电视台等中央新闻单位分别报道了淄博市经验。

（三）树立先进典型，抓好示范带动

推进移风易俗，要抓好典型示范。临淄区从2013年开始在全市率先整建制推行移风易俗工作，大力倡导“婚事新办、丧事简办、厚养薄葬、破除迷

信”，白公事重点抓殡葬改革、公益公墓建设，红公事限制高额礼金，受到群众普遍欢迎和真心拥护。临淄区凤凰镇南太合村无论红白公事，随礼仅仅5毛钱，这一做法已经坚持了30多年，该村的典型事例“5毛份子钱带来好村风”先后在中央电台“新闻和报纸摘要”、中国青年报、凤凰网等媒体进行报道宣传。临淄区金山镇东崖村白公事随礼都在10元、20元左右，办公事所用的桌椅碟碗都由红白理事会提供，每人用餐标准在15元左右，一场丧事算下来，由以往的近万元降至千余元，新华社以《丧事简办，山东淄博临淄农村一场丧礼花费从近万元降至千余元》为题报道了该村的经验做法。临淄区丧葬新规自2013年开始宣传启动，2014年全面提倡，到2016年仅用3年多的时间，已经在各村居全面推开，目前实现全覆盖。全市农村红白理事会建设达100%，移风易俗纳入村规民约达100%，红白理事会培训工作达100%。全市农村按新规喜事新办达到80%以上，丧事简办达90%以上，群众对移风易俗满意度达95%以上。2017年6月，全国农村精神文明建设工作经验交流会在淄博市召开。

（四）加强考核，建立长效机制

建立健全工作督查机制，制定出台全市移风易俗工作考核办法，采取制度建设、群众满意度测评和工作实绩考核三种方法进行，纳入全市文明镇办重点工作考核，纳入全市“十个率先突破”考核。各区县有关部门单位根据各自职责范围，通过将移风易俗纳入规章制度、考核内容等形式，建立起移风易俗、婚丧嫁娶文明简办的长效机制。各镇、街道将红白理事会工作纳入镇街道工作年度目标考核和绩效考核，制定相应的奖励措施，对经考核发挥作用好的红白理事会进行奖励，对作用发挥不明显的理事会，及时批评，督促其整改或进行人员调整。

（五）健全组织领导，明确工作责任

建立移风易俗工作联席会议制度，成立市委宣传部、市文明办、市民政局等20个部门参加的全市乡村文明行动移风易俗工作联席会议，确定由市文明办与市民政局共同牵头，具体负责日常工作。各有关部门单位根据职能分

工，明确工作责任，发挥部门优势，各司其职，积极配合，齐抓共管，形成合力，推进移风易俗工作。民政局加强殡葬管理，做好丧葬习俗改革的宣传教育工作，引导群众丧事简办，破除丧葬陋俗；妇联结合新农村新生活培训宣传厚养薄葬、移风易俗理念；团委对年轻人做好喜事新办的教育引导；国土部门会同民政、发改、规划、林业、环保、财政等部门，按照城乡总体规划和土地利用规划要求，研究制定丧葬公墓建设规划，并纳入各级政府基本建设和基本公共服务保障范畴。

立足实际打造淄博文化惠民新品牌

（2017）

近年来，淄博市文化广电新闻出版局认真贯彻中央和省市关于文化惠民的一系列决策部署，坚持改革驱动、创新引领，努力打造立得住、叫得响，更好地服务群众的新亮点、新品牌。特别是2017年1月“创新实施‘小微文化’‘百姓大舞台’，实现文化惠民全覆盖项目”获选全市第一批改革创新经验。淄博市文化广电新闻出版局按照试点先行、典型引路、重点突破、梯次推进的工作思路，采取材料学习、实地考察、现场推介、督察通报等多种方式，在全市范围内全力推广推介“小微文化”和“百姓大舞台”改革创新经验，有力推动了全市文化工作服务群众的水平，提升了群众对文化工作的满意度，取得了良好的成效。

一、典型引路，理清“小微文化”“百姓大舞台”工作思路

高青县创新实施的“小微文化”，通过布局“微书苑”、扶持“微剧团”、打造“微课程”、实施“微订单”、培育“微循环”、鼓励“微节庆”等措施，变“送文化”为“种文化”，把文化的种子“种”到基层，让文化在基层不断成长壮大，在全县上下形成了全民动员、全员参与、多形式、多层面、立体化的群众性文化活动新格局。桓台县通过搭建“百姓大舞台”，打破文化下乡演出的传统模式，通过“直接组织、辅导培训、扶持帮助”“节目固定、集体共创、形式多样”“你演我看、你我共演、群众主演”“数量有限、鼓励引导、自主开展”四个三步走，解决了传统文化下乡从形式、内容、模式再到数量难题的破解。

高青县“小微文化”解决基层文化建设的三个突出困难：一是村多村小，文化惠民活动覆盖难；二是文化人才集中在县级，镇、村文化人才缺乏，并且专业素质较低；三是县内没有专业剧团，只有一家图书馆且规模较小，很难满足全县所有群众对文化的多层次需求。高青县以“小微文化”理念来破除困难，搞活基层文化建设，就是想花小钱，办大事，充分调动、激发各方积极性，全民动员，全员参与，节约资源，提高效率，用群众的力量办好群众文化。桓台县“百姓大舞台”解决的是文化活动在基层不断凸显的难题：一是节目内容少，文艺演出的节目水平不够高；二是村（居）数量多，文艺演出的频率较低；三是演出模式老，很难吸引群众的参与；四是后期影响小，群众的文化记忆不深。围绕以上问题，桓台县改变工作思路，进行大胆探索和实践，打造群众身边的“百姓大舞台”，既丰富了基层群众的文化生活，又体现了政府为民办实事的意愿。

二、充分理解“小微文化”和“百姓大舞台”创新经验的精神实质

桓台县和高青县的经验做法，关键是从自身实际出发，把握群众文化工作的规律，寻找做好工作的结合点和突破口。

一是坚持以人为本，不断满足人民群众日益增长的精神文化需求。“小微文化”和“百姓大舞台”的具体工作细致烦琐，但真正做到了接地气、惠民生，群众文化需求得到了精准回应，换来的是老百姓真心实意地欢迎和支持。以人为本，从百姓的实际需求出发，是各项文化惠民工作的出发点和落脚点。

二是坚持文化共建共享，让群众有更多获得感。“小微文化”和“百姓大舞台”的实践证明，必须改变以往政府大包大揽的传统做法，积极探索共建共享的发展路子，让基层群众登台唱“主角”，既丰富群众文化生活，又体现政府为民办实事的意愿；既满足群众日趋丰富的多元文化需求，又让群众更加珍惜创建成果，产生更多的获得感。

三是坚持不断创新，努力开创工作新局面。创新是突破现实的有效途径，

只有敢于创新，才能攻坚破难不断前进；创新是解决问题的根本方法，只有找准工作中的短板，结合各自区县实际工作情况的创新，才会有持久的生机和活力。面对工作中的任何困难和问题，怨天尤人、观望等待都是死路一条。只有以积极心态想办法、出思路，不畏惧、不退缩，打破常规、迎难而上，才能真正做到创新工作“高、大、上”和常规工作“精、细、强”，才能保证文化资源效率利用的最大化，取得实实在在的业绩，赢得基层群众的拥护和支持。

三、总结经验，全力做好经验推广工作

为全力推广推介高青县“小微文化”、桓台县“百姓大舞台”改革创新经验，淄博市文化广电新闻出版局认真总结经验，全力做好推广实施工作。一是成立改革创新经验推广推介领导小组；二是制定《推广推介“小微文化”和“百姓大舞台”改革创新经验实施方案》；三是召开全市文化系统自主改革创新经验推介会；四是定期督察调度各区县推广推介情况。通过以上工作的开展，为全面总结和充分理解“小微文化”和“百姓大舞台”创新经验的精神实质，认真借鉴“小微文化”和“百姓大舞台”的成功经验打下良好基础。

四、勇于创新，努力打造一批文化知名品牌

创新是突破现实的有效途径，也是解决问题的根本方法。全市文化系统在充分借鉴高青县“小微文化”和桓台县“百姓大舞台”改革创新经验的同时，结合自身实际，新创了一批立得住、叫得响的文化品牌和项目。张店区的大学生文化协管员入选国家第三批公共文化服务体系示范项目，淄川区“文化云”入选国家第四批公共文化服务体系示范项目，高青县“小微文化”、沂源县文化理事会入选第三届山东省文化创新奖。淄博市稷下书院·齐风讲堂、高青县民间剧团戏曲展演、周村区“我们的中国梦”百姓大舞台、淄博花灯艺术节系列等4项文化活动项目入选2017－2018年度山东省冬

春文化惠民活动品牌项目。2018年，我局在原有群众文化活动的基础上，又精心组织策划“我们的中国梦”文化下乡活动、“我们的中国梦‘六艺秀淄博’”系列文化活动，充分发挥文化惠民载体多样、资源丰富、人才荟萃的优势，打造富有地域特色的文化品牌，切切实实提升群众对文化工作的满意度。

文化科技双轮驱动 “淄川文化云”助推公共文化服务供给侧改革
（2017）

服务质量和效率不高、结构性过剩与群众合理文化需求得不到满足，是当前基本公共文化服务亟待解决的问题。针对以上问题，在全市“文化科技双轮驱动”战略的引领下，积极运用“互联网 +”，开发设计了“淄川文化云”公共数字化文化服务平台，开辟了“公共文化服务 + 互联网”新路径。“文化云”2018 年 4 月 17 日试运行，6 月 6 日上线，实现了公共文化服务供需精准对接、无缝对接，文化插上了科技翅膀。

一、基本情况

“淄川文化云”是政府借助云计算、云存储、大数据等技术，整合文体资源，统一提供“一站式”数字化服务的公共文化平台。通俗地说，“文化云”是政府提供的公共文化服务内容与群众公共文化消费需求的对接平台，实现了公共文化服务供给与消费的良性互动。

从公共文化服务供给侧看，“文化云”提供了丰富多彩的公共文化服务内容。“文化云”展示了政府提供的所有基本公共文化服务内容，分为“我爱培训”“我爱演出”“我爱健身”“我爱展览”“我爱学校”五大板块。其中，“我爱培训”，展示种类齐全的文体艺术培训活动信息；“我爱演出”，展示综艺晚会、戏剧戏曲、送戏下乡等丰富多彩的演出资讯；“我爱健身”，第一时间发布健身场地、健身课程、健身活动等文体信息；“我爱展览”，涵盖各类博物馆、展览馆、创意园区等，让大众知晓、了解淄川悠久的历史文化、文化遗产和极具地方特色的工艺美术品；“我爱学校”，整合利用学校设施、场所、师资等资源，闲时向社会开放，开设文化艺术、体育健身、工艺技能等培训项目，辐射带动社会培训，丰富群众文体活动。可以说，“文化云”提供了全面的文体服务体验。

从公共文化服务需求侧看，群众可以自主便捷地选择文化消费内容。群众只要登录“淄川文化云”网站、微信或手机APP，就能随时随地享受文化信息咨询等服务，满足“我要知道”“我要参与”“我要互动”的文化消费需求，解决了公共文化服务“最后一公里”问题。“我要知道”，群众可浏览今后一周内淄川区所有公共文化活动内容及热门活动，访问全区各类文体场馆等。“我要参与”，群众经实名注册后，可根据自己兴趣爱好、时间安排、路程远近和方便程度等进行点单，预定今后一周内的文化活动。如果对周边正在进行的文化活动感兴趣，可以按照手机“文化云”地图功能提供的导航路线前往。“我要点单”，群众可以在“文化云”上发布文化需求，文化部门会及时反馈并汇总整理，根据群众总体文化需求情况、本地文化资源现状以及相关培训开展情况等，适时调整丰富公共文化服务内容，确保文化活动能最大限度满足群众需求。可以说，“文化云”贴近群众文化消费需求，实现了与群众需求互动、精准对接。

二、初步成效

“淄川文化云”通过“文化+科技”创新了基本公共文化服务供给方式，建立了“百姓点单、专业制单、政府买单”服务模式，既解决了公共文化服务供给与需求信息不对称、有效文化供给不足、公共文化结构性过剩、公共文化资源总体利用效能不高等老大难问题，也推动了文化产业发展，有效占领了基层思想文化阵地，促进了社会和谐，实现了多方共赢。

（一）公共文化服务供给能力和水平得到提高

截至7月底，“文化云”共开设7 829班次的课程，完成文体培训15 658课时，开展文体活动2 000余场次，受益人群36.48万人次。同时，“淄川文化云”工程运行后，淄川区充分整合、综合提升镇办文化站、村居综合性文化服务中心、文化广场等公共文化设施资源，安排专人进行管理，淄川区所有培训点平均日开展文化培训30余场次，公共文化服务供给效率大幅提高。

（二）群众文化消费需求空间得到释放

“文化云”培育和激发了群众的文化消费需求，正式上线以来，群众文化消费呈井喷态势。一方面，参加公共文化活动的群众数量不断增加。“文化云”采取专业化制单，为群众提供入门班、提升班、专业班等不同层次的文化培训，“零门槛”的培训极大地扩大了群众参与文化活动的范围。2018年第四届“热土欢歌”大赛中，村居级比赛的参赛选手人数较2017年增加了40%。群众的广泛参与，推动实现了用先进文化占领基层群众思想阵地的目标。另一方面，推动了文化产业的发展。据了解，仅书法培训班、旗袍培训班就分别带动文化消费230万元、368万元。

（三）公共文化服务管理科学化水平得到提升

一方面，“文化云”运行中产生的活动人数统计，以及平台设置的反馈、评论、点赞、收藏、意见建议等功能，为政府部门进行公共文化服务效能考评提供了客观、真实依据。另一方面，文化行政管理部门可利用平台产生的大数据，进行相关政策调整，提高文化决策的科学化水平。

（四）公共文化服务社会功能得到强化

“文化云”的开设，不仅促进了基层公共文化建设，还起到了凝聚人心、树立良好社会风气的作用，在农村精神文明建设、弘扬社会主义核心价值观中起到了积极作用。通过参加“文化云”活动，有的多年上访户不再上访，一些街坊邻里矛盾也得到化解，失独家庭找到了精神寄托等。群众普遍反映，参加“文化云”活动后，心情和生活更加愉悦了。乡镇、社区基层工作人员表示，目前基层通过“文化云”向群众宣传环保政策、健康知识等，“文化云”学员自发向身边群众宣传政府相关政策，帮助做好违建拆除、散乱污治理等政群矛盾尖锐性工作，“文化云”成为基层党委政府与居民沟通的“润滑剂”与“粘合剂”。

三、几点启示

（一）开展公共文化服务必须履行好政府职责

开展公共文化服务是党委政府的重要职责，淄川区委、区政府多次召开会议，专题研究、统筹安排“文化云”工作，构建运行制度体系，明确责任分工、运行模式、文化资源整合、财政支持、人员配备等方面内容，建立起了淄川区委宣传部牵头、文化教育部门主抓、镇（街道）和开发区组织实施、相关部门配合协助的推进工作机制。同时，把“文化云”的建设、培训点提升、志愿者招募等费用全部由政府买单，每年列支专项资金并确保逐年增长。党委政府的统筹谋划、大力支持，为“文化云”的可持续运行提供了有力保障。

（二）开展公共文化服务必须加强供给侧管理

群众对公共文化服务是否满意，取决于公共文化服务的质量。在建设“文化云”过程中，一方面加强区域文化资源整合，实行全区“一盘棋”。在机构整合上，把淄川区镇村三级文化馆、图书馆、镇办综合文化站、村居综合性文化服务中心、文体广场、学校等场所200余处，作为培训活动固定场所，其中包括知名社会组织和培训机构，如1954陶瓷文创园、女子书画院等，群众能够就近参加文化活动。在人员整合上，通过相关职能部门推荐、教体系统专业教师资源支持、发动“五老”群体力量、社会志愿者招募等渠道，选出500名志愿者构成教师资源库。另一方面，注重提供多样化多层次公共文化服务，满足多样化个性化的文化消费需求。将培训课程分为面向大众的“基础课程”和面向部分群体的个性化“百姓点单课程”。点单课程充分考虑群众原有基础不同，提供入门班、提升班、专业班等不同培训层次。另外，对群众评价得分靠后的课程和培训人员进行相应调整，以更好地满足群众消费需求。最大限度地利用现有文体资源，推动解决基本公共文化服务供给不平衡不充分问题，以最大限度地满足群众的文化消费需求。

（三）开展公共文化服务必须加强需求侧管理

公共文化服务是面向群众的，既要提供符合群众口味的文化服务，又要加强需求管理，推动供需有效对接。一方面，摸底群众文化需求，将“政府端菜”模式改为“百姓点单”模式，根据群众报名、点单情况，更有针对性地开展文化服采购，更加精准地满足群众文化生活需求。提前发布文化活动信息，让群众自由选择，做好安排。另一方面，严格群众登记报名管理，保证文化大餐不浪费。如果群众三次报名参加文化培训但又没有参加，管理系统就会自动将其列入黑名单，取消其半年内报名参加文化培训的资格，促使群众认真对待报名活动，报名就要尽量参加。培训教师对群众参与培训情况进行评价，对旷课、扰乱课堂秩序的进行记录，加强学员管理。另外，为学员提供展示平台，组织有关学员进行汇报演出和文化惠民巡回演出，提高学员成就感。

（四）建设“淄博市文化云”，推动全市“文化＋互联网”发展

为推动全市“互联网＋公共文化服务”工作发展，提升全市公共数字文化建设和文化产业建设发展水平，淄博市文广新局着手建设全市公共文化服务及扩大文化消费网络平台即“淄博文化云”。该平台全面整合市文广新局、市图书馆、市文化馆、市博物馆、市书画院等单位资源，连接各区县云平台板块，打通文化事业与文化产业，加强文化与旅游融合发展，建设集文化资讯浏览、文化活动展示、文化培训、文化场馆预约、数字化阅读、文旅融合、文化消费等内容模块于一体的数字文化网络体系。该平台建成后，将与国家公共文化云平台、省公共文化服务平台对接，大幅度提升淄博市公共文化服务效能，更好地满足广大群众对美好生活的新期待，新需求。

【编辑评述】

以挖掘传承齐文化为着力点 打造文化名城

党的十九大报告指出："文化是一个国家、一个民族的灵魂。文化兴国运兴，文化强民族强。没有高度的文化自信，没有文化的繁荣兴盛，就没有中华民族伟大复兴。要坚持中国特色社会主义文化发展道路，激发全民族文化创新创造活力，建设社会主义文化强国。"

近年来，淄博市各级各部门坚持以走在前列为目标定位，以齐国故都列入全省十大文化旅游目的地品牌为机遇，以齐文化传承创新示范区建设为龙头，以文化旅游产业融合发展为突破口，以打造东部齐文化核心区、南部山林生态、中西部特色文化、中北部水系慢城四条精品旅游线为着力点，大力实施"文化+""旅游+"行动，全力打造国内知名的旅游目的地城市和国家级全域旅游示范区，努力擦亮打响齐文化名城品牌。

作为齐文化发源地，淄博近年来深入挖掘本土乡村文化特色，着力推进齐文化传承创新示范区建设，发扬传承优"淄川文化云"、高青县"小微文化"、沂源县"乡村文化理事会"等基层农村文化工作创新做法深受群众欢迎，并在全省、全国推广。在传统村落保护、文旅融合项目建设和文旅融合"八大工程"中取得实效，认真开展全市工业遗产普查，积极推进休闲体育小镇、蹴鞠小镇、国井特色小镇、建陶小镇等特色小镇建设。淄博市乡村文化振兴发展亮点突出，成效明显，为淄博文化名城建设做出突出贡献。

第四篇

社会治理篇

办结交付创新　推进车驾管“一站式”服务改革（2016）

近年来，淄博市公安局聚焦“一次办好、群众满意”目标，深入推进公安“放管服”改革，搭建交管服务大数据平台，创新推进、不断拓展车驾管“一站式”服务改革，人民群众对公安交管工作的满意度稳步上升。车驾管“一站式”服务改革被市委列为2016年“全市第二批改革创新经验十项重点推广推介项目”，经验做法在全省车管部门推广。

一、更新观念，主动作为，积极探索车驾管“一站式”服务改革新路径

长期以来，由于新车挂牌落户、车辆转入、补领登记证书等业务，存在手续繁琐、环节复杂、科技应用水平较低、工作效率不高等问题，群众办理一笔业务需要多个岗位往返跑腿、多次排队等候。为从根本上解决群众多跑腿、排长队的难题，市公安局交警支队车管所在多方调研论证和广泛征求意见建议的基础上，研究提出了推行车驾管“一站式”服务新模式的工作思路，并列入2015年度全市公安机关民生实事重点工作项目。车驾管“一站式”服务模式包括“一站式”服务综合业务管理系统、“一站式”服务大厅、查验快速通道“三大”实体模块，秉承“数据多跑路，群众少跑腿”的服务理念，采取“一窗受理、闭环运行、办结交付”的“一站式”运作模式，群众到车管所办理相关业务，仅需“停一次车，进一次门”，“一进一出”即可快捷办结。“一站式”服务模式自2015年9月正式启动以来，先后在支队车管所和各交警大队车管所进行了推广应用，共办理车驾管业务23.6万余笔，

取得了良好的社会效果。

二、数据支撑，流程再造，着力实现车驾管服务效能新跃升

为最大限度地排除群众办事的“难点”，理顺管理服务的“节点”，打通环节流程的“堵点”，做实“互联网 + 车管”智慧警务，推动车管工作提质增效，交警支队车管所在推行车驾管“一站式”服务方面，采取了四项扎实有效的措施并取得了实实在在的效果。一是研发应用综合业务管理系统，群众仅需坐等便可享受科技大数据带来的快捷服务。坚持向科技要效率、要服务，自主研发应用了“一站式”服务综合业务管理系统，该系统变传统人工模式为电子档案扫描送达、平台分配、内部流转的“前台受理，后台审核”的“信息化”工作模式。业务受理、车辆查验等前台岗位，将采集的车驾管业务信息形成电子档案，在系统平台内自动传递和流转；登记审核等后台岗位依托该系统平台网上在线查询、比对、审核电子档案，群众受理业务后，不再需要携带手续资料频繁往返各窗口，只需等候领证即可。与传统的人工模式相比，由过去的多次审核变成一次审核，工作效率大幅提升，实现了“数据多跑路，群众少跑腿”。二是建设综合服务大厅，群众“一进一出”即可办结车驾管业务。由于过去车管所登记厅、查验厅处于分离状态，群众办理机动车登记业务往往需要多次折返两个大厅、必须走完打印公告、预录入手续、查验车辆、领取查验凭证、受理业务、选号、交费、领取牌证等 8 个环节流程，来回跑腿、排队、等候，花费大量时间和精力。为有效解决这一问题，将登记厅、查验厅二厅合一，重新筹建了综合服务大厅，把车辆查验以外的所有车驾管业务岗位全部整合至新建服务大厅，使机动车登记业务由原来的 8 个环节整合精简为初审手续（整合打印公告）、查验车辆、选号、交费领证 4 个环节，群众查验完车辆进入服务大厅，到受理业务窗口交付有关手续证明和自主选号后，便可坐等领取牌证，享受“一条龙”服务。原先群众办理车辆落户需一个半小时的时间，现在只需半小时即可办结，服务效率比原来提升了 3 倍。三是实现通道式查验，群众无须下车即可完成查验。原来群众办理机动车登记业务时，需要来回往返相距较远的查验厅、查验区，

重复排队，耗时费力。为此，交警支队车管所专门在查验区开辟了“查验快速通道”，增设了登记亭，在登记亭上方设置了遮阳棚，把原先设在业务大厅的查验受理岗位前移至登记亭，推行了“通道式”查验，查验民警及工作人员现场审核手续资料，核对公告，预录入登记信息，整个过程，群众不需下车即可查验，查验结束后直接进入综合服务大厅“一进一出”办结业务，整个流程也由过去的“停三次车、进两个厅”，压缩为“停一次车、进一个门”，群众办理车驾管业务更加方便快捷。

三、深化改革，“一次办好”，持续推动车驾管“一站式”服务新发展

2017年以来，市公安局以推进“一次办好”改革为契机，进一步深化车驾管“一站式”服务拓展创新，推动实现“马上办、网上办、就近办、一次办”。一是实现全市小型汽车号牌现场制作“全覆盖”。全市共设置小型号牌制作点11处，群众在任一车管所选取号牌“立等可取”。二是推行考后一小时领证服务举措。精简业务流程，实行考试成绩单内部流转，实现了考生考试合格后1小时内领取驾驶证。三是广布社会服务网络。开展“警银”协作，在市工商银行等设立4处服务站，委托银行现场办理车辆抵押登记；创新“警保”协作，目前已在市人保公司设置车驾管服务站4处，委托办理车辆六年免检签章，为群众提供保险、审车“一窗式”“一站式”服务。四是推广缴费支付电子化。2018年7月，结合贯彻落实公安交管“放管服务”改革20项措施，交警支队车管所在车驾管服务窗口逐步推广使用网银、支付宝、微信等支付方式，实现受理、审核、缴费、发证“一次排队、一次办结”。五是探索报废车登记服务新途径。在报废车回收企业设立服务站，现场办理车辆注销登记，群众由过去跑两次腿，变为“一次办好”。六是深度下放车驾管业务。坚持做大做强区县车管所，把进口车登记业务下放到张店等5个区县大队车管所，方便群众就近办理。七是拓展“互联网+车管”服务新渠道。上线“微车管”，实现驾驶证到期换证等7项车驾管业务在线受理和证件快递送达。整合公安交警部门的互联网面签窗口、“互联网+车管”

体验区、互联网车驾管业务办理客户端、后台网办服务中心以及邮政速递部门，积极试点警邮“宅寄递”服务模式，实现办事群众“少跑腿、少费时、少带材料”“足不出户办理车驾管业务”的车驾管服务改革新要求。在2017年省厅对办理车驾管业务群众满意度测评中，群众对淄博市车驾管工作的满意度为95.57%，位列全省第2位；交警支队车管所实现“全国优秀车辆管理所”五连冠；在市直机关工委“百个科室社会评议”活动中，支队车管所排名大幅提升，赢得了各级领导和人民群众的广泛认可。

创新数字化大城管改革
（2017）

淄博市数字化城市管理系统项目为2017年市政府“四位一体、组群统筹、全域融合”重点项目，并列入淄博市2017年第二批10项创新改革推广推介事项。淄博市坚持以“数字化、智慧化、信息化”管理模式为引领，大力实施“数字城管”系统建设，全面推行网络化精细化管理，构建起沟通快捷、权责统一、处置及时、运转高效、监督到位的城市管理新机制，极大地提升了城市管理精细化、智慧化水平。

一、制定方案，精心组织

淄博市城市管理和行政执法局按照市委改革办文件要求及时制定出台了《淄博市城市管理和行政执法局关于推广推进创新数字化大城管改革的实施方案》，明确了这次改革的指导思想、任务目标、推广重点、方法步骤、推进措施、组织领导及任务分工，成立了市局创新数字化大城管改革推广推介工作领导小组，具体负责全市推广推介工作的组织领导，并且积极与上级主管部门的沟通协调，力争此项创新数字化大城管改革推广推介工作得到中央、省、市及社会各界的认可。

二、强化措施，确保实效

淄博市城市管理和行政执法局组织并召开全市推广推介创新数字化大城管改革现场推进会，要求周村区、临淄区、高青县三区县在前期数字化城管建设改革基础上，进一步总结经验，提炼总结经验做法、改革成效及典型意义，其他区县局要以此次推广推介工作为契机，切实推进本单位数字化大城管改革及建设的速度，实现市委改革办要求在全市推广推介经验的目标。

三、强化督导，狠抓落实

（一）项目建设情况

淄博市数字化城市管理系统项目于2017年10月建成运行，共投资270余万元，依托市政府云计算中心硬件设施，借助市国土局天地图、共享区县普查数据，运用三维实景地图、“互联网+”、移动互联和物联网智能监控等技术，以满足住建部数字城管九大标准子系统验收要求为基础，结合淄博市组群式城市的特点，建成了移动督办、视频监控、业务短信、移动处置、检查考评、全民城管网站和全民城管移动端等子系统和拓展子系统，接入了9个区县二级数字城管平台，涵盖200多个处置部门，实现了全市六区三县建成区约240平方公里的“数字城管全覆盖”。

（二）项目运行情况

项目建成后，引入市场化运行机制，每年投入约500万元，通过政府购买服务，引入第三方公司开展信息采集工作，共招聘了128名信息采集员分布在各区县城区，随时发现城市管理方面的问题，上传至市级数字城管平台，由市级平台统一受理，通过巡查监督、案卷建立、任务派遣、任务处理、处理反馈、核查结案和综合评价七个环节的紧密衔接和有效运转，形成实时传输、自动生成、随时核查的闭合工作流程。数字城管系统自试运行以来，已累计受理办结各类投诉案件14 419余件，拆违专项案件17 789条，处置率达95%，有力促进了城市管理水平提升。

（三）项目主要成效

数字化城管系统建成运行后，结合市委、市政府全面推进城市精细化管理工作的部署要求，制定出台了《淄博市城市精细化管理考评办法》，将数字城管运行结果按照40%的权重计入市对区县党委、政府城市管理工作考评成绩，每月通报考评情况，有效促进了数字城管案件的办结率，构建起了“两级监督，两级指挥、综合考核、四级联动、重心下移”管理新模式。

四、下一步工作

淄博市推广推介创新数字化大城管改革的成效，市政府督查室在淄博政务督查微信公众号全面报道了淄博市城市管理和行政执法局推广推介创新数字化大城管改革及全市建设数字化城管系统平台取得的巨大成效。淄博市数字化城管平台系统已于2018年8月16日通过省住建厅组织的专家验收，同时淄博市平台创新拓展了拆违功能，全国数字城管学组8月16日以“依托数字城管，创建管控违法建设新机制”为题介绍了淄博市经验做法。

淄博市城市管理工作在今后的工作中，将认真总结经验和不足，不断调整和完善工作方法，在数字化城市管理体制、机制和运作方式等方面不断创新，努力将数字化城市管理平台用到实处。同时，按照省厅要求，积极推动数字城管向智慧城管升级，对数字化城市管理系统进行扩容整合，拓展违法建设治理、户外广告、市政环卫、园林绿化、建筑渣土管理及大数据分析应用等功能，逐步实现淄博市城市管理工作迈入“智慧时代”，让群众实实在在感受到数字化城市管理带来的良好变化和便利，为经济社会发展做出更大贡献，为全省城市管理工作贡献“淄博力量”。

探索“五位一体”新路子 打造社会治理新模式

（2017）

淄博市张店区创新构建“五位一体”社会治理新模式，以社会治理云平台为载体，将“以房管人”、三级巡防、视频监控全覆盖、“6+1”多元化解和社会治理网格化等重点工作深度融合，着力破解深层次社会矛盾问题，不断增强人民群众安全感和满意度，被山东省委、省政府授予全省社会治安综合治理先进区。2017年，淄博市委政法委在全市全面推广张店区“五位一体”社会治理工作经验，通过制作宣传片、组织现场观摩、制定实施方案、每月调度通报等方式，进行固化提升、推广推介，取得了阶段性成果，形成了一系列行之有效的工作机制。

一是流动人口管理实现新突破。针对人员“怎样管、怎样控”难题，市综治委研究制定《关于进一步加强特殊人群服务管理工作的意见》，进一步明确了属地管理责任和部门主管责任，将特殊人群监管责任落实到镇办、村居和具体责任人，建立台账，录入系统，完善了对户籍人口、流动人口和重点人员的分类管控措施。加强严重精神障碍患者管理服务，印发《关于实施以奖代补政策落实严重精神障碍患者监护责任的暂行办法》，由财政出资为全市评估3级以上严重精神障碍患落实监护人补助，每人每月以奖代补200元。在全省率先实施社区治安综合治理精细精准工程，对社区内人员进行分类管理，全面掌握常住人口、流动人口、重点人员和特殊人群情况。抓住流动人口需要租住房屋这一关键环节，以静态出租房屋管理动态流动人口，实现“以房管人、人房共管”的目标，消除出租房屋和流动人口管理失序给社会治安造成的隐患。张店区自主研发“出租房屋管理系统”，涵盖信息登记、影像采集、合同存储、租赁费用结算、公安信息核查等功能，综治、维稳、公安、计生等职能部门均可通过系统获取相应信息，实现实时共享、协同联动。创新推广“智能门禁云”平台系统，实现常住人口、流动人口分类“分卡”管理，提高房屋租赁和流动人口管理的信息化、智能化水平。

二是矛盾纠纷多元化解机制进一步完善。针对矛盾纠纷“怎样防、怎样化”难题，全力推动人民调解、司法调解、行政调解有机衔接，建立了党委政府领导、政法委协调、政法部门推动、社会协同、多方参与的矛盾纠纷多元化解机制。以市委办公厅、市政府办公厅名义出台了《关于完善矛盾纠纷多元化解机制的实施意见》，积极构建“五治并举、多元共治”的矛盾纠纷多元化解机制。加强矛盾纠纷风险源头预防，深入开展社会稳定风险评估，全面落实“清单制”和“承诺制”，把社会稳定风险评估作为重大决策、重大事项、重大项目的前置程序和刚性门槛。加强矛盾纠纷隐患排查，网格实时排查、村居经常自查、镇办集中排查、区县重点排查、部门双线排查有机结合，排查全覆盖、无死角。开展了为期一年的排查安全隐患防范四类风险专项行动，对暴力恐怖、群体性事件、个人极端事件等隐性风险隐患全面排查化解，全市累计排查各类风险隐患 16 万余处，严格落实清单销号制度，全部建立台账，进行集中整改。加强重点行业领域矛盾纠纷排查化解，全市成立 16 个重点领域矛盾隐患排查化解小组，集中开展矛盾纠纷大排查大调处专项活动，突出重点矛盾化解、重点人员管控和重点环节管理，及时发现处置矛盾纠纷和苗头性倾向性问题，将一大批矛盾纠纷化解在了基层和萌芽状态，矛盾纠纷排查化解率达到 98.5% 以上。

三是“三级巡防”工作全面加强。针对“案件怎样防、怎样破”难题，加快构建立体化社会治安防控体系建设，建成了街面社区巡防网、重点对象管控网、公共安全监管网、技术视频监控网、网络社会防控网“五张网络”。建立区、镇（街道）两级巡防指挥中心，研发集 GPS 定位、巡更考勤、指挥调度、证据上传等功能于一体的“三级巡防巡更系统”，为巡防队员统一配备对讲机，统一安装电子巡更点，实现巡防责任全面落实，有效提升见警率、管事率和突发事件控制率。探索建立以“平安志愿者”为主体的第四级巡防队伍，吸附更多的群众参与社会治理、维护公共安全，填补三级巡防机制的空白。采取“一村一队”“联村联防”等形式，全市组建村居巡逻队2 168个、14 000余人。组建平安志愿者队伍，实施“万名治安志愿者工程”“红袖标工程”“楼长工程”，把出租车驾驶员、环卫工人发展成流动信息员，把各级媒体打造成通报治安动态、开展防范宣传的宣传站，全市平安志愿者达到11.2万名。

四是“雪亮工程”建设稳步推进。依托各级综治中心，加强涵盖综治信息系统、综治视联网、公共安全视频图像信息交换共享平台等内容的综治信息平台建设，10个区县89个镇办已全部建成综治信息平台。整合各级各部门和社会视频资源，集中建设集信息采集、视频监控、调度指挥等功能于一体的全天候视频监控系统，累计投入资金14.2亿元，建成视频监控中心289个，安装视频摄像机26.6万台，被省公安厅评定为首批一类、二类、三类目标实现全覆盖的城市。重点强化村居（社区）视频监控的增点扩面工作，全市3 468个村居已经实现了视频监控全覆盖，覆盖率达到97%。组织召开全市视频全覆盖工程建设推进会，在全市范围内进行全面动员部署，将28个部门20 000余路视频监控资源联网到市公安局指挥中心，完成了6个重点部门的视频资源一体、指挥调度同步；将56个部门数据整合，实现了同平台调度，一体化共享。

五是网格管理效能进一步提升。实行一网统筹，以基础网格为单元统筹各部门网格事务，充分考虑城乡差异、历史沿革、产业分布等特点，结合平安建设、环保治理、安全监管等重点工作，按照城区300户、农村500户左右的标准对原基础网格进行了调整和规范，调整后全市共划分基础网格6 290个。实行多员合一，推行网格员专职化，整合村（社区）各类协辅人员，在城市社区和部分有条件的村配备专职网格员，定人定岗定责，落实薪酬待遇，规范管理考核。目前，全市基础网格员共7 529人，其中专职网格员3 064人，每个城市社区网格已至少配备1名专职网格员。扎实推进区县、镇办、村居综治中心和网格化服务管理中心一体化建设，目前已分别建成区县、镇办、村居网格化服务管理中心9个、85个、2 959个，完成率分别为81.8%、94.4%、97.1%。依托网格化管理信息系统，建立了网格“大数据”库，实现了人口、房屋、重点人员单位信息的全面录入和网格事务的网上流转办理。

坚持实行网格员“12345”工作法，建立了网格事务处置闭环式工作流程，落实例会研判、动态考核等工作制度，网格化管理制度化、规范化、标准化水平不断提升。

开启新型智慧城市建设新局面
（2018）

2018 年以来，淄博市电子政务和信息资源管理办公室将“智慧城市”建设创新经验推广推介工作与新型智慧城市体制机制建设、政务信息系统整合共享等“十个率先突破”重点任务统筹谋划，推动淄博市各级各类新型智慧城市建设朝着规范、有序、集约、高效方向发展。截至目前，淄博市已在全国率先依照国家评价指标完成新型智慧城市总体规划和实施方案编制，对体制机制建设进行了改革创新完善，初步形成了“四统一分”新体制（即统一机构、统一规划、统一网络、统一软件和分级推进），淄博市电子政务、信息资源管理、网站建设及政务信息系统整合共享等工作跃居全省前列，部分做法在全省或全国推广。

一、以体制机制建设为统领，形成“四统一分”新局面

针对全市电子政务、信息资源管理、新型智慧城市建设工作面临的“体制不顺、职能交叉”障碍，以新型智慧城市体制机制建设被列为“全面深化改革率先突破”重点任务为契机，对相关体制机制进行大胆改革创新，建立和完善了规范有序的组织领导体制、协调推进机制和政策保障机制等，为推进新型智慧城市有关工作落实提供了有力支撑保障。

（一）统一机构、分级负责，形成各级行政首长负责制的组织领导体系

市级层面，整合市政府办公厅、市经信委等单位原部分职能，成立市电

子政务和信息资源管理办公室，为市政府办公厅管理的正县级行政单位，负责全市电子政务、信息资源管理、网站管理以及智慧城市协调推进等工作；成立市新型智慧城市建设领导小组，由市长任组长，各副市长、市政府秘书长任副组长，领导小组设在市政府办公厅，各级政府办公部门分级牵头负责。区县级层面，组织各区县调整整合电子政务、政府网站、信息化、大数据、智慧城市等相关工作职能，明确统一的管理机构，层层建立责任制，形成全市各级行政首长负责制、政府办公部门分级牵头组织落实的领导体系。截至目前，大部分区县已将原来分散管理的职能调整为统一机构管理，博山、周村、临淄、沂源4个区县成立了“区电子政务和信息资源管理中心”，承担电子政务、信息资源管理、网站管理及新型智慧城市协调推进等工作职能。

（二）统一规划，完成电子政务和新型智慧城市顶层设计

一方面，以五年总体规划为统领，编制印发了《淄博市电子政务规划与顶层设计方案》《淄博市新型智慧城市总体规划纲要（2017－2021）》等纲领性、指导性文件，为电子政务和新型智慧城市规范有序发展、项目集约化建设提供了依据和保障。据初步了解，依照国家评价指标完成新型智慧城市总体规划编制，在全国地市中淄博市尚属首家。另一方面，以专项规划为指引，制定了《淄博市新型智慧城市总体规划纲要（2017－2021）实施方案》，要求各专项工程责任牵头单位会同配合单位，按照总体规划和实施方案要求，在深入调研基础上，认真做好专项规划方案编制，报市领导小组审核批准后实施。

（三）统一网络，政务信息系统整合共享高效推进

按照山东省“网络通、数据通、业务通”的实施路径和“一次办好”改革要求，推进政务信息系统整合共享工程，策划开展全市信息共享百日行动，目前已基本完成“两网、两站、三平台”建设。“网络通”方面，基本完成市级城域网、广域网建设，实现“全域路路通”，形成纵向贯通省、市、区县、镇四级，横向连接市级127个部门单位及723个区县部门的政务网络；同步开展互联网出口整合工作，将原有88个部门共13G带宽总量的互联网专

线统一由政务外网4G出口带宽承载，下一步将逐步撤并各部门自建业务专网，消除“信息烟囱”。“数据通”方面，建成全市政务信息资源共享网站和开放网站，为区县、市直部门信息共享提供“网上菜单”，向社会开放数据11.7万条。“业务通”方面，已建成全市统一的“两朵云”政务云平台、政务信息资源共享交换平台和政务协同办公平台等基础通用平台，实现全市硬件资源、支撑软件及应用部署等服务的统一提供，以及跨部门、跨地区、跨层级的信息资源共享交换和业务协同应用。

（四）统一软件，项目归口管理实现“一举多赢”

为推进全市电子政务和智慧城市项目集约化建设、全流程监管，防止重复投资，促进政务信息资源共享，制定印发了《关于加强电子政务集约化建设与管理的通知》《淄博市电子政务建设项目管理实施细则》《淄博市政务信息资源管理暂行办法》，明确市电政信息办为主管单位，狠抓项目入口关，统筹做好全市电子政务和智慧城市建设项目审核、验收和绩效评估等全流程监管工作，并要求各区县同步建立该制度。同时，将政务信息资源共享情况作为电子政务和智慧城市建设项目立项审核、竣工验收和经费安排的必要条件，做到“不共享，不审批，不拨款”，有效促进了政务信息资源共享和项目集约化建设，该做法被省政府领导赞誉为“淄博市可复制、可推广的‘三不’模式”。通过推行项目归口管理，目前已累计节省财政支出5亿多元。

二、多措并举，形成工作落实的强大合力

（一）研究制定一系列政策文件和制度规范

结合上级工作部署和淄博市实际，相继制定了规划、意见、方案、办法、细则、通知、会议纪要等形式的政策文件和制度规范20余个，涵盖电子政务、政务信息资源管理、新型智慧城市建设、政务信息系统整合共享等工作，为各项工作科学、规范、有序开展和快速推进提供了依据保障。特别是经十二届市委全面深化改革领导小组会议和市政府常务会议研究审议后，制定印

发了《关于推进新型智慧城市体制机制建设的实施意见》，为下一步推进新型智慧城市建设和大数据发展战略提供了强力引擎。

（二）纳入全市重点工作布局，以考核促落实

将新型智慧城市体制机制建设、政务信息系统整合共享工作分别纳入2018年全市“十个率先突破”中的“全面深化改革率先突破”和“现代化组群式大城市建设率先突破”重点任务，把政务信息系统整合共享纳入全市经济社会发展综合考核指标体系，科学设置考评指标，明确完成时限和责任人，每月一调度、一督查、一考核、一排名，并在市电视台、电台、《淄博日报》播出和刊发，营造“比、学、赶、超”的良好氛围，形成了高效有序的多元化督导推进机制。

（三）探索创新，着力增强机构人员保障

一方面，抽调人员组建工作组。参照省政府办公厅做法，从市直部门抽调长期从事信息化专业工作人员10名，组建了全市政务信息系统整合共享专项工作组，与省专项工作组相对应，集中办公，建立台账，责任到人，推动工作落实。同时，组织各区县调配充实人员力量，保障工作开展。另一方面，探索调整整合信息机构和人员。2018年，市事业单位改革领导小组已将“推进市直部门所属信息机构、人员调整整合”列为全市加快推进事业单位改革重点任务之一，着力探索解决市直部门机房迁移、系统上云后，所属信息化建设管理职能调整及相关人员调整整合等问题。

三、担当作为、争先创优，确保完成各项任务目标

（一）创新改革经验推广推介工作取得实效

2018年以来，以“智慧城市”建设创新经验被市委改革办确定为2018年第一批创新改革经验为契机，总结提炼周村区、桓台县、高青县在智慧城市建设方面的先行先试经验，研究制定推广推介实施方案，加强任务督导落

实，为各区县在全市总体规划下全面开展新型智慧城市建设提供了有益参考和指导，也为下一步全市分级推进新型智慧城市建设奠定坚实基础。

（二）政务服务经验全国推广，网站管理跃居全省前列

协调推进政务服务平台建设，在全省率先实现与省平台的互联互通，并承办全省政务服务平台互联互通业务培训与试运行准备工作会议，淄博市在会上作交流发言；“创新开展联动审批提高行政服务效率”被国务院办公厅列为国务院第三次大督查发现的地方典型经验做法之一。建成全市统一的政府网站集约化技术平台，在2017年省政府网站绩效评估中，淄博市政府网站绩效指数跃居全省第3位，与往年相比进步较大，成效显著，得到市政府主要领导的批示肯定。

（三）电子政务管理做法在全省推广

坚持“走在前列”目标定位，以着力推进政务信息系统整合为重点，以全面实现信息资源共享为工作目标，从健全体制机制、实行规划引领、强化政策约束三个方面，统筹抓好电子政务集约化发展取得明显成效。在全省政务信息系统整合共享工作电视会议上，淄博市作为两个交流发言地市之一，市委常委、副市长杨洪涛代表淄博市做了发言。在全省政务信息系统整合共享第一次督查通报中，淄博市跻身全省第2名。

依靠信息化坚守安全红线
探索“互联网+安全生产”新模式
(2018)

开启“互联网+”模式，是贯彻“科技兴安”战略、提高政府安全监管监察和企业安全保障能力的重要途径，也是强化企业安全生产主体责任和政府监管责任落实的重要手段。2016年以来，淄博市安全生产监督管理局紧紧围绕安全生产风险分级管控与隐患排查治理双重预防体系建设这个核心，统筹兼顾安全监管物联网管理系统、安全生产网格化管理、简化许可备案办事流程等近些年安全生产的重点工作，紧密结合关于全面深化改革“互联网+”的建设部署要求，积极运用信息化手段，在“互联网+企业安全生产管理”方面进行了探索实践，摸索研发智慧安监云平台，探索和实践动态监管与科学决策的安全监管信息化工作。

一、创建背景

（一）落实党中央安全生产战略部署的新要求

2016年10月习近平总书记对安全生产工作作出指示，强调要牢固树立发展决不能以牺牲安全为代价的红线意识，以防范和遏制重特大事故为重点，坚持标本兼治、综合治理、系统建设，统筹推进安全生产领域改革发展。新《安全生产法》第十五条规定：国家鼓励和支持安全生产科学技术研究和安全生产先进技术的推广应用，提高应用安全水平。党的十九大报告中提出了“树立安全发展理念，弘扬生命至上、安全第一的思想，健全公共安全体系，完善安全生产责任制，坚决遏制重特大安全事故，提升防灾减灾救灾能力”

的重大要求、目标、任务和举措。在落实党中央战略部署的实践中发现，控制乃至消灭事故、减少乃至杜绝伤亡，最保险、最管用的就是安全生产信息化手段。

（二）安全生产新常态下的新形势

党的十八届五中全会提出，必须把创新摆在国家发展全局的核心位置。《中共中央关于制定国民经济和社会发展第十三个五年规划的建议》中要求，提倡实施“互联网+”行动计划，发展物联网技术和应用，推进数据资源开放共享。目前，互联网已成为我国经济发展的新引擎，安全生产如果抓住了这个新引擎，使其为创新安全生产工作所用，就抓住了这个时代安全发展的新机遇，从而依靠创新驱动实现蜕变和转型。

（三）当前安全生产工作的新特征

经济常态下，安全生产呈现事故易发多发、难防难控两大特征。彻底解决“脚疼医脚头疼医头”的被动局面，必须采用先进的思想理念和科学技术，探索科学预防体系。保障安全生产不仅靠建立健全有关管理制度，加强监督管理，提高人们的安全生产意识，最大限度地做好“人防”，也要靠先进的技术和设备，全力做好“技防”和“物防”。

（四）安全生产深层次问题亟须寻求解决新途径

深入分析当前全市安全生产形势，淄博市仍存在着安全生产主体责任落实不严、监管体制不完善、监管覆盖面不够广、监管队伍薄弱等方面的矛盾和问题，事故发生的风险依然存在，迫切需要探索一套系统性、超前性的工作方法，创新安全生产监督管理的工作手段。

（五）人民群众对安全生产工作有新期盼

随着经济社会的不断发展和进步，人民群众对安全生产要求和期望越来越高，抓好安全生产是提高党的执政能力、提升政府公信力、促进经济社会发展全面可持续发展的重要保障，促使要坚持理念创新和实践探索双线并行，积极探索推行“互联网＋企业安全生产管理”的新模式。

二、主要做法

（一）明确顶层设计，鼓励百花齐放

淄博市安监局将信息化建设作为抓好全市安全生产工作的重要手段，在“互联网＋安全生产”“物联网＋安全生产”的指导思路下，积极探索“互联网＋”在安全生产监管工作中的创新应用，并取得了积极的成果。在此基础之上，鼓励各区县也开始根据辖区实际，研发符合本地区、本行业的“互联网＋安全生产管理”工作模式或管理子系统。在安全生产信息化建设实践中，综合市、区县取得的经验成果，并根据不同时期的安全生产工作特点不断升级完善安全生产监管信息化系统。

（二）围绕重点工作，打造实用平台

首先，依据企业要定期上报隐患情况、抓好执法专家检查、重大危险源视频监控、网上许可审批等工作，建成了“综合监管系统”，主要实现了企业每月自查上报、市、区县、镇（街道）三级执法、专家检查上传、构成重大危险源企业的危险源视频监控上传、各类许可、备案的在线办理等功能。同时，根据这些功能又开发出了许多延伸功能，如企业自查与各类执法、专家检查质量比较、许可备案培训到期提醒等。之后，依据派驻驻厂安监员、配备村居网格员、企业领导带班等新增重点工作，升级改造原有系统，将“综合监管系统”升级为“物联网系统”。增加了驻厂员每周检查、村居网格员发现隐患上报、企业领导带班实时上传比对等功能。同时，继续开发各种延伸功能，增加了各级安监部门工作提醒页面，企业许可、评价、培训到期提醒界面等便捷辅助功能。最后，依据风险管控和隐患排查双重预防体系建设工作，结合原有系统，打造了“智慧安监云平台”。主要功能包括风险分级和隐患排查使用、实时视频连线、工作未完成提醒等功能。实现了企业根据自身实际自由定制检查模板、频次并可以手机拍照上传隐患整改情况，实

现了企业安全生产工作“闭环”管理；各级安监人员可通过远程视频连线，对隐患排查治理情况实时监管与督查；当平台内企业出现工作未完成、证件将到期等情况，平台会自动发出工作提醒。

（三）做好全员培训，融入日常工作

建成信息平台只是信息化工作的第一步，信息平台的核心是应用，只有切实用好，才能发挥信息平台的作用，也会通过应用发现存在的问题不断完善升级。为做好平台应用工作，淄博市安全生产监督管理局采取分级实施，首先培训市局全体人员，然后培训区县安监人员和镇（街道）安监人员，最后培训派出安监人员、村居网格员、企业使用人员。每培训好一级人员，立刻结合本职工作进行信息平台使用，通过使用检查培训质量，使用不熟练的再进行培训，通过反复培训，不断夯实信息平台使用能力。将信息平台使用融入日常工作，将信息平台作为最重要的数据来源，各类汇总统计数据，以信息平台内的数据为准，以此督促各级安监人员、各类企业主动使用信息平台，日常工作完成后首先录入信息平台。在信息平台数据不断充实的同时，各级安监人员、各类企业也养成了使用信息平台的习惯，实现了信息平台与日常工作的有机结合。

（四）严格奖惩措施，狠抓评比考核

为更好地监督信息平台使用效果，淄博市安监局将信息平台使用情况纳入对区县的安全生产考核和对镇（街道）的安全生产等级考评之中，并占有较大比重。每月通报考评排名，对排名靠前的通报表彰，对排名靠后的党委政府主要领导进行提醒谈话，对多次排名靠后的党委政府主要领导进行提醒谈话或者约谈，通过评比奖惩，有效推动了全市安全生产信息化建设工作。

三、启示与思考

“互联网＋企业安全生产管理”的应用是适应现代化的需要，是实现科学化管理等必要手段，“互联网＋”为安全生产监管服务，提高了安全监管

的效率，将监管工作规范化、现代化，加快了隐患信息的采集、传达及处理的速度，实现了资源数据的共享，及时为安全监管部门提供所需信息、辅助监管决策。同时，将安全生产工作通过“互联网+”进行信息公开，主动接受大众监督，提高了安全生产工作的透明度，树立了安监部门科学高效、公正廉洁的形象。

通过探索和推行“互联网+企业安全生产管理”新模式，对安全监管工作有了进一步的思考，下一步将加快科学预防体系等创新监管模式的推进步伐，从以下五个方面实现变化和转变：一是指导思想上要实现从“被动抓安全”到“主动抓安全”的转变；二是工作局面实现“隐患排查治理”向“隐患排查治理与科学预防并重”的转变；三是督促企业实现“要我抓”到“我要抓”的转变；四是社会层面上从“自发”向“自觉”转变；五是领导方法从“真重视”向“会重视”转变。通过不断探索、实践和创新，使“互联网+企业安全生产管理”更加贴合全市安全生产工作实际，充分发挥安全生产信息化系统各个重要组成部分的作用，实现“1+1>2”的良好效果，使“互联网+企业安全生产管理”新模式在安全生产领域改革攻坚中真正起到“催化剂”的作用。

推进智慧平安小区建设
夯实社会治理基层基础
（2018）

2018 年，淄博市委政法委在党的十九大精神和习近平新时代中国特色社会主义思想指导下，紧紧围绕全市“一个目标定位、四个着力建设、十个率先突破”总体思路和工作布局，指导张店区对智慧平安小区建设工作经验进一步总结提升，找准亮点、创新点，固化成可供各区县复制、借鉴的工作经验，在全市推广推介。通过建设经验推广，将平安小区示范建设与现代信息技术深度融合，大力提升小区治安防控科技化、小区管理智能化、社会服务精准化水平，实现平安建设的理念更新、基层基础工作更实、运用现代科技手段的范围更广、防范风险的能力更强、社会治理的实效更优、人民群众安全感和满意度更高的目标，努力建设更高水平的“平安淄博”。

一、强化顶层设计， 提升社区治理精细精准化水平

为贯彻落实党的十九大关于加强社区治理体系建设的要求，进一步创新社区治安综合治理，夯实平安淄博根基，提升群众满意度，淄博市委政法委研究出台了《关于实施社区治安综合治理精细精准工程的意见》，建立健全工作制度机制，进一步推动社会治理重心向基层下移，明确任务、厘清责任、细化措施，对社会治安要素实行精细、精准管理，着力破解“人怎么管、案件怎么防、矛盾怎么化”社会治理难题，全面提高社区治安综合治理水平，为广大人民群众营造安全有序的治安环境。一是对社区实有人口实行精准管理。通过对社区内人员进行分类管理，全面掌握常住人口、流动人口、重点人员、特殊人员情况，实现常住人口底数清、流动人口情况明、特殊人群和

重点人员服务管理到位的目标。二是对社区内实有房屋、场所实行精细管理。对社区内房屋、场所进行分类管理，落实以房管人制度，动态掌握社区内普通住宅数量、座落、所有人、居住情况等信息，完善社区内出租房屋管理、旅馆业入住身份识别等机制，全面掌握各类场所人员情况。三是对社区内技防设施进行精准布建。通过提升社区内技防设施的规范化、系统化、科技化水平，打造“人、车、事”轨迹监控、通行授权、信息留存、异常报警、应急妥处的精准防控体系。四是对社区内治安、安全风险进行精准管控。深入排查社区内安全隐患，防范治安风险，及时发现影响社区安全的苗头隐患、矛盾纠纷、突发事件、防控漏洞，建立台账、分类施治、分级落实、责任到人，建立健全及时就地消化解决机制。

二、注重工作结合，增强社区管理服务能力

“智慧平安小区”建设经验推广工作开展以来，市、区县综治部门紧密结合综治相关工作，强力推进经验推广。一是与网格化管理工作相结合。淄博市委政法委针对城乡社区网格划分、网格员配备、责任厘清、激励保障等问题进行了深入调研，起草了关于进一步深化网格化管理的意见，部署区县着手开展网格整合、调整工作，以实现社会治安、安全监督、环境监管等“一张网”管理。在网格科学划分的基础上，配齐配强网格员，特别是城市社区专职网格员，切实做好网格内的信息收集、巡查走访、民意收集、排查调处、咨询服务等工作，为智慧平安小区建设提供坚实底座。二是与社区综治中心标准化建设相结合。淄博市综治办将综治中心建设作为加强新形势下社会治安综合治理，深入推进平安建设的重要平台和有效载体，全力推进各级综治中心特别是社区综治服务中心标准化建设。区县、镇办在原有综治中心和监控室基础上，对综治中心进行了改建提升，更新了大屏显示、网络接入等硬件条件，设置“智慧平安小区控制中心”“平安建设多功能室”等功能区域，“物业管理服务室”三大职能区域，设置专门控制终端，将平安小区视频监控信号全部接入并与公安网实现并联。村居综治中心采取“5＋X”模式，村居党支部委员会和村（居）民委员会干部、驻村居民警、警务助

理、网格管理员入驻综治中心办公，物业管理负责人、社会工作者、志愿者、村居法律顾问等根据需要入驻，全面整合社会治理资源，创新社会治理方式，提升复杂社会条件下综治组织实战能力，为智慧平安小区建设提供强力支撑。三是与“雪亮工程”建设相结合。大力推进“雪亮工程”，重点是推动村级视频监控全覆盖工程，加强对村居视频监控的增点阔面工作，加大对重点部位的视频监控密度，深入推进公共安全视频监控的联网应用建设，依靠小区内视频监控技术手段，通过人脸识别、车牌识别、门禁管理的一体化物联网管理，全面构建立体化、信息化社会治安防控体系，实现社区治理规范化、精细化、智能化、法治化，全面提高社区治理能力。

三、加强科技支撑，推动小区建设与信息技术深度融合

市、区县综治部门不断探索将小区建设与新型防控科技、大数据应用、互联网技术的深度融合，实现小区治安防控科技化、小区管理智能化、社会服务精准化，有序推介智慧平安小区创建。一是全力抓好综治信息系统建设。在实现区县、镇办、村居之间互联互通的基础上，依托升级改造后的镇办综治中心，引入智慧平安小区管理平台，集成人脸识别、车牌识别、房屋管理、门禁系统、小区公共监控、APP 信息传送六大系统，对人、车、房屋等方面信息数据开展智慧管理，形成镇域数据中心，实现人员信息智能管理、车辆信息动态管理、房屋信息科学管理和便民服务高效管理，为社区管理服务开辟了更加科学化、智能化的有力平台，更为促进居民共享智慧平安小区建设成果提供了线上渠道。二是全面开展“大门禁”建设工程。一方面，以“车牌识别”为基础，强化车辆管理。在小区主出入口，设置车牌识别道闸及提示屏，基于车牌识别系统，对出入小区车辆进行全程管理；其中，结合信息采集数据情况，对小区常住居民车辆进行预先录入，实现“常住车辆”自动识别出入；对外来临时车辆，按照“入场登记、出场确认”方式，开展控制管理，有效解决外来车辆管理难题。另一方面，以“人脸识别”为基础，强化人员管理。基于人脸识别系统，在小区主出入口设置人脸识别出入闸机，结合预先录入的人脸及身份信息，小区常住居民可实现“刷脸”“刷卡”进

入小区；对于外来人员，则按照“入场登记、出厂确认”方式开展控制管理，有效解决外来人员随意出入等治安隐患问题。三是集中开展“小门禁”建设工程。一方面，全面提升单元门禁规范化、智能化水平。对小区内楼宇单元门进行升级改造，加装基于物联网技术的电磁智能门禁锁，居民可通过门禁卡、身份证、蓝牙、APP、钥匙五种方式开启单元门，“远程遥控开门”“区别进门权限”等全新方式为群众居家出行提供了新选择。在单元出入口加装防尾随摄像头，一旦发生治安隐患问题，可随时通过楼宇入户监控回溯重点人员活动路径，迅速锁定问题线索，楼宇内部安全系数全面提升。另一方面，探索完善门禁卡分类管理机制。针对本村（社区）人员，为方便邻里互助和走亲访友，配发可出入小区所有单元门的门禁卡；针对购房业户，为方便居家出行，配发可持续出入所居住楼宇单元门的门禁卡；针对租房流动住户，配发仅能出入所居住楼宇单元门的门禁卡，并须每季度到综治中心进行一次信息确认。依托门禁卡分类管理，有力控制流动人口“入口”“出口”，基本根除租房人员未经登记入住、拖欠物业费退租等问题。

四、大力宣传推广，深化智慧平安小区建设成效

市、区县在工作扎实推进基础上，注重提炼总结，不断升华充实智慧平安小区建设工作经验，完善体制机制，形成典型经验，加大舆论引导力度。通过召开平安建设现场会、充分发挥各种媒体作用等方式，加大对智慧平安小区建设工作经验的宣传和推介力度，不断提高工作影响力，充分发动社区居民积极性，打造共建共治共享的社会治理新格局，深化智慧平安小区建设成效。一是以积极提高居民参与度为基础，提升“共建”效率。充分把握人员信息采集契机，通过入户宣传等形式，鼓励广大居民配合开展信息采集工作，并重点引导下载安装智慧平安小区客户端，为顺利推进人脸识别等关键系统建设应用奠定良好基础。二是以全面发挥居民主动性为引领，优化“共治”氛围。依托智慧平安小区客户端，在治安隐患排查上报、邻里纠纷隐患调解等方面积极引入居民参与，在小区商户诚信经营评价等方面广泛收集居民意见；创新开展“群众治安员”聘任工作，组建群众治安员队伍，积极构

建“群防群治”新格局。三是以持续调动居民积极性为重点，深化“共享”优势。拓展物联网技术应用范围，分批试点推进智慧井盖、智能消防栓等智能服务设施建设，试点推广积分兑换无人超市商品、积分换算物业费用折扣等配套奖励措施，并利用智慧平安小区客户端提供应急事项一键呼救、便民缴费等衍生服务，推动广大居民共享智慧平安小区建设成果。

数字化＋交通安全管控体系：交通安全管控体系改革新突破
（2018）

近年来，淄博市张店区、临淄区紧贴辖区道路交通管理工作实际，以建设张店区交警大队山泉中队数字化中队和临淄区危化品运输车管控体系为抓手，着力推进“数字化＋交通安全管控体系”改革，推动了道路交通管理工作提质增效，人民群众安全感满意度不断提升。

一、着力“数字化＋交管勤务”改革，打造交通管控实战新模式

针对机动车及驾驶人数量大幅增长、管理难度越来越大、群众对道路交通畅通安全要求越来越高的实际，张店交警大队山泉中队积极探索动态化、智能化条件下交通安全管理新路子，率先完成数字化中队建设，总结推行以科技为支撑的“1＋N”数字化勤务新模式，即“数字化勤务室＋勤务管理组、事故处理组、源头管理组、车驾管服务组”，全面提升智能化视频巡逻、违法行为非现场查纠、交通信号远程控制、应急处突快速反应效能。一是重点区域道路网上网下一体巡逻。依托视频监控全覆盖平台，对辖区重点时段、路段进行视频巡逻、视频指挥、视频取证、视频执法、视频调处轻微事故，实现了视频巡逻与路面巡逻的有机结合，道路交通实时管控水平大幅提升。二是重点车辆动态源头监控。建立了辖区机动车及驾驶人电子台账，实现了辖区机动车及驾驶人信息实时动态预警和监管，真正做到源头把控、监管到位。三是重点车辆过车数据精准管理。依托数字化平台对行经辖区的渣土车、校车、“两客一危”等重点车辆的运行轨迹、过车频率、违法特点等情况进

行分析研判、精准掌控、实时布控、路面拦截，提高了对重点车辆和重点违法行为的动态化、精准化管控水平。数字化中队建成以来，辖区交通安全管控实现了“三升一降”，即查处交通违法总量大幅上升，较建设前同比上升34%；处置交通拥堵、恶劣天气交通管理、路面轻微道路交通事故等工作效率大幅提升；群众的安全感、满意度显著提升；辖区道路交通事故死亡人数持续大幅下降，近两年平均每年下降30%以上。

二、着力“数字化+农村交通安防”改革，为乡村振兴提供交通安全保障

针对农村交通发展新形势，认真贯彻落实共建共治共享社会治理创新要求，着力推动联动融合、责任共担、风险共治、安全共享治理机制建设，将乡镇、村（居）“一站一室两员”标准化创建工作纳入数字化中队建设平台。目前，山泉中队辖区共建有1处交通管理服务站、23处交通管理服务室、2名交通管理员、23名交通管理协管员，实现了农村道路交通安全防控全覆盖。2017年以来，中队督促“一站一室”“两员”对辖区12 000余台机动车、16 000余名驾驶人信息进行了排查登记，对辖区乡镇、农村道路的135处易堵易乱点段加强疏导，对15处县乡道路交通安全隐患点段进行了排查整治，劝导纠正不系安全带、面包车摩托车超员、农用三轮车违法载人载货、驾驶摩托车不戴安全头盔等交通违法行为6 100余起。“一站一室”“两员”充分发挥主观能动性，及时向中队举报重点交通违法行为210余起，协助中队进行交通违法告知10 000余条（次），开展农村“大喇叭”宣传121场次，开展农村交通安全宣传电影14次，有力地提升了辖区交通管理齐抓共管合力，为群众平安出行创造了更加安全、更加畅通的道路交通环境。

三、着力“数字化+交通便民服务”改革，推进“一次办好”改革落地

针对辖区面积大、群众办理车驾管业务需求多的实际，张店交警大队在

山泉中队设立交通管理服务站，将各数字化交管服务系统和平台延伸到群众家门口，与世纪花园、潘庄社区、良乡社区三处交通管理服务站共同构成“中心城区五公里十分钟交通管理服务圈”，为实现“马上办、网上办、就近办、一次办”奠定良好基础。一是推行“群众下班我上班”。山泉交通管理服务站实行弹性工作制、错时工作制和延时工作制，全体工作人员急群众所急、想群众所想，自觉加班加点，全力服务群众，有效解决了广大上班族在“八小时之外”办理各类交管业务不便的问题。二是推行家门式交管服务。就近为群众提供交通违法处理、通行证办理、6 年内私家车审验、摩托车注册登记、审验、初领驾驶证和驾驶证换证身体条件检测、12 分学习和科目一考试等 10 多项交通管理业务，每月平均处理交通违法 5 500 余起，办理车驾管业务 300 余起，办理通行证业务 4 800 余起，服务群众 11 000 余人次，被群众亲切地称为“家门口的车管所”。三是推行便捷化交通事故处理机制。中队事故处理组专门配备人员，打造“社区里的交警队”，就近快速出警，协助处理一般以上交通事故，开展轻微道路交通事故快处快赔工作。设立区域交通事故调处中心，由大队事故处理科派驻警力，就近调解处理一般以上道路交通事故，受到了辖区群众的广泛好评。

四、着力“数字化＋重点车辆管控”改革，构建交通安全精准监管体系

针对临淄辖区危化品车辆保有量大的实际，主动顺应大数据时代新形势新要求，以智能化管理为导向，坚持向科技要安全，初步搭建了“危化品车辆管控体系”，提升了道路交通安全系数。一是推行分级管理，实现管控制度化。将境内国、省道以及少数通往化工园区的非人口密集路段列入可通行道路，严禁危化品运输车辆长时间停靠在民居聚集地；对此类道路和区域实行三级管理制度，危化品运输车辆通行前驾驶员或押运员必须向主管部门报备驾驶人、押运人员、车辆及所载介质信息，便于相关部门管理和事故发生后进行救援。将通往城区、化工区和停车区且接近居民生活区域的部分道路列入限制通行路段；对此类道路和区域实行二级管理制度，明确要求危化品

运输车辆驾驶员和押运员提前到交通管理部门办理通行证，经批准后方可按要求在此类路段和限定时间内通行。将人口密集的城区、村镇居民区路段列入严禁通行路段，在此范围严禁危化品运输车辆行驶和停靠，且不予办理任何通行授权。对此类道路和区域实行一级管理制度，对违反规定的危化品运输车辆严格按照相关法律、法规处置。二是搭建数据系统，实现管控智能化。整合现有视频、网络、信息资源，建设“危化品运输车辆管控系统”。系统能够自动筛选“危化品运输车辆”并对其通行数据进行统计、分析、对比，使管理更加快捷精准。为实现对危化品运输车辆通行路段、区域的分级化管理，系统开发人工登记建档功能，并逐步建设完善微信公众号，方便驾驶员自行报备车辆信息。截至目前，系统第一阶段已基本建设完毕，共接入各类监控卡口 84 处，并引入 GPS 监控系统衍生出多种管理方式，有效形成了危化品车辆管控网。三是建立监管机制，实现管控常态化。2018 年 6 月，临淄区政府启动“临淄城市大脑”视频中心建设，组织公安、交通等多部门入驻危化品运输车监管和服务大厅，把校车、大客车、渣土车、特种车辆等重点管理对象一并纳入其中。“临淄城市大脑”视频中心于 2018 年 9 月建设完成，可对各类重点车辆审批审核手续实行“一站式”服务；接入车管信息系统对运输企业、运输车辆、驾驶员、押运员进行实时电子化登记，方便查阅信息和各类管理工作的开展；利用“监控系统或 GPS 系统”对危化品等重点车辆进行电子台账登记、远程监控、电话询查驾驶人信息和所载介质信息等，对超速行驶、偏离行驶路线等驾驶员可及时进行提醒，如发现可疑车辆，工作人员第一时间指令相关部门进行路面拦截检查，实现了对重点车辆的有效管控。

淄川区全面推行智慧停车管理解决城区停车难

（2018）

截至 2017 年底，淄川区汽车保有量已经突破 12.8 万辆，城区停车设施总量不足、资源配置效率低等问题日益显现，停车难和城区交通拥堵矛盾日渐加剧，人居环境改善和城市可持续发展受到严重制约。淄川区通过建立智慧停车管理模式，对停车车场、车位信息、车辆进出状态实时监测采集，利用智慧停车管理实施违停查处、失信采集、停车收费、欠费查处等，初步解决城区停车难、停车乱等问题。

一、主要思路

智慧停车管理从单一解决停车难转向统筹平衡停车与行车、静态交通与动态交通的关系。通过梳理正确的工作理念，制定科学的发展目标，落实有效的工作措施，是完成各项工作的基础。淄川区立足实际，着眼长远，从战略高度研究部署停车管理工作，做到了对症下药、有的放矢。

一是坚定停车管理理念。自 2017 年以来，淄川区确定了建设“高效、快捷、便民”的城市智慧化停车系统的管理理念，以采取多种措施改善城市停车环境，全面向乱停车“开战”，取得了一定成果。当前正在进一步聚拢一年来的治理成果，全面梳理和完善，形成整体性、长效性的停车管理制度和措施，实现城市停车秩序重建，为推进智慧化停车管理步伐奠定坚实基础，确保淄川区城市停车管理走在全市前列，这项工作已经成为区委区政府高度重视的城市发展战略之一，正在淄川悄然布局，高效展开。

二是明确停车管控战略目标。淄川的智慧停车工作，按照区委区政府的高调部署、紧迫安排，决心以打造城市级停车信息服务平台为目标，通过构建全城域停车大数据平台，以停车数据和车主数据为载体，建立一套完整的实时、共享、全城域智慧停车生态系统。以公共道路停车收费机制为杠杆，对停车资源价值实施定价，启动和支撑起公共和社会停车资源的市场化供给机制，从而激活和提高公共与社会停车资源的主动供给意愿，市场化盘活存量资源，源源不断开发建设供给社会需要的停车资源。通过推进硬件建设、收费机制、市场化运作，全方位打造自上而下的停车管理市场产业链，盘活城市闲置停车资源，提升停车体验，治理城市拥堵。

三是各项工作统筹开展。基础建设方面，区委区政府要求，停车管理工作要全面加快停车场规划建设，并以此为基础，全面高位统筹，深挖病根，绿色引领，定立新规，重建秩序。两年来淄川区推进了 27 个普通停车场建设，2017 年成为全市该项工作考核第一名。在停车管理方面，制定了全域全领域实施方案，控制总数增长，倡导绿色出行，优化静态交通。公交车要密网延时开到商场关门后，以提高社会客流运量占比；投入 1 700 万元打通步行道、骑行道，理清各道分行；实施校门口的远端接送与充电车位的超前配比。投资 900 万元对全城域实施停车位重新施划，并高标准配置了交通标牌，与新实施的违停处罚交警城管联巡机制形成强大交通秩序合力。各项工作有力开展，为实施公共停车资源收费调节机制建设与智慧停车系统建设工作奠定了基础。

二、具体做法和治理成效

一是大力兴建公共停车场。停车场建设是缓解“停车难”问题最直接的方法。淄川区将加强公共停车场建设和管理作为解决“停车难”基础措施之一，结合重点工程建设、老旧小区改造、违法建设拆除、路域环境改造等项目，两年来新建改建扩建公共停车场 27 个，区政府对面停车场、金鼎商务停车场等多处停车场已经投入使用，很大程度上缓解了相应区域的停车压力。

二是统筹规划道路停车位。在停车场尚不能满足需求的情况下，面对城区道路沿街车辆乱停妨碍正常停车和通行秩序的问题，由区“五室六联”领导小组办公室牵头，进行了城区道路停车位统筹规划，通过规划对动态和静态的停车秩序进行重建，对步行权、骑行权、停占权进行再分配，最大限度地合理配置城区停车资源。根据不同路段的宽度，结合周边居住区和商户的分布，取消设置不合理的、沿街单位和业户私设的停车位，对城市主要道路和居住区道路的公共停车位统一施划。2018 年共投资 800 余万元实施城区停车位规划和统一划线。截至目前，已在道路沿线施划机动车和非机动车停车位 1 万余个，城区沿街停车位总量较原先增加约 15%。

三是严格实施停车管控。结合开展的“城市管理秩序提升年”活动，对城区将军路、般阳路等“五横十纵”共 15 条交通干线采取严格停车管控，要求机动车和非机动车严格按规定区域、规定时段停车，并做到服从管理、停车入位。发现机动车随意乱停放的，采取联合执法严厉查处，最高可罚款 200 元并记 3 分，对于严重影响交通秩序的违停车辆可以直接拖走。交警、城管、巡警都有拍照取证、张贴罚单的职责，并实施街长负责制落实各部门违停车辆查处责任，自开展车辆乱停放集中治理以来，日均处罚违停车辆 100 余辆，通过严格的执法，倒逼城市居民树立遵章停车的文明习惯。

四是加强道路提升改造和综合整治。加强停车管控和乱停车治理，不仅是单纯的优化城区停车秩序，更要与城市基础设施改造、沿街秩序管理等手段充分结合，实现恢复道路交通功能、重建道路交通秩序的重要目的。2017 年，淄川区对般阳路进行了慢行一体路面改造，推进机非隔离，杜绝了机动车在慢车道和人行道上随意乱停的现象。2018 年计划投资 1 700 余万元对城区吉祥路、松龄路、文化路、般阳路等道路基础设施进行整治，提升通行功能，升级路面，清除路障。同时，2018 年对城区 24 条道路开展严格的市容秩序治理，加大沿街店外经营、占道摊点、乱摆乱放、落地广告等治理力度，最大限度做到还路于民，恢复道路停车和通行功能。

五是推广智慧停车管理系统。将无线通信技术、移动终端技术、GPS 定位技术、GIS 技术等综合应用于城区停车位的采集、管理、查询、预订与导航服务，建立淄川区智慧停车管理平台，实现“智能找车位 + 自动缴停车费”。淄川市民开车出门，只需要下载手机 APP，点击“找车位”，直接查看目的地的周边停车状况，一眼就能看到附近的停车泊位数量。哪里停车位多，直接按照APP上的停车泊位导航过去，不再像以前，要到目的地后“绕圈圈”跑冤枉路，停车问题轻松搞定。利用智慧停车平台，车辆停到泊车位后，安装在车位上的传感器会自动采集停车信息，停车信息将被上传到智慧停车平台。后台记录相关信息后，将停车时间、路段、应缴纳费用等信息推送到车主的手机APP上。停车结束后，可通过APP在线缴费端口，通过支付宝、微信等方式支付，不再像以前排队付现金。智慧停车提高了车位的利用率和周转率，逐步改变了市民的停车方式。

六是强化社会宣传引导。配合城市秩序治理和联合执法工作，将市容秩序治理要求、车辆乱停放治理要求、停车管控范围、处罚规定等相关内容开展社会层面宣传引导，通过广播电视、广播等平台发动铺天盖地的宣传攻势，对广大群众进行教育引导，让群众明白哪些该做、哪些不该做。先后下发了《关于杜绝私占车位、促进秩序提升的倡议书》《致沿街商户文明经营倡议书》《关于开展城区交通秩序和市容秩序治理的通告》等各类宣传材料4万余份，组织全区机关事业单位签订《文明停车承诺书》5万余份，为全面加强停车管控和乱停车治理奠定了良好的舆论基础。

三、思考与启示

车辆总量基数大是停车难问题的一个方面，停车位利用效率不高、无法充分利用现有资源是另一个方面。解决停车难最有效手段还是增加停车位数量，但在寸土寸金的城区位置，停车位不可能无限制地增长，矛盾依然尖锐存在。在经济发展的前提下，车辆总量只会越来越多，从可行性方面来说，在充分利用现有停车资源上下功夫更符合实际。只有通过智慧停车解决方案，才能实现保障城市交通畅通有序、道路资源优化配置、群众出行方便目的。

【编辑评述】

创新社会治理　打造平安淄博

加强和创新社会治理是提高保障和改善民生水平的重要体现。党的十九大报告指出，要打造共建共治共享的社会治理格局，加强社会治理制度建设，完善党委领导、政府负责、社会协同、公众参与、法治保障的社会治理体制，提高社会治理社会化、法治化、智能化、专业化水平。

在淄博市委、市政府的正确领导下，全市各级各部门齐抓共管、共同推进，提高了社会治理体系和治理能力现代化水平。2017 年的全国社会治安综合治理表彰大会上，淄博市被表彰为“2013－2016 年全国社会治安综合治理优秀市”，实现了“三连冠”，荣膺“长安杯”。2017 年以来，淄博市探索创造的政法机关环保联动执法机制列为全国生态文明先行示范区制度创新重点；跨区域环境污染治理快速反应协查机制在全省推广推介；投资项目远程视频联动审批机制，作为山东省唯一一个地方典型经验，获得国务院办公厅通报表扬。

多年来，淄博市委、市政府始终高度重视平安建设工作，坚持以提升人民群众安全感和满意度为目标，把综治暨平安建设纳入全市经济社会发展、城乡建设总体规划，列入各级领导干部目标管理和提拔使用“一票否决”内容，在人力、物力、财力等方面加大支持保障力度。着力构建社会治理“三四二”工作格局，先后制定出台了《关于加快构建社会治理“三四二”工作格局的实施意见》《关于完善矛盾纠纷多元化解机制的实施意见》《关于加强和创新立体化全覆盖社会治安防控体系建设的实施意见》等一系列文件，统筹谋划、系统推进平安建设。

政法综治部门充分发挥主力军作用，坚持问题导向、加强源头治理，不断夯实基层基础、完善体制机制，有效破解“人怎么管、案件怎么防、矛盾怎么化解”社会治理难题，推动平安淄博建设迈上了新台阶。

第五篇

营商环境篇

全面深化“三最”城市建设改革
（2016）

近年来，淄博市机构编制委员会认真贯彻落实中央和省关于简政放权、放管结合、优化服务改革决策部署，始终把优化营商环境，打造“审批事项最少、办事效率最高、审批收费最低”的“三最”城市作为推进放管服改革的重要抓手，深入开展放权减证、流程再造、精准监管、体制创新、规范用权“五大改革任务”，精准施策、强力推进，各项工作取得较大成效。国务院先后两次通报表扬淄博市“三最”城市建设经验，国家发改委等五部委也发文对淄博老工业城市全面优化营商环境经验予以肯定。

2018 年以来，淄博市提出了深化“一次办好”改革、打造“三最”城市升级版的工作目标，围绕打造“投资发展环境最优、政务服务效能最高、企业群众获得感最强”城市，全面推行“一门式、一网式、一次办好”和“不见面审批”政务服务新模式，着力开展优化营商环境 12 个专项行动，坚定不移推动“三最”城市建设向纵深发展。

一、坚持以人民为中心的发展思想，提高群众对政务服务的满意度

在打造“三最”城市过程中，始终坚持把市场主体和人民群众满意作为评价放管服改革的根本标准，聚焦影响企业和群众办事创业的痛点、堵点、难点等问题，主动服务、精准施策、重点发力，确保改革政策措施更好地满足企业需求、回应群众诉求。编制公布公共服务事项目录清单，将涉及企业创业创新、日常生产生活、行政权力运行的 697 项公共服务事项全部纳入清

单管理，重点囊括了民生工程和“双创”工程的常态化公共服务。针对烦扰群众的各种“奇葩”证明、循环证明、重复证明等问题，先后取消各类证明、盖章环节和申请材料170项，公布需村（社区）开具证明材料清单12项，用清单倒逼政府自我革命。通过“联合审、集中批、网上办”等方式，加快营造优良政务环境，公布“一次办好”事项7 281项，其中市级1 227项、县级6 054项，实现依申请服务事项“一次办好”全覆盖。全面推进省市县乡村五级政务服务互联互通，全市所有镇（街道）均建设便民服务中心，建成村居代办点2 538处，占全市行政村的80%以上，基本实现基层群众办事“小事不出村、大事不出镇”。2017年以来，在每月开展的政务服务满意度调查中，办事群众对“三最”城市建设的满意度达到97.5%。

二、坚持以信息化引领改革新常态，最大限度让信息多跑路、让群众少跑腿

聚焦放管服改革中最现实、最紧迫、最突出的体制机制瓶颈制约，把信息化引领放到改革全局的重要位置，加快推行“互联网+政务服务”，推动部门间协同联动、流程再造、信息共享，提升线上线下一体化政务服务能力。一是首创视频联审，实现项目审批横向联动、纵向互动。率先在全省完成政务服务平台系统建设，打造市、区县行政审批“一张网”。市、区县两级10个政务服务中心全部建立专门视频会议室，通过召开远程视频联审会议，市、区县两级审批部门当场作出审批意见，实现数据多跑路、群众少跑腿，2017年完成视频联动审批109个，涉及投资金额达339.72亿元。该做法在国务院第三次大督查中获得通报表扬。二是实行五级联动，全面提升办事效率。在省里提出年内实现省市县乡“四级联动”的目标基础上，进一步将政务服务向村（居）延伸，打造全覆盖政务服务系统网络，做到群众就近办理或村级代办，实现政务服务“线上无休、线下无缝”。该项工作在2017年荣获全国第二届行政服务案例“百优”称号。三是加快信息系统整合。加快破除“信息孤岛”，梳理出市级部门自建信息系统300余个，关停“僵尸”“影子”系统80余个。建设完成市级政务信息资源共享交换平台，汇聚了公安、民政、

人社、卫计、工商、国土等部门基础数据，形成人口基础信息库数据520万条，法人基础信息库数据39万余条，并实现了省市平台的深化级联。四是推行网上超市，聚力提升中介服务质量效率。为有效解决中介服务“耗时长、费用高、服务差”问题，大力推行网上中介超市。目前已有240家中介机构进驻，涉及中介服务项目69类，初步实现了中介服务项目的市场化竞争。通过近两年的实践，信息化引领已成为淄博放管服改革的最大助力，在各领域都发挥了巨大作用。

三、 坚持问题导向需求导向目标导向，聚力打通制约服务效能的瓶颈制约

面对经济发展新常态和日益激烈的竞争环境，淄博市聚焦营商环境的问题短板，主动对标省内各市，在削减审批事项、压缩审批时限、降低审批收费方面进行横向比较，最大限度进行精简压缩，努力用审批权力的削减、服务效能的提高换取全市营商环境软实力的提升。2013年以来，先后分7批对既有审批事项进行清理规范，全面清理取消非行政许可审批事项；先后4次集中压缩办理时限，行政审批平均办理时限由过去的12.75天压缩到目前的3.6天，效率提升72%。推行建设项目“一费制”，提升项目配套服务水平，截至2017年年底，全市共办结建设项目一费制项目492个，减免缓资金6.8亿元。全面推行行政审批“两集中、两到位”改革，对部门窗口科室充分授权，实行科长“一支笔”审批，40个市级部门已向窗口签发授权委托书并在窗口公示。探索开展建设项目区域化评估评审，对特定园区形成整体评价，平均每个项目节约评估成本超过70%，节约时限超过80%。实现不动产登记、交易、纳税“一窗收件、内部流转、分头核批、一窗发证”。截至目前，一般登记业务压缩到15个工作日，抵押登记压缩到5个工作日，不动产查封登记、异议登记实现即时办结。截至2017年底，全市市场主体达到39.7万户，比2016年净增18.8%，注册资本（金）6 344.7亿元，净增33.1%。

四、坚持以体制机制创新为突破口，强力推进“三最”城市建设常态长效

坚持精简统一效能原则，大力推行扁平化管理模式，以体制机制改革巩固保持动态“三最”。一是推进大部门制改革。按照同一件事情由一个部门负责的原则，在更大范围、更多领域综合设置机构，深入推进大市场、大农业、大交通、大城管体制改革。探索推进整合工商、质监等部门，组建市场监管局，实现“一个部门管市场”。二是推进综合执法体制改革。全力推进部门领域内综合执法，加快推进县级跨部门、跨领域综合行政执法，组建综合执法机构，构建“综合执法＋专业执法”新体制。三是推进集中高效审批。加快推进相对集中许可权改革，探索组建行政审批服务局，实行“一枚印章管审批”。四是创新监管方式。全面深入实施“双随机一公开”监管，健全完善“一单两库一细则”，实现行政执法事项随机抽查全覆盖。一系列改革举措的出台落地进一步推动基层大胆探索创新，采取多种模式、多种路径，优化体制机制，精简审批项目，重塑审批流程，打造淄博“极简审批”新品牌。

五、坚持强化督查考核，确保改革措施落地落细落实

习近平总书记强调“一分部署，九分落实”。“三最”城市建设能否取得应有的效果，关键在落实。按照市委改革办统一部署，将改革任务的督查、考核和评价作为重要抓手，坚持改革推进到哪里，督察就跟进到哪里，“三最”城市建设连续两年纳入全市“十个率先突破”工作重点，坚持用好“六个一”督察机制，切实做到一月一调度、一督察、一排名、一通报、一宣传、一会诊，实时跟进改革进展情况，全力打通梗阻环节，科学量化改革工作成效，准确查找改革落实短板，确保改革真正落地见效。

三方协作合力打造联合办税大平台
（2016）

面对营改增试点全面推开的新形势、新任务，淄博市财政局、市国税局、市地税局在市委、市政府的正确领导下，紧紧围绕"一个定位、三个着力"的总体要求，以推进联合办税工作为重点，全方位优化服务水平，全角度提升征管效能。

一、精心布局，"五同" 确保联合办税高效开展

（一）着力构建工作协作机制，同步夯实联合办税基础

《深化国税、地税征管体制改革方案》下发后，市财政局、市国税局、市地税局将落实国地税合作事项列为2018年重点工作任务，与落实国家税制改革和抓好税收收入中心工作同部署、同督导、同推进。先后出台《关于全面推开国税、地税联合办税暨落实〈合作工作规范（2.0版）〉加强税收保障的实施方案的通知》《关于协同开展税收风险管理工作的意见》《关于合作开展干部挂职交流工作的实施方案（试行）》等10余个合作文件，涉及纳税服务、征收管理、税务稽查、信息共享、人才培养交流等方面。

（二）着力优化纳税服务，同心协力攻坚营改增

为确保营改增试点顺利推进，市财政、国税、地税部门共同制定《全面推进营业税改征增值税试点工作税收征管业务衔接方案》，明确工作步骤、任务和时限。一是建立挂职交流机制。在全市范围内选派了18名业务素质高、公认评价好的优秀干部互相挂职交流1年，进一步融合国地税管理力量。

二是联合开展宣传。联合召开营改增新闻发布会，宣传介绍营改增政策和落实情况。联合组建营改增政策统一发布平台，在《淄博日报》等媒体开辟政策宣传专栏，及时公布最新政策，统一发布办税流程。三是联合开展培训。对试点纳税人实行分行业、分辖区、分批次轮训，共联合举办培训班 184 期，涉及纳税人 31 880 户，财务人员 39 985 人次。四是联合辅导纳税人。联合成立了营改增专家服务团队，在全市联合办税厅设置营改增服务咨询台，及时解决试点纳税人在户管移交、发票开具、纳税申报等过程中遇到的问题。根据不同试点纳税人行业特征、经营特点，深入企业提供上门辅导服务。五是联合优化整合窗口服务。联合开展服务压力测试，开通营改增“直通车”服务，对纳税人进行合理疏导和分流。据测算，营改增期间窗口办理业务效率提高 45%，纳税人等待时间减少 55% 左右。

（三）着力整合服务资源，打造统一同步办税平台

作为淄博市全面深化改革十大创新项目之一，在博山区召开全市联合办税现场推进会，宣传推介联合办税的模式和经验。一是实现办税场所和人员整合。全市共建成 37 个联合办税服务厅，能够办理国税业务的窗口达到 339 个，较联合前增加 152 个，增长 81%。二是实现税收业务深度融合。利用“一窗一人两机双系统”工作模式，实现“前台受理，后台跟进，内部流转，限时办结”，使纳税人真正“进一家门，办两家事”，打通了服务纳税人的“最后一公里”，把服务做到了纳税人的心坎上。三是合力推进基础征管事宜。户籍管理方面坚持地税为主、国税为辅，将税务登记业务全部交由地税管理，确保联合办理设立登记、联合管理非正常户等合作事项深度融合。申报征收方面坚持国税为主、地税为辅，国税在征收流转税的同时，同步将地税城建税、教育费附加等全面征收到位。四是联合开展纳税信用等级评定。借助中国银行等金融企业，合力推进税银企三方互动，帮助小微企业解决融资难问题。淄川国地税通过税银互动实现“纳税信用贷款 破解小微企业融资难题”的做法，被中央电视台新闻联播栏目播放，引起较大反响。五是联合执纪监督。联合下发《淄博市国家税务局　淄博市地方税务局联合监督执纪实施意见》，组成联合检查组，重点对直接面向纳税人的窗口单位进行检查，

推进作风建设再上新台阶。

（四）着力抓好联合执法，同步提升征管质效

一是规范定期定额户核定。原则上先由国税核定个体工商户的销售额，进行定额信息采集，确定税收定额，地税采用对方核定结果，国地税双方共同进行签字确认，解决双方对同一定期定额户定额不一致问题。二是开展共同欠税管理。共同发布欠税公告，成立联合调查组，同步对辖区内欠税进行清理。截至目前，已对1 314户失联纳税人及非正常户进行排查，已联合清理欠税1 120万元。三是联合开展税务稽查。双方整合办案资源，打造案件信息共享平台，定期交换稽查计划、重大案件审理、查补税款等情况。启动联合稽查，采取分别立案、共同取证、分别处理的检查方式，形成执法合力。四是联合实施税收风险管理。运用大数据联合开展对重点税源企业的税收服务与监管，联合采集涉税信息，联合开展重点企业税收风险应对，共同开展案头分税种审计，形成统一审计结论，对审计企业联合或分别制发税收风险管理建议书。五是联合开展国际税收管理。联合制定《关于进一步深化国际税收合作的实施意见》，确定深化国际税收合作的工作目标、合作事项、任务要求，交换“走出去”企业清册217条，对外支付和非居民信息近3 000余条。

（五）着力做好信息共享，共同分析政策效应

一是共同深化金税三期“大数据库”各系统应用。建立征管数据信息共享机制，实现国地税税务登记、纳税申报、税款征收、纳税评估等各类征管信息的全方位共享和传递。二是定期召开税收保障联席会议。依托涉税信息管理平台，明确第三方信息采集范围及标准，及时接收、分析、应用第三方涉税信息，实现第三方信息增值利用。三是共享涉税信息。利用共享数据开展风险识别、经济税收分析、协同监督管理等方面的应用，防范管理漏洞，促进税收增长，实现信息高度聚合。

二、精准施策，联合办税取得初步成效

国地税合作规范中的4类44个事项已全部落实，联合办税工作正逐步实现全方位、多领域、深层次融合，政府增税、服务增优、管理增效的共赢效果也逐渐显现。

（1）纳税服务更趋规范高效。联合办税后，涉税事项实现“一厅通办”，切实解决了纳税人“多头跑、两头找”和重复报税等问题，纳税服务质量明显提升。据统计，联合办税服务将为纳税人节省60%以上的办税时间和成本，为纳税人带来了实实在在的便利和实惠。

（2）税收执法更趋公平公正。国地税加强了执法协作，规范了执法行为，有效杜绝了执法不一致、漏征漏管等问题，纳税人的合法权益也得到了充分保护，执法风险得到有效规避。

（3）税务队伍更趋和谐共进。通过有效整合人才、培训、信息等资源，一定程度上缓解了基层税务部门人少事多的矛盾，有力推动联合办税向多领域、多角度、多视野延伸。特别在营改增试点全面推进中，国地税干部相互学习、取长补短、共同提高，为试点工作顺利推进和后续税收管理有序开展提供了坚实的组织保障。

三、精确聚焦，“三力”推进下一步工作重点

优化职能，有力推进办税服务深度融合。进一步建立和完善工作协作机制，定期召开税收保障联席会议，实现国地税协作制度化、常态化。进一步加大国地税在政策执行、日常监管、税收分析、纳税服务等方面的合作力度，健全业务流程、督查考核等制度，完善联合办税内容、双方责任，细化税务总局《合作规范3.0版》如何操作、怎么运行，用有效的政策制度支撑、促进联合办税落地生根，不断满足纳税人合理需求、减轻纳税人办税成本。

注重管理，强力推进税收执法适度整合。依托金税三期征管系统，融合第三方涉税信息、税收分类管理、风险任务派送、合作规范落实为一体，继

续探索“户籍管理以地税为主，征收管理以国税为主”合作模式，联合强化户籍管理，健全非正常户认定、解除、注销制度。加大欠税协同管理力度，配合社会信用体系建设，对恶意欠税纳税人实施联合惩戒。联合开展税收执法，依法共同制定税务行政处罚裁量权基准，统一执法尺度，及时互通检查情况。联合开展打击发票违法犯罪活动，实现税收违法黑名单当事人“一处失信、处处受限”。

顺应趋势，合力推进涉税信息高度聚合。依托于“互联网+”，搭建国地税税源管理平台，助力国地税业务的深入合作，切实降低征纳成本、提高服务和征管质效、促进税收收入提高。建立共享信息清单机制，对相关涉税信息采取一次采集、按户存储。依托政府主导的综合治税平台，联合开展税收分析，联合建立具备信息化、常态化、制度化的第三方涉税信息采集机制，为组织税收收入、推动中心工作开展提供有力数据支撑。

创新改革政务“云桌面”开启政务服务新模式

（2017）

为进一步提高政务服务水平，满足办事群众多样化的业务办理需求，市电政信息办认真贯彻落实《中共淄博市委改革办关于推广推介2017年第二批改革事项的实施意见》（淄改办发〔2017〕20号），认真推广推介政务“云桌面”创新经验，推进“互联网+政务服务”改革，通过简化优化服务流程、整合共享信息资源等举措，有效促进了群众和企业少跑腿、好办事、不添堵。

一、主要措施

（一）研究制定实施方案，创新改革“互联网+政务服务”新模式

为进一步深化简政放权、优化服务改革，促进政府职能转变。2017年8月16日淄博市政府办公厅制定出台了《关于印发淄博市推广推介“互联网+政务服务”创新改革事项实施方案的通知》（淄政办字〔2017〕100号），旨在通过创新改革“互联网+政务服务”新模式，进一步提高政务服务水平，推进信息共享和资源整合，满足办事群众多样化的业务办理需求。

（二）组织召开现场观摩会，全面部署开展推广推介工作

2017年8月23日，全市召开推广推介“互联网+政务服务”创新改革事项动员部署会议，安排部署创新改革事项，促进政府职能转变，完善服务群众“最后一公里”工作模式，使改革成果更多惠及广大群众。市委常委、

副市长杨洪涛参加会议。会议要求要充分认识创新改革“互联网+政务服务”的重要意义，进一步明确指导思想、任务目标，工作重点、方法步骤等，最大限度地调动各方面改革创新的积极性、主动性和创造性，确保推广推介工作按时间节点顺利推进。以抓好创新改革政务“云桌面”、智慧政务百事通和“线上无休、线下无缝”的“互联网+政务服务”新模式的推广推介工作为契机，推动网上审批、联合审批，进一步简化服务流程，创新服务方式，拓展服务渠道，提高行政审批效能，持续优化营商环境。及时总结工作经验和有效做法，树立典型，按照以点带面，具体问题具体分析的工作思路，采取多种方式，利用各种渠道，推广推介创新改革经验，不断提升群众对改革的获得感，为推动全市经济社会平稳健康发展做出积极贡献。

（三）因地制宜确定推广重点，务求改革取得实效

组织各区县根据各自工作情况，分别制定了《推广推介“互联网+政务服务”创新改革事项实施方案》，确定推广推介重点，并召开推广推介动员部署会议，力争通过推广推介工作着力解决各区县群众办事环节多、效率低、办事难等问题，加快实现群众办事“零跑腿”或“只跑一次”，不断提升政务服务效能。其中，张店区、博山区、周村区、临淄区、高青县将“线上无休、线下无缝”的“互联网+政务服务”新模式作为推广重点；淄川区、沂源县、高新区将智慧政务百事通作为推广重点；桓台县继续将创新改革政务“云桌面”提升完善作为重点。

二、主要成效

（一）“线上无休、线下无缝”，有效减少群众跑腿次数

张店区、博山区、周村区、临淄区、高青县利用“线上无休，线下无缝”“互联网+政务服务”新模式，进一步拓展政务服务渠道，拉近了政务与群众的距离，让群众更满意、政府更高效。通过线上、线下政务服务，办理流程更加规范，群众足不出户可以实现电话咨询、网上查询，节省时间，

减少跑腿，提高了服务效能和服务水平。特别是窗口全部配备电脑、高拍仪等电子设备，纸质申请材料通过电子上传，即可实现共享复用，不再需要企业和群众重复提交，实现了“群众少跑路，数据多跑路”。为了增强服务透明度，区县政务服务中心在网上全部公开事项目录清单，使群众对每个镇办、部门单位的权力责任一目了然，查询更加及时方便。

（二）推广应用智慧政务百事通，实现“大事不出镇，小事不出村”

淄川区、沂源县、高新区利用智慧政务百事通，坚持服务便民利民、办事依法依规、信息公开透明、数据开放共享的原则，打破部门界限、政务藩篱和信息孤岛，依托各级便民服务中心，全面整合线上线下服务资源，积极推动服务下沉到街道（镇）和村居，大力推进全流程网上办理，切实精简优化办事流程和材料，让群众在“家门口”就可以享受到方便快捷、统一规范、优质高效的政务服务。真正让居民做到了“不用出村就可以办理老年证、残疾证、新农合、计划生育业务；足不出户就可以享受物业维修、电力服务、送药上门的便利；坐在沙发上就可查询惠民政策、村务公开、党务公开、文化活动”，真正实现了“大事不出镇、小事不出村”。

（三）打造政务服务“云桌面”，行政审批效率大幅提升

桓台县进一步深化放管服改革，大力建设“互联网＋政务服务”体系，立足于便捷高效，实现“云桌面”集约化功能，打造政务服务“云桌面”的服务品牌，进一步提升了服务效率和群众满意度。助力群众与政府信息的互动公开。县级行政审批事项由2012年的291项精简为91项，进驻中心的部门对行政许可科100%授权，全部公开了办理主体、依据、条件、程序、时限、办事结果、收费依据、收费标准和监督渠道，并建立健全首问负责、限时办结、责任追究、效能评估等制度，实现了“一窗口受理、一站式审批、一条龙服务、一窗口收费”，提高了服务水平。深化建设项目联审代办。“云桌面”集合建成建设项目审批模块，整合16个部门分设的办事窗口和审批服务系统，彻底打破部门界限和信息孤岛，申请人只需提交一套申请材料，建设项目综合服务窗口前台受理后，可通过云系统直接将申请材料传送给各职

能部门，职能部门通过信息共享平台查询、核实信息后，即可审批发证，切实避免了材料重复提交，建设项目审批用时由法定的155个工作日减少到17个工作日，真正实现“一窗受理、信息共享、统一出件”。便民服务向基层延伸。全县9个镇（街道）全部建立便民服务中心，各个村均设置了便民服务代办点，“云桌面”系统实现了县镇村三级互联互通，打通了联系服务群众的“最后一公里”，老百姓足不出户即可办理残疾证、低保等服务，企业单位也可就近选择镇村代办点，实现申请材料的远程上传，享受证件免费邮寄等服务。

三、今后工作

一是加大硬件设施投入力度，基础设施对推广推介工作至关重要，没有好的基础设施将会制约信息化发展。下一步，将不断加强区、镇办、村居（社区）便民服务中心软硬件设施，推进政务服务环境的不断优化，做好服务群众的补位，不断提高办事群众的满意度和跑腿次数。

二是推进实体政务大厅与网上服务平台深度融合，形成线上线下相辅相成、功能互补的政务服务新模式，逐步实现政务服务“一号申请、一窗办理、一网通办”。

三是加强对镇办级便民服务中心、村（居）代办点的业务指导，定期组织业务培训，不断提高工作人员业务素质，提升基层服务质量。同时深化镇办便民服务中心、村民事务代办点标准化建设，增强镇办、村（社区）两级政务服务平台业务承载能力，完善办事流程、服务标准、监督管理等工作机制，提高政务服务整体水平。

四是加快推进“互联网+政务服务”，联通整合移动客户端、服务热线等服务渠道，打造一体化在线服务平台。同时推动镇政务服务中心和村级便民服务点利用网上服务资源开展服务，实现资源全覆盖。

五是利用移动客户端等第三方平台开展证照寄送、在线支付、内容导航、预约查询等服务。进一步简化优化事项办理、代办服务流程，推进政务服务线上线下一体化融合，最大限度提高服务效能。

六是研究制定针对第三方平台开展政务服务的相关政策鼓励，规范社会力量参与提供政务服务。分类分步开发业务系统和数据接口、服务资源，为第三方平台接入提供条件。

推广推介“五级联动”打通服务群众最后一公里（2017）

按照《中共淄博市委改革办关于推广推介2017年第一批自主创新改革经验的实施意见》的要求，淄博市政务服务中心管理办公室对高青县“推进省市县镇村‘五级联动’打通服务群众最后一公里”改革创新经验进行了全面推广。通过政务服务“五级联动”工作的开展，截至目前，全市86个镇（街道）全部建立便民服务中心并实现事项在山东政务服务网办理，2 791个村（居）设立便民服务代办站（点）为群众提供便民服务。2017年11月9日，在中央国家机关工委、中国行政体制改革研究会、人民网联合主办的“第二届全国行政服务大厅典型案例展示活动总结会”上，淄博市报送的“五级联动”实现政务“云服务”获得“信息化优秀”称号，受到通报表彰。

一、加大推动力度

政务服务“五级联动”工作是贯彻落实市十二次党代会精神和市委“十个新突破”工作目标、深度优化营商环境、扎实推进行政审批“放管服”改革、做好公共服务事项向基层镇（街道）延伸的重要举措，市政务服务中心管理办公室在全市政务服务“五级联动”推广推介工作会议召开后，认真贯彻落实市委市政府要求，加强组织协调和督导，全力推动政务服务“五级联动”创新改革全面推广工作。

（一）科学制定事项目录

依据《山东省乡镇（街道）行政权力和公共服务事项参考目录》，对应当纳入镇便民服务中心办理的便民服务事项，全面梳理审核，进行统一规范，在充分征求各区县意见的基础上，对23类230项服务事项进行了明确。

（二）重点加强便民中心建设

起草了《关于进一步做好镇（街道）便民中心建设推进政务服务“五级联动”工作的通知》，由市“三最”城市领导小组办公室下发各区县人民政府，对进一步加强镇（街道）便民中心建设，完善和提升服务功能，全面实行服务事项集中公开办理、网上办理，积极推行政务服务便民事务代办提出明确要求。

（三）细化考核办法

对列入《2017年“三最”城市深化提升区县考核实施细则》的区县优化营商环境提高行政效能考核办法进行了修订，增加了政务服务省市县镇村“五级联动”的试点考核内容，细化了评分标准，对镇（街道）便民服务中心事项集中进驻指标、镇（街道）便民服务中心规范建设情况、镇（街道）便民服务中心事项办理纳入全市网上审批系统情况、村（社区）服务中心规范建设情况分别予以评定。

（四）以考核促发展

从2018年4月开始，对各区县“五级联动”试点工作开展情况进行实地督导考核，直接深入一些偏远的镇村检查镇（街道）便民服务中心建设和村（社区）服务代办情况，坚持一月一考核、一月一排名、一月一通报，不当“老好人”，不搞平均主义，考核结果拉开档次、分出层次、看出差距，有力促进了工作开展。

二、强化分类指导

各区县在充分学习高青县“推进省市县镇村‘五级联动’打通服务群众最后一公里”改革创新先进经验的基础上，结合各自实际情况，因地制宜制定实施方案，前期分别确定了2~3个镇（街道），每个镇（街道）确定2~3个社区（村居）开展创新经验试点工作。经过动员部署、推广实施、巩固提升、总结验收等工作阶段，各区县均按照实施方案的时间节点要求完成了创新经验试点工作。随后，创新经验全面铺开。

（一）各区县高度重视精心部署“五级联动”工作开展

各区县均召开“五级联动”推广推介会，制定实施方案，按照“试点先行、典型引路、重点突破、梯次递进”的工作思路，采取文件学习、实地考察、现场推介、督查通报等多种方式，推广高青县“五级联动”创新工作经验。

（二）加强镇（街道）便民服务中心规范化建设

各区县增加必要财政投入，按照镇（街道）政务服务标准建设“六统一”（进驻事项统一、管理制度统一、组织机构统一、办公设施统一、中心标识统一、网上办理统一）要求，不断完善和提升服务功能。

（三）按照应进必进原则，全面实行公共服务事项集中公开办理

各区县在全面梳理各镇（街道）公共服务事项基础上，按照集中公开办理的原则，全部进入便民服务中心办理。对23类230项服务事项目录，通过展板、显示屏、办事窗口摆放目录等形式，充分让办事群众知晓。部分镇（街道）根据当地的实际，增设特色窗口，将水、电、煤、暖、有线、宽带开户缴费等便民服务项目纳入便民大厅，为群众提供更多便利服务。

（四）全面推行便民服务向村（居）延伸

在村（居）设立便民服务站（点），为群众提供便民服务。加强代办人员业务培训，“让数据多跑路，让群众少跑腿”。不断改善和提升村居代办服务功能，凡是不需要群众本人到场办理的事项，全面推行村民事务代办和网上办理。

三、取得明显成效

提高了行政效能。通过开展政务服务“五级联动”工作，推行网上办理，行政审批效能进一步提升，行政审批平均办理时限由过去12.75天压缩到3.61天，效率提升了72%。

方便了办事群众。“五级联动”政务服务体系的建立，延长了网上审批和公用服务链条。办事群众办理服务事项，可就近到镇（街道）便民服务中心办理或者通过村居代办点进行委托代办，减少了市、区、镇之间的往返次数。

密切了干群关系。镇（街道）便民服务中心和村（居）便民服务站（点）办理的都是涉及社保、医保、低保、救助、残联等关乎群众切身利益的事情，针对身体行动不便、家庭特别困难、住址特别偏远的群众开展“上门服务”等活动，进一步密切了干群关系，树立起服务型政府的良好形象，赢得了群众赞誉。

四、存在不足

镇（街道）、村（居）便民服务中心的建设发展不均衡。部分镇（街道）便民服务中心建设时间较早、面积较小、窗口较少、内部布局不太合理，距离“六统一”的建设标准（即进驻事项统一、管理制度统一、组织机构统一、办公设施统一、中心标识统一、网上办理统一）还存在一定差距。特别是公共服务事项全面进驻后，已经不能满足工作办理的需要，便民服务中心需要新建或者改造，软硬件建设需要提升，受土地指标制约以及设施设备的采购需要走招投标程序，时间较长等，导致部分镇（街道）便民服务中心升级改造滞后。

基层政务服务水平受制约。部分镇（街道）、村（居）便民服务中心，特别是村（居）便民服务中心存在代办人员不足、工作人员年龄老化、文化水平较低、网络使用操作能力差的问题，难以胜任网上申报、网络录入等相关工作，严重影响了服务群众水平提高。

全市政务服务一张网运行存在困难。目前全省统一的电子政务服务平台与部门自建业务专网未能有效整合，市级、县级、镇级部门在推行事项网上审批等方面仍存在二次录入问题，而由于人社、民政等部门的便民服务事项业务办理量大，工作人员办理业务需在两个系统之间来回切换，给工作带来极大不便。

五、下一步工作

针对以上不足，将进一步加大工作力度，完善镇（街道）和村（居）便民服务中心建设，不断提升基层政务服务水平。

不断完善提升政务服务水平。及时总结前期工作开展经验，学习借鉴其他地区先进经验，结合淄博市实际，不断创新工作思路，推进政务服务“五级联动”工作向更高层次、更高水平迈进，使广大人民群众享受到更加优质便捷高效的政务服务。

加强镇（街道）便民服务中心建设。按照镇（街道）便民服务中心建设“六统一”标准要求和集中办理、便民利民原则，配备必要的办公设施和设备，配齐配强政务服务工作人员。在全面梳理镇（街道）便民服务事项基础上，全市86个镇（街道）便民服务中心实现公共服务事项在山东政务服务网办理。

抓好村（居）便民服务中心建设。委托山东理工大学对全市政务服务“五级联动”村（居）便民中心建设情况进行评估。在全面摸底的情况下，根据评估结果有针对性地制定措施，提升基层服务水平。努力争取财政支持，对部分基础条件薄弱、经济发展落后的村（居）予以补贴，确保村（居）便民中心建设不留死角、不留盲区、不走过场。

开发政务服务移动客户端。积极与移动公司对接，开发完善政务服务移动客户端，打造以政务服务及代办服务自主申报为主，以内部审批、党建宣传等为辅的全方位政务服务代办系统平台，将事项网上办理通过手机拓展到普通群众、企业、村居代办人员，构建全方位、立体化的线上线下审批服务新模式。

精心打造事业单位业务范围清单化管理

（2018）

为加强对事业单位的事中事后监管，促进事业单位依法规范运行，淄博市机构编制委员会办公室适应新形势下深化事业单位改革的要求，积极创新，大胆探索，率先在全省启动事业单位业务范围清单化管理工作，编制全省“第一单”，并被省编办列为典型经验在全省复制推广。同时，经过推荐评选，该项目列入了淄博市2018年第一批10项重点创新改革经验，借此契机，积极推广推介事业单位业务范围清单化监管工作，取得了显著成效。

一、主要做法

（一）统一思想认识，充分做好动员部署

业务范围清单化管理工作涉及面广，社会关注度高，有一定难度。为此，淄博市领导十分关注和重视，2016年7月，印发《淄博市事业单位业务范围清单化管理试点工作实施方案》，组织召开试点工作会议，对开展事业单位业务范围清单化管理试点工作作了动员部署。

（二）合理确定试点，力求取得示范效果

确定了“全市统筹、试点先行、分工协作、资源共享”的思路，2016年先行在市及部分区县同步开展一体化试点，将教育、科技、文化、卫生等13个公益性较强、与群众利益关系密切的行业纳入试点范围。把试点单位作为清单化管理工作“试验田”，严格按照《淄博市事业单位业务范围清单化管

理试点工作实施方案》确定的工作程序进行，积累经验，为全面建立事业单位业务范围清单化管理运行机制奠定基础。

（三）扩大清单范围，市县两级同步推进

在前期清单工作经验的基础上，2017 年 5 月，淄博市政府召开了全市事业单位监督管理工作会议，对事业单位业务范围清单化管理工作进行了全面部署，明确了清单化管理工作的基本原则、总体目标和具体安排，确定了市直各部门的工作联系和督导制度，同时要求各区县按照时间节点及时报送工作进展情况，确保市区（县）两级同步推进。

（四）丰富清单内容，努力做到务实管用

以“开门搞改革”的态度，就清单内容广泛征求了各方面的意见，获取了第一手的社情民意数据。经过反复讨论研究，最终确定将事项名称、事项类别、事项内容等 17 项内容列入了清单编制范围。同时，要求各事业单位重点针对公益服务事项，制定配套的服务标准和流程图，真正做到搭好“服务互动之桥”，让清单“活起来、用起来”。

（五）严格审核程序，确保清单事项准确

组成了由机构编制、行政审批制度改革、财政、物价等部门参加的联审会议，并抽调业务骨干组建了 4 个审核组，按照“两报两审”工作程序，严格对照法律、法规、规章和单位“三定”等各类规范性文件，对事业单位上报的业务事项逐条逐项进行合法性和规范性审核，确保了零差错、无死角，全市共审核公布 2 108 家法人事业单位业务事项 13 525 项，其中行政辅助 3 620项，公益服务 8 356 项，经营服务 115 项，其他 1 434 项。

（六）借助网络平台，公布清单强化监督

业务范围清单编制完成后，积极借助淄博机构编制网、“淄博机构改革与管理”微信公众平台，将业务范围清单进行公示，精心打造“网络上”和“指尖上”的清单。在市编办网站清单公示网页下设二级目录，并对区县公

示网址进行一键链接，市县统一公示标准，确保清单公示层次分明、丰富完整。同时，依托编办门户网站设立“投诉举报”栏目，发挥社会公众对事业单位业务开展情况的评价和监督作用。

（七）建立工作制度，实行清单动态管理

出台了《事业单位业务范围清单动态管理办法》《关于建立事业单位业务范围清单化管理机制加强事业单位事中事后监管的意见》。2018 年 7 月，及时根据单位职责任务变化情况，完成了首批业务范围清单动态调整工作，共涉及 18 家单位，调整业务事项 97 项（行政辅助 11 项，公益服务 70 项，经营服务 4 项，其他 12 项），并在第一时间将调整修订的业务事项在门户网站及微信公众平台进行更新公示。

（八）制定实施方案，精心进行推广推介

按照市委改革办要求，结合事业单位业务范围清单化管理实践，及时形成了《创新方式强化措施精心打造事业单位业务范围清单化管理——市编办放管服改革“清单 + X”监管经验材料》，制定了《推广推介事业单位业务范围清单化管理工作创新经验实施方案》。该实施方案经分管市领导审签后列为编办年度重点工作任务。

（九）采取多种渠道，加大工作宣传和推广

充分利用国家及省系统网站及杂志、市级报刊、市编办微信公众号等进行大力宣传，先后发表了《山东省淄博市编办创新方式强化措施精心打造事业单位业务范围清单化管理》《淄博市全面推行事业单位业务范围清单化管理》《推进“放管服”改革为民众奉上“清单大餐”》等二十多篇报道。同时，还通过来访来电积极宣传淄博市“清单 + X”监管创新做法。2017 年以来，相继接待了济南市、滨州市、日照市，河北省衡水市，江苏省南通市、宿迁市等地区前来学习和交流，还有多地市和区县打电话咨询、学习相关资料。

（十）发挥清单实效，建立精细化管理与服务机制

充分发挥业务范围清单的基础性作用，结合事业单位管理多样性、动态性、过程性等特点，创新建立了事业单位“精细化管理 + 服务”工作机制，同步开发了“事业单位精细化管理与服务系统”，运用制度创新、标准实施、数据共享、互联网平台等手段，初步构建了日常化、精准化的事业单位“精细化管理与服务”新机制，完善了事业单位事前、事中、事后监管体系。

二、改革成效及意义

（一）厘清了事业单位职责边界，延伸了政府部门权责清单

近年来，政府部门先后制定了权力清单和责任清单，对各项权责事项进行了规范。但在工作中，一些被要求转移的政府职能，被以各种原因移交给了事业单位，导致事业单位职责定位不清，远离公益属性。通过编制事业单位业务范围清单，为事业单位划出了法律边界线，厘清了政府与事业单位、事业单位与市场之间的关系，有效解决了职责交叉不清、在社会经济发展中错位和不到位的问题，实现了“政府归政府，公益归公益，市场归市场”的改革预期。

（二）巩固了事业单位分类改革成果，推进了事业单位监管的精细化和科学化

通过编制事业单位业务范围清单，检验了前期事业单位分类是否符合实际、是否有利于单位发展，为调整优化政策提供了依据，进一步巩固完善了改革成果。同时，通过业务范围清单的动态管理，更加及时、准确地掌握了事业单位履职情况和运行状况，为优化事业单位总体布局和资源配置，进一步推进了机构编制管理和事业单位监管的精细化和科学化。

（三）激发了事业单位创造活力和发展内生动力，助力了服务型政府建设

随着建设服务型政府的逐步推进和深入，公益服务的供需矛盾日益凸显。通过开展业务范围清单化管理，"制、晒"事业单位的业务事项，既方便了群众知晓"找谁办、怎么办"，又让事业单位认清了自身的职责任务。激发了事业单位创造活力和发展内生动力，自觉改善运行状况，回归了公益服务的本位，促使事业单位依法按章程规范运行，有效提高了其工作效率和服务水平，助力了服务型政府建设。

（四）方便了群众办事和参与监督，实现了信用监管的常态化和信息化

转变政府职能建设服务型政府，就是要真正让老百姓清楚明白地了解自己关心的事。通过互联网公示各事业单位依法核准公布的业务范围清单，列出事业单位"该干什么、该怎么干、干到什么样"，有效避免了办事群众"到处问、来回跑"，进一步畅通和保证了群众的知情权和监督权。同时，依托门户网站"投诉举报"栏目，充分调动了社会公众对事业单位履职的监督积极性，真正实现了信用监管的常态化和信息化。

（五）建立事业单位精细化管理与服务机制，盘活了现有监管资源，补齐了事业单位监管短板

对事业单位的监督管理，着力点是为了提高事业单位公益服务水平，落脚点是为了增强人民群众的获得感和满足感。通过以业务范围清单为基础，建立事业单位"精细化管理+服务"工作机制，实现了与现有事业单位监管系统、业务范围清单公示、机构编制实名制月报等信息实现同步共享，初步构建了管理方式全链条、管理内容全方位的精细化管理机制，优化了事业单位机构编制总体布局和资源配置，补齐了事业单位监管短板。

创新开展投资项目“一化四联”改革助推项目审批提速增效

（2018）

淄博市政务服务中心管理办公室以企业少跑腿、好办事、不添堵为出发点，在全国首创市与区县横向联动、纵向互动的投资项目远程视频联动审批机制，创新开展建设项目前置审批区域化评估评审、投资项目设计施工图联合审查、投资项目审批联合勘验、投资项目竣工联合验收等联审联办模式，实现了投资项目审批“一化四联”（“一化”即区域化评估评审，“四联”即联合审批、联合审图、联合勘验、联合验收）的完整服务模式，成为打造一流营商环境、推动稳增长调结构促改革的有效手段。2015 年，在中国政府网、人民网、中国行政体制改革研究会、中央国家机关工委《紫光阁》杂志社组织的全国“百优十佳”优秀行政服务案例评选活动中，投资项目远程视频联动审批机制做法，获全国“十佳”荣誉称号，并被新华社、中央人民广播电台广泛宣传报道。

一、主要做法

作为老工业城市，淄博市在经济下行压力下产业转型、城市转型任务繁重。传统投资项目审批在行政审批中最为复杂，涉及部门、事项和中介多，环节繁，耗时长，程序复杂，特别是个别部门和工作人员出于私利，吃、拿、卡、要，群众和企业多有怨言，反映强烈，成为影响投资环境和经济发展的关键因素。如何破解这一顽疾？市政务服务中心管理办公室的做法是，运用“互联网 + 政务服务”方式，以远程视频联动审批为基础，创新开展投资项目审批“一化四联”改革，化繁为简，优化流程，创新机制，疏通排解审批中的“中梗阻”现象，实现让信息多跑路，让企业少跑腿。在工作中，突出抓了六件事：

一是纵横联动建平台。加强视频联审平台软硬件建设，市、区县两级9个政务服务中心全部建立专门视频会议室，配置远程视频交换设备，铺设全市审批专线光纤，建立起横向连市直部门、纵向连区县的互联互通审批网络。印发《淄博市投资项目联合审批办法》，召开市及区县两级审批部门远程视频联审会议，审批部门同时对投资项目实施联合审批，当场作出审批意见，一次完成市与区县的两级审批。

二是梳理规范定边界。通过依法梳理，确定投资项目联合审批的实施边界，剔除了无法定依据的审批事项、审批环节和申报材料，确定了投资项目的18个联办部门、57项行政事项、47项收费项目，再造和优化了联动审批流程。各职能部门结合各自实际，创造性地实行先批后审、容缺办理，试行预约、延时、上门审批，推广网上审批，允许企业边办边补，变坐等审批为审批前置，让企业少跑腿、不跑腿。

三是完善制度优流程。全面实行受理、会审、勘验、验收“四统一”和责任单位、责任人、申报材料、办理内容和办理时限“五明确”，将串联审批变为并联审批，公开透明压茬推进各项手续办理。同一项目涉及市、区（县）不同的行政审批层级时，由联审办协调推进。以市级办理为主的，由市联审办协调有关部门督促区县部门及时做好有关审批工作；对以区县办理为主的，由市联审办负责督促各部门在规范办理的基础上，及时将办理结果通报相关区县，真正实现横向联动、纵向互动、企业少动。

四是首席代表全授权。通过推行“两集中、两到位”，从部门内部体制进行彻底改革，将审批职能集中到行政许可科，并整建制进驻政务服务中心实行集中办公。在此基础上，联办部门确定投资项目联合审批首席代表，并与其签订授权书。所有首席代表可当场决定有关事项，无须再回单位请示汇报，既提高了审批效率，又节约了人力成本。

五是区域评估可前置。为解决投资项目审批前置评估评审手续多、耗时长的问题，开展建设项目区域化评估评审工作。建立功能园区投资项目有关评估评审事项的指标清单，实行告知承诺制。功能园区实施区域化评估评审之后，进入该功能园区的单体项目，可不再单独进行或简化有关评估评审，由申请人依据审批条件书面承诺，并凭承诺书完成其他审批手续。目前，市级试点园区已全部编制完成水土保持、矿产压覆、地震安全、地质灾害、规划环评等五项评估报告，园区新建项目无须再办理上述手续。

六是“一化四联”简机制。在完善投资项目联合审批工作机制和巩固建设项目区域化评估评审成果基础上，市“三最办”印发《淄博市投资项目设计施工图联合审查暂行办法》《淄博市投资项目审批联合勘验暂行办法》《淄博市投资项目竣工联合验收暂行办法》，全面推行投资项目联合审图、联合勘验、联合验收等联办模式，实现投资项目审批“一化四联”的完整服务模式，使审批链条最优，审批机制最简。

二、工作成效

自 2014 年 5 月实施以来，淄博市投资项目审批“一化四联”改革成功实现了三个变：变“企业跑腿”为“信息跑路”，变“企业来回跑”为“部门协同办”，变“被动服务”为“主动服务”。截至目前，全市共完成联审项目 690 个，涉及投资金额 1 328.4 亿元，在优化政府行政资源、推动政府行政公开、提高行政审批效率、降低企业投资成本等方面取得了显著成效。

一是堵住了后门。投资项目审批实现全程“公开化”，曾被群众诟病的“印把子”，统统被晒在了阳光下，审批权力关在了“笼子”里，企业再也不用到处求爷爷告奶奶，找熟人、托关系、走后门了。通过召开各联办部门和投资项目企业共同参加的联审会议，打破了以往部门各自为战、审批信息交流不畅、暗箱操作等问题，增加了行政审批的透明度，强化了企业和群众对行政审批工作的监督。通过行政审批网络监控系统，各级领导、纪检监察部门和市政务服务中心管理办公室可对所有投资项目联审涉及的事项实现从受理到办结的全程监控，确保做到在联审过程中所有工作有错即改、有错必纠。

二是提高了效率。通过实施以投资项目视频联审为基础的“一化四联”改革，全面打造了淄博办事的“快节奏”，越来越多的企业亲身受益。通过多措并举，投资项目平均办结时限一举由过去的 1 年到 1 年半缩短至最少 17

个工作日。其中，市环保局将法定的环评报告书审批时限由60个工作日压缩为3个工作日，报告表由30个工作日压缩为2个工作日，压减比均达到93%以上。淄博蟠龙山热电有限公司生产部负责人于启亮深有感触地说，过去上一个项目要市里、县里来回跑一年多，开烂车、跑断腿，现在一次性审批完成，省时又省力。淄博乾能铸造科技有限公司年产1万吨耐磨件生产线等两个项目在办理“污染物总量控制”事项时，仅用3个工作日就完成了审批。山东民基化工有限公司6万吨/年氯乙酸项目（二期）安全条件审查，以往需要45个工作日，其他地市需要不少于30个工作日，现在5个工作日内即办结。

三是降低了成本。通过推行投资项目审批“一化四联”改革，由过去企业项目审批“满天飞”，变为现在“企业点菜、政府上菜”的菜单式服务；由过去市、区县两级政府“卡”项目，变为一个联审会全疏通的简洁式服务。现在投资项目审批与过去相比，审批时间和成本节省了2/3。山东新华制药股份有限公司的激素系列产品技术改造项目，经开辟“绿色通道”缩短审批时间近3个月，可增加销售收入近亿元，增加利润近700万元。山东上开化学股份有限公司投资额2.1亿元的年产33 000吨水性原色乳液项目，从项目立项到落地开工，中间经历环评、安评、施工许可等30多个审核和手续办理，涉及中介机构10余家，在过去办完全部手续需一年到一年半时间，现在仅50天就全部完成了所有手续办理，节约财务成本2 100万元，为抢占市场赢得了先机。

三、工作启示

通过近三年的实践，投资项目联审联办让政府“瘦了身”，给企业“松了绑”，将简政放权落到了实处，让行政效能提升见到了实效。以此为突破口，全市“三最”城市建设稳步推进，营商环境大大改善，项目建设全面提速，各项工作不断争先进位。2015年，在山东省党委政府工作满意度调查中，淄博市名列第一名。工作推进中，有以下几点启示：

（1）加强领导是保障。专门成立由市长任组长的投资项目联合审批工作领导小组，并由市政务服务中心管理办公室具体负责协调落实。围绕打造“三最”城市，市委市政府以“全面深化改革要率先突破”考核为抓手，对各部门和区县联审联办工作开展情况一月一调度、一月一考核、一月一排名，强力推动投资项目联审联办工作向深入开展。

（2）授权到位是基础。在全面完成市级与区县“两集中、两到位”工作基础上，市与区县各部门向服务窗口签发委托授权书并在窗口向社会公示，授权部门服务窗口全权办理事项。除有明确的法律法规规定的以外，凡涉及部门领导签批的环节，一律予以取消或者改为“先批后审”，由许可科科长或窗口负责人“一支笔”签批。经办人能够“一锤定音”，有力推进了投资项目联审联办工作开展。

（3）制度规范是前提。总结实践经验，市政府出台《投资项目联合审批办法》，市“三最办”印发了《淄博市投资项目设计施工图联合审查暂行办法》《淄博市投资项目审批联合勘验暂行办法》《淄博市投资项目竣工联合验收暂行办法》，注重及时将工作成果上升为制度办法，进一步指导工作实践。

【编辑评述】

为培育壮大新动能 提供便捷高效服务

近年来，淄博市始终把简政放权、放管结合、优化服务改革工作作为加快老工业城市转型升级的重要抓手，综合施策，强力推进。

他们深刻认识到，很多新兴领域发展最需要的不是扶持，而是“松绑”，需要在“服务”和“监管”两个方面推进新一轮改革。培育新动能、改造提升传统动能主要依靠力量是企业，淄博持续减少审批事项、提高审批效能目的就是要为企业“松绑”，注重调动市场主体的积极性和创造活力，着力形成生产要素聚集的洼地效应，让更多的市场主体流向淄博。

围绕打破信息壁垒，淄博市积极打造“互联网＋政务服务”典型。他们认真贯彻落实中央和省委关于“放管服”改革的决策部署，用信息化改造政务服务流程，变串联为并联，让数据多跑路，让企业和群众少跑腿，切实优化营商环境。

近年来，淄博审时度势、高标定位，提出了在省内打造“行政审批事项最少、行政服务效能最高、行政收费最低”的“三最”城市目标，主要领导亲自抓，并连续两年将其作为全市“十个新突破”的重点之一，各项工作精准持续发力。淄博市“三最”城市建设起步早、改革力度大、创新举措实，依托深度优化营商环境，在助推新旧动能转换方面积累了经验。国务院先后两次通报表扬淄博市“三最”城市建设经验，国家发改委等五部委也对淄博老工业城市全面优化营商环境经验予以肯定。

切实优化营商环境，提升外资服务水平是大力发展开放型经济、引外资稳外资的基础和保障。2018 年，淄博出台《关于深入实施外商投资企业服务大使制度的实施意见》，旨在建立并完善该制度的服务机制、信息传导机制、咨询协调机制，密切政府与企业的联系，针对外商投资企业开展全方位、全生命周期的贴心服务，打造“亲”“清”政商关系。

为激活民营企业创新动能，淄博通过建立常态化政银企对接机制，大力发展普惠金融，加快担保圈处置力度，综合运用多种办法切断风险担保链条等方式，优化民营企业融资、营商环境，翻越融资、市场两座“高山”。

为有效降低制度性交易成本，营造稳定公平透明的营商环境，加快推进“放管服”改革进程，科学准确评价各区县营商环境便利度，倒逼各地不断改善营商环境，2018年9月出台《淄博市营商环境评价实施方案》，从六个方面对部门审批和相关供电、银行等企业服务进行评价。根据该实施方案，淄博市营商环境评价工作将坚持问题导向与目标导向相结合，坚持既符合实际又可横向比较，坚持有针对性与可操作性相统一。

今后，淄博市将突出全市“四强”产业和三大服务业招商，立足本市产业发展基础和发展优势，以开发区为平台，以产业铸链、强链、补链为重点，以产业集群为目标，研究制定招商实施方案。强化与世界500强和行业领军企业的合作力度，持续跟踪研究具备投资可能性的世界500强和行业领军企业，着力引进一批具有战略性、引领性、支撑性的重大项目，进一步提升行政审批、法规调整、标准规范等方面政府服务的科学性、灵活性和针对性，为新动能的培育壮大、传统动能改造提升提供更加便捷高效的政府服务。

第六篇

社会民生篇

以教育信息化推进基础教育综合改革
（2016）

为贯彻落实市委改革办《关于推广推介全市改革创新经验的实施意见》精神，淄博市紧紧围绕“一个定位、三个着力”总体要求和全市教育事业中心工作、重点任务，坚持“服务全局、融合创新、深化应用、完善机制”的原则，以教育信息化推进基础教育综合改革，充分运用信息技术服务教育教学、教育决策、教育管理，为全市教育事业健康发展提供支撑和动力。

一、开展情况

（一）领导重视，统一部署

2016 年 4 月，市政府组织召开以教育信息化推进基础教育综合改革推广推介会，市政府副市长刘东军同志出席会议并讲话，要求全市教育系统全面推广“以教育信息化推进基础教育综合改革”的经验做法，全面落实《全面推广以教育信息化推进基础教育综合改革方案》提出的各项工作任务。

（二）强化调度，落实责任

根据改革工作安排，定期调度教育信息化工作进展情况，各区县教育主管部门主要负责同志和学校校长为“第一责任人”，全面统领教育信息化改革工作，各项工作措施到岗位，责任落实到人，全面推进改革任务，提升教育教学质量，促进内涵发展。

（三）措施到位，整体提升

实施整体规划，连续出台第一期和第二期教育信息化三年行动计划，对各项工作目标任务规定了时限，不搞一刀切，鼓励先试先行。通过加大培训力度，聘请专家讲座，鼓励校企结合，实施项目推动、典型带动、活动拉动等具体措施，整体提升了全市教育信息化的工作水平。

二、主要成效

（一）教育信息化装备改善了学校的办学条件，缩短了城乡、校际之间的办学差距，推动了均衡发展，彰显了教育公平

全市所有中小学全部接入互联网，基本实现“宽带网络校校通、优质资源班班通、网络学习空间人人通”。

全市93.71%的中小学和65.35%的幼儿园中普通教室均装备计算机。全市所有中小学的普通教室均已配备数码投影仪、电子白板或液晶交互数码一体机等大屏显示设备。全市50.88%的幼儿园开始装备大屏显示设备。

全市中小学为教师配备台式计算机5.9万台，笔记本电脑1.9万台，其他智能设备0.3万台，总数达8.1万台，远超3.8万教职工数量。全市34.21%的幼儿园开始为教师装备计算机等智能设备。

全市近百所学校配备多功能录播室、3D打印实验室、创客教育实验室、机器人实验室、物联网实验室等信息技术应用实验室。

（二）全市中小学数字化校园建设工作取得新成效

淄博市数字化校园建设以满足培养21世纪技能人才需求，推动从教为主向以学为主转变，实现学生自主合作探究个性化数字化高效学习为目的，在全省率先制定幼儿、特教学校数字化校园建设指导意见，中小学、幼儿园、特殊教育、中职学校分类实施、分步推进。全市97%的普通中小学和38%的幼儿园创建为数字化校园，全市特殊教育学校和中职学校已基本达到数字化

校园标准，完成了淄博市教育信息化三年行动计划明确的目标。数字化校园建设工程明显改善了学校办学条件，为全市教育的公平、优质、均衡发展提供有力保障。

（三）教育资源公共服务平台建设体现了“淄博特色”

建设教育资源公共服务平台是解决信息化发展瓶颈的重要举措，也是信息化发展规划的重要任务。市、区县分别建设基于云架构的资源平台，围绕学校、教师、学生和家长等4个服务对象，满足“教、学、测、评、管”五大需求，支撑“优质资源班班通、网络学习空间人人通”。目前，全市除学校较少的文昌湖区和经开区外，其他区县均已完成建设任务，为推动区域义务教育均衡发展提供保障。

（四）教育信息技术应用引发了学习方式和课堂形式的改变

淄博市“一对一数字化学习”、自带设备学习（BYOD）实现新突破，全市143所中小学的561个班实现了“一对一数字化学习”，开展规模全国领先。淄博市创客教育促进学习跨领域融合。2014年，博山区的于方军团队研发出中国第一台陶泥3D打印机；2015年，临淄区的索亚敏团队研发的3D打印机获全国“钟南山奖”和43届日内瓦国际发明金奖。淄博市一批骨干教师组建创客团队，创编课程，开展实践活动，把课堂变成一个充满活力的创客空间。目前，全市开展3D打印、机器人等创客教育的学校达到211所。

淄博市基于网络的自适应学习测评、数字美术教学、谷歌地球与地理教学、思维导图应用、几何画板、仿真实验等诸多信息技术应用都显示出淄博市教师的智慧，他们在不断尝试创新教学，探索未来教育，使淄博市教育信息技术应用的总体水平得到明显提升。正如中央电教馆王珠珠馆长所说：“淄博市智慧课堂区域性应用处于全国领先水平”。

（五）全市中小学信息技术创新与实践活动（简称“NOC活动”）多次夺取全国第一

淄博市自2007年以来，已经连续12年参加全国NOC活动，7次荣获全国团体总分第一的好成绩，荣获最高奖项发明创新奖317个，位居全国地市之首。作为一项面向广大师生，运用信息技术，培养创新思维、提升实践能力、增强知识产权意识的全国性重要科技活动，全市有267所中小学参与，占总数的55.05%，张店区实验中学等12所学校成为全国NOC活动示范学校。NOC活动推进了信息技术在学校管理、教研、教学中的创新应用，培养了年轻的教师群体，积累了大批优质的教学资源，实现了"发展教师、成就学生、创建名校"的目标。

（六）大数据应用实现了教育管理的现代化

利用大数据开展网上评教（评校）工作，全市学生、家长、教师的参与率分别达到81.81%、83.13%、87.06%，评价优秀率分别达到87.03%、87.03%、94.30%。利用大数据分析督促和推动区域教育现代化建设，借助大数据分析平台客观评价工作进展，有效推动了淄博市中小学教育现代化进程；利用大数据开展教学质量监控，实践了"样本即全体"的大数据理念，大大提高了教学效率，为保证淄博市高考成绩奠定了扎实的数据基础。全市79.3%的高中、81.8%的初中和75.2%的小学建立了家校互通机制，全市约60万名家长实现在线互联互动，推动了家校共育机制的建设。

同时，淄博市积极探索推进"互联网+教育"环境下的优化作业设计，实现了作业推送、提交、批改网络化和学生学习、作业评价大数据分析。全市优化作业项目累计覆盖学生30.09万人、教师2.61万人，涉及学校561所。

三、下一步工作

淄博市以教育信息化推进基础教育综合改革工作取得阶段性成果，同时也应看到：全市教育信息化的发展不均衡，优质数字服务体系尚在建设之中，"淄博特色"创新项目的推广力度尚需加大，这些在一定程度上制约了教育信息化工作的开展。为全面落实教育部《教育信息化十三五规划》以及淄博市第二期教育信息化三年行动计划，下一步重点做好以下几项工作：

（一）行动计划更加明确

启动智慧课堂、智慧校园建设工程，建设互联互通的教育资源公共服务平台，打造综合与特色相结合的优质资源服务体系，推动教育均衡发展，实现公平教育。

（二）项目推广更具特色

继续推动自带设备学习，组织好信息化技术创新与实践活动，支持小学语文提前读写教学、自适应学习测评、3D 打印教学、创客教育、数字美术、物联网等等具有区域特色的信息技术项目，提高师生信息素养。

（三）教育教学提高质量

积极推动信息技术与课程的深度融合，做好信息技术学科教学研究与本地化课程的开发，多开展基于项目的学习、基于问题的学习、创客式学习，以学生为主体的学习，让学生接受更好的教育。

（四）学校管理更加科学

继续探索“大数据”在教育领域的应用，为教育教学、教育决策、教育管理服务，开展教学、管理、评价、资源、决策以及群众满意度等方面的大数据应用工作，提高教育综合管理和研究水平。

2017 年以来，全国未来教育个性化教与学研讨会、山东省 2017 年度基础教育信息化应用现场会相继在淄博市召开，淄博市在 2018 年第三届全国基础教育信息化应用展示交流活动展会上做经验介绍，淄博信息化应用案例被评为全国首批基础教育信息化应用典型案例，教育信息化工作得到中央电教馆和省教育厅的充分肯定。

淄博将以更加积极的态度，落实习近平总书记提出的“以构建网络化、数字化、个性化、终身化的教育体系，建设人人皆学、处处能学、时时可学的学习型社会，培养大批创新人才”的要求，稳步推进教育信息化各项工作，为实现全市教育现代化奠定基础。

创业带动就业创新改革探索

（2016）

就业是民生之本，创业是富民之源。国务院总理李克强多次提到“大众创业、万众创新”在扩大就业、增加收入和促进公平正义、促进人们实现价值追求方面的重要意义。多年来，淄博市人社局将就业这一最大的民生工作摆在首要位置，把创业带动就业作为深化改革、改善民生的重要抓手，形成了主要领导亲自抓、一级抓一级、层层抓落实的工作格局，为淄博市创业带动就业工作快速发展提供了保证。在推进创业带动就业工作中，坚持创建引领、载体支撑、培训提升、服务助推“四位一体”工作模式，让“大众创业、万众创新”成为共同的价值追求和行为习惯。

一、创建引领，突破创业瓶颈

突出创城引领、大学生引领、文化引领“三个引领”，突破制约影响创业的瓶颈。一是梯次推进创业型城市创建。贯彻省部署要求，积极开展省级创业型城市（区县）、省级创业型街道（镇）、社区创建工作，并以此为抓手，向创建市级创业型区县、创业型街道（镇）、创业型社区拓展延伸，并全面建立督查、考核评估制度。目前，淄博市共有省级创业型城市（区县）3个、创业型街道（镇）7个、创业型社区28个，市级创业型区县4个、创业型街道（镇）22个、创业型社区80个。

二是深入实施“大学生创业引领计划”。坚持政府促进、社会支持、市场导向、自主创业的原则，重点面向淄博市普通高校在校大学生、毕业5年期内的高校毕业生和出国（境）留学回国人员，优化创业环境，完善创业服务，进一步激发大学生创新活力，以创新引领创业，以创业带动就业。“十三五”以来，淄博市实现自主创业毕业生达2 390人。以此为引领，全力推进失业人员创业、农民工返乡创业、青春创业、巾帼创业、自主择业转业干部创业、回国留学人员创业等。

三是培育特色创业文化。举办“淄博市创业大赛”，大力倡树鲁中创业文化。举办创业（创客）大赛、创业经验分享汇和创业成果展示汇等活动，集中展现淄博市创业创新活力。在全省率先举办了创业训练营活动，进一步提升创业者综合素质，打造一支“淄博未来企业家”队伍。

二、载体支撑，夯实创业平台

最大化集中政策、资金、场地、信息、服务等创业要素，为创业者提供最有效、最直接的扶持和服务。一是搭建创业政策扶持平台。“十三五”以来，淄博市出台了《关于做好就业创业工作助推新旧动能转换的意见》《淄博市鼓励“零成本创业”进一步推动大众创业万众创新的若干政策意见》等一系列鼓励扶持高校毕业生、农民工、再就业人员等群体自主创业的政策，并配套出台了有关创业带动就业扶持资金管理、创业补贴发放等文件和措施，形成了比较完善的创业优惠扶持政策体系。

二是搭建创业孵化平台。会同财政部门出台大学生创业孵化基地和创业园项目管理办法，开展市级创业孵化示范基地、创业示范园区评估、认定、管理和省级推荐工作。“十三五”以来，共评定市级创业示范平台7家，推荐认定省级创业示范平台4家。调整完善创业示范平台奖补政策，鼓励区县通过探索民有公助、政企联办、社会共建等形式，建设了一批大学生创业孵化基地、农民工返乡创业园、青春创业园等。

三是搭建创业项目发布平台。组织开展创业指导服务，提供政策咨询、信息服务、项目开发、开业指导、跟踪扶持等“一条龙”创业服务，不断健全导师配备机制，开展项目巡诊活动。建立创业项目征集评估和发布制度，定期组织对入库项目进行科学分类、动态分析，及时向社会发布。目前，创业项目库中共有创业指导专家340名，收录项目1 270个。

三、培训提升，提高创业能力

着力实施加强就业培训提高就业与创业能力五年规划，运用项目化模式推进创业培训工作。一是扩大创业培训范围。将创业培训范围由登记失业人员、高校毕业生扩大到城乡各类群体，并提高了创业培训补贴标准。二是创新培训模式。制定并贯彻新一轮“加强就业培训提高就业与创业能力五年规划”，全面实行“企业订单、劳动者选单、培训机构列单、政府买单”的“四单式”培训模式。推广“引校进企”“引企进校”等做法，打造以人岗有效对接为目的的校企校地合作培养新模式。推行现代学徒制培训方式，搭建互联网移动培训平台。推广创业大学培训模式，推动创业大学在高等院校、中等职业学校、技工院校、创业孵化基地（创业园区）和创业培训机构等设立分校（创业学院）或教学点、教学站。将创业培训与创业实训、配套服务紧密结合，对创业者进行创业项目选取、市场评估、资金预算、企业规划等全方位的创业培训。举办创业训练营，政府买单为中小企业创业者提供培训。三是突出重点群体创业工作。加强对高校大学生创业培训，开展“创业培训进校园”“创业导师进校园”等活动，分别到山东理工大学、淄博职业学院、山东轻工职业学院进行创业政策宣讲。活动开展以来，已先后组织“创业大讲堂”活动30余次，普及人群达7 000余人次。对登记失业人员、农村转移就业劳动者、毕业学年高校毕业生等群体大力开展创业培训，鼓励各类群体自主创业。

四、服务助推，加大创业扶持

健全创业指导服务体系，积极提供有针对性、高效率的创业服务。一是健全“网格化”服务体系。建立就业创业政策均享制度，对就业失业登记的城镇常住人员，在常住地连续居住6个月以上且在当地参加社会保险6个月以上的，保障其与本地户籍人员享受同等的就业创业扶持政策。健全公共就业创业服务经费保障机制，将区县公共就业创业服务机构和街道（镇）、社区（村）级公共就业创业服务平台经费纳入同级财政预算。依托公共就业服务机构和基层平台，加载创业服务功能，全面建立创业指导服务体系。在区县人力资源市场、创业孵化基地和创业园区，设立创业服务窗口，为创业者提供项目推介、政策咨询、开业指导、融资服务、注册登记、风险评估等“一站式”创业服务。

二是实施“援助式”创业服务。开展创业助推行动，依托创业孵化基地和创业园区，为创业者从项目推介到成功创业提供全程跟踪服务。为每个有创业意愿并已创业培训合格的城乡劳动者推荐一个创业项目、协助落实一处创业场地、帮助办理一笔小额担保贷款，帮助创业者成功创业。注重创业导师、创业咨询师、创业培训师队伍建设，多种形式全面跟进，为创业者排忧解惑。

三是提供“便利性”融资支持。调整完善创业担保贷款政策，符合条件的个人创业担保贷款最高贷款额度为 10 万元，单次贷款期限最长不超过 2 年，利息全贴；符合条件的小微企业创业担保贷款最高额度为 300 万元，单次贷款期限最长不超过 2 年，按照贷款合同签订日贷款基础利率的 50% 给予贴息。对还款积极、带动就业能力强、创业项目好的借款个人和小微企业，继续提供最多不超过 3 年的创业担保贷款贴息扶持。探索创新反担保方式，对创业园区、创业孵化基地以及大型商场、加盟连锁企业等给予一定的创业贷款反担保信用额度，允许其在信用额度内为企业、商铺提供反担保。在全市组织开展“政府贴息贷款促创业——扬帆行动”，利用创业“快易贷”网站、微信小程序，采取“集中受理、批量审批”的措施，实行灵活多样的担保和反担保方式，为创业者和小微企业畅通创业贴息贷款“绿色通道”。自 2003 年以来，淄博市共发放创业担保贷款 54.27 亿元，直接扶持 21 083 户成功创业，带动（吸纳）就业 18.8 万人。

“十三五”以来，淄博市创业带动就业工作基础稳定，发展势头良好。下一步，将全力推进创业带动就业改革工作，狠抓各项制度政策落地生效，促进全市创业带动就业工作再上新台阶，为人民群众带来实实在在的获得感。

临淄区基层劳动就业和社会保障公共服务规范试点创新
（2016）

近年来，淄博市临淄区认真贯彻落实国家和省市决策部署，坚持改革、创新、发展，加快政府职能转变，完善社会管理和公共服务模式，以基层平台建设为基础，以信息化建设为支撑，以业务下沉为抓手，以全方位、多样化宣传为导向，以作风建设为保障，不断提升人社服务规范化水平，打通服务群众“最后一公里”，成功创建国家级基层劳动就业和社会保障公共服务规范试点区。

一、平台建设标准化，服务环境更加亲民便民

一是区服务中心实现“一站式”办结服务。全面提升区级人力资源和社会保障综合服务中心建设标准，将服务中心划分为公共就业和人力资源服务区、社会保险服务区、劳动人事争议调解仲裁区、劳动监察服务区、劳动关系服务区、招聘洽谈区、职业指导区、咨询服务区、自助服务区、信息发布区、等候休息区、便民服务区、政策宣传区，采用综合柜员制、一窗式服务模式，各个窗口统一安装服务评价器，随时接受群众满意度测评，实现了办理人社业务不出“服务中心”的目标。

二是镇级人社所业务随到随办。一个标准、一套方案建成 12 处面积达标、设备齐全、人员到位的高标准镇级人社服务场所。其中，9 处面积 300 平方米以上，3 处面积 250 平方米以上，均高于省级标准。各镇（街道）人社所均建立服务大厅、所长室、档案室、劳动人事争议调解室，成立劳动监察中队。按照每 6 000 名服务对象配备 1 名专职工作人员的标准，为每个镇

（街道）配备8名以上专职工作人员，全部达到大学本科学历。

三是村级人社站服务水平进一步提升。按照“全方位、大力度、高标准”的建设思路，在全区465个村居（社区）全部高标准建成村居（社区）人社服务站，开通人社业务专网，配备计算机、电话POS机或存取款一体机、验钞机、保险柜等必要办公设备，并对外观标识、柜台布局等进行统一设置，规章制度全部上墙。按照每800名服务对象配1名工作人员的标准，在全区配备480名村居（社区）协理员，全部达到高中（含）以上文化学历。通过由区财政补助、镇（街道）和村居（社区）补贴、代办金融业务提成，为全区480名协理员全部落实工资待遇。

二、人社数据信息化，服务管理更加便捷高效

一是构建全区人社公共基础信息数据库系统。建成包含59.7万人、涉及54项个人信息、5个常用个人证件的“自然人基础信息数据库”与包含3 800余家用人单位、涉及36项企业信息、2个企业证件的“法人单位基础信息数据库”。群众只持一张社保卡即可办理人社业务，其他证件原则上不再提供，业务表格自动生成，所需证件自动提取，在所有174项人社业务中，已实现112项业务不填表、98项业务不交证。

二是打造智慧人社“四通两平台”。将人社业务专网贯通到每一个村居（社区），实现“村村通”，群众足不出村即可查询账户，领取相关待遇，缴纳保费；借助数字电视网络，实现“户户通”，群众在家即可了解人社政策，查询参保信息；手机安装APP客户端，实现“人人通”，可随时咨询业务、掌上办事、提出建议；搭建人社系统内部即时通讯交流平台，实现“即时通”，具备工作人员文件数据传输、基层平台展示和工作统计调度等多种功能。开通“临淄人社”微信平台，及时推送最新工作动态和人社政策。打造三级“微”服务体系，包含1个区级、12个镇级、465个村级“微”服务平台，涵盖全区17万户家庭。

三是构建服务管理调度体系。实现国家、省、市、区、镇、村六级视频会议、业务培训，面对面为群众讲解政策、答疑解惑，在全区各级人社业务经办

大厅安装视频监控，加大对工作人员作风效能的监督力度，提高服务质量。

四是建立业务监督监管系统。通过"定岗医师管理软件""协议医疗机构视频监控系统"和"药品进销存管理软件"，建立定岗医师退出机制和医疗行为规范约束监督机制，及时发现大处方、大检查、过度医疗、违规购药等问题，从而规范协议药店、门诊和医院工作人员的医疗行为，减轻病人负担，有效控制医保基金支出。

三、业务下沉普惠化，服务理念更加贴近民生

一是切实加大人社业务下沉力度。梳理全区人社业务 174 项，将其中的 85 项、29 项业务分别下沉至镇、村平台办理，做到"应放尽放、能放必放"。

二是加强镇村工作人员业务培训。编制业务操作规范，细化业务操作流程，按照业务下沉以及全国统一的"劳动保障协理员"资格认证考试的要求，对各镇（街道）人社所工作人员和重新遴选出的村居（社区）人社协理员进行集中业务培训。培训结束后，采取上挂学习的方式，让基层工作人员到区人社局业务科室、经办机构进行实地学习操作，通过手把手的传帮带和轮岗学习，确保全区各项业务下沉后的规范化运行。

三是成立包建组进行业务蹲点指导。成立 12 个业务下沉工作指导组，每组负责挂包一个镇（街道），定岗定人定责蹲点指导，帮助解决业务下沉工作中遇到的困难和问题。各镇（街道）相应成立指导组负责对村居（社区）人社业务下沉工作进行指导，确保村级各项业务下沉工作的规范运行。

四、宣传方式多样化，服务导向更加清晰准确

一方面，用好传统媒体，做好政策解读，加强舆论引导。加强与电视台、广播电台、报刊等媒体合作，及时策划通俗易懂的专题节目，通过电视、广播进行宣传推广；策划制作卡通动画宣传片，通过各经办机构进行播放宣传；印刷收录临淄区人社各项业务最新政策 20 万册，免费发放各家各户，解读当前群众普遍关注的人社热点问题；不定期组织政策宣传宣讲活动，赶大集、

走企业、进村居，广泛宣传相关人社政策。另一方面，用活新兴媒体，创新宣传形式，拓宽宣传平台。借助数字电视、手机 APP、微信平台等媒介，构建立体宣传网络。充分发挥“智慧人社四通两平台”“微服务群”作用，及时推送热点政策和重点工作信息，让不同年龄层次、不同使用习惯的群众选择适合自己的信息接收途径，把人社服务延伸到每个村居（社区）、每户家庭、每位群众。

五、作风建设长效化，服务意识更加积极主动

一是健全为民服务机制。积极开展“践行群众路线公开承诺活动”，落实“15 分钟限时等待”服务承诺，实行工作日中午错时服务和节假日预约服务，推进首问负责、“一次性”告知、“一次性”办结等制度落实，积极推广网上办事，运用现代化、信息化手段提升工作效率，让以人为本的执政理念通过人社服务得到充分展现。二是严格落实各项规章制度。本着“便民、高效、科学、规范”的原则，对公共就业、人力资源、社会保障、劳动关系、调解仲裁、劳动监察、档案管理等各项服务制定制度流程，建立工作职责等工作制度 6 项、工作守则等管理制度 9 项、首问负责制度等服务制度 4 项，建立涉及就业、保险等 7 项业务工作流程，并全部做到制度上墙。三是努力打造一流人社服务品牌。把满足服务对象的需要作为全部工作的出发点和落脚点，工作人员全部统一着装、举止文明、热心服务、微笑服务，倾力打造“热情服务零距离、特殊服务零障碍、精心服务零差错、诚信服务零投诉”的“温暖人社”服务品牌。

下一步将更加积极、更加稳妥地推进各项工作。一是进一步推进信息化的开发与应用，加强信息化资源整合和业务协同；扩充完善公共基础数据库的数据，提高数据准确率，为数据在全区更大范围的共享和应用提供有力支撑。二是构建电子社保卡应用体系，持续推进生物识别技术在全业务领域的应用。三是全面丰富网上办事大厅内容，满足群众多样化、个性化服务需求，让群众随时随地就可以办理相应的业务，积极助力公共服务模式创新改革，保证人民群众在共建共享发展中有更多获得感和幸福感。

张店区“时间银行”：探索养老服务新模式　打造志愿服务新品牌（2016）

张店区户籍人口66.5万人，60岁以上老年人12.5万人，占全区总人口的18%；80岁及以上户籍老年人口1.9万人，占全区老年总人数的15%。按照国际标准，通常把60岁以上的人口占总人口比例达到10%，或65岁以上人口占总人口的比重达到7%作为国家或地区进入老龄化社会的标准。张店区的老年人口比例已明显高出国际标准，并以每年0.8%的速度递增，预计到2020年将达到22%左右。在此背景下，张店于2013年将科苑街道办事处迎春苑社区居委会作为试点，推行“时间银行”志愿养老服务模式，2016年开始在全区全面推行。截至目前，招募登记志愿者2 600余人、志愿团队94个，系统已注册登记项目142个，参与的人数越来越多，取得良好社会效果。“时间银行”设有针对老年人推出“情系桑榆”为老服务项目，开展“邻里守望”“青春伴夕阳”“义务理发”等活动；针对青少年儿童推出“快乐同行”项目，开展了“陪伴成长”“暑期健康上网”“社区春蕾培育”等活动；针对特殊群体推出“暖心港湾”项目，开展了“心目影院”“社区真情缝纫组”“手拉手助学”活动等，参与各类服务活动的志愿者达1 000余人次。2016年，央视国际频道摄制组到科苑街道对“时间银行”志愿服务进行专题采访；5月11日《山东新闻联播》播出“时间银行，传递爱心”；《新华社通稿》《大众日报》《淄博新闻》《淄博日报》等中央和省、市主流媒体相继对此进行了专题采访报道。

一、构建志愿养老服务体系，为开展社区志愿养老提供坚实保障

不断健全“时间银行”志愿活动组织架构，对全区志愿者实行动态管理，对志愿服务活动进行网络化运营，有效提高了管理效率，打造了志愿服务新品牌。一是搭建“时间银行”志愿养老服务系统。依托张店区社区志愿者协会、“12349”养老服务平台，委托专业软件开发公司研发出“时间银行”志愿养老服务管理系统——“志愿齐行”时间银行管理评价网，并不断完善志愿者招募、管理、志愿者服务时间记录、评价、宣传等功能，提高管理效率。目前，该系统已正式投入使用。二是明确“时间银行”志愿养老服务机构。依托“12349”养老服务平台成立“志愿齐行”时间银行总行，由“12349”养老服务平台主要负责人任行长，依托社区居委会和养老服务机构成立“志愿齐行”时间银行服务站，由社区居委会和养老服务机构主要负责人任站长。并对总行、服务站职责进行了明确。时间银行总行主要负责“志愿齐行”时间银行管理评价网的维护、运营、相关管理制度和细则的制定、各类志愿服务项目审查和组织等工作。时间银行服务站负责社区内志愿项目的设立、志愿者招募、志愿服务时间的记录等工作，并结合各社区实际，依托社区资源，因地制宜的为志愿者提供精神褒奖、“提取”志愿服务时长或积分兑换等激励措施。三是完善“时间银行”志愿养老服务队伍。以往的志愿服务活动普遍存在人员、时间随意性大，志愿者不实名登记存在安全隐患及专业不对称等问题，为此，张店区依托“志愿齐行”时间银行管理评价网，会同人社部门对志愿者的实名注册和志愿服务招募进行信息核验，确保注册信息真实有效，切实保障志愿服务安全。

二、健全志愿养老服务工作制度，为开展社区志愿养老提供行动指南

规范“时间银行”志愿养老服务行为准则，健全完善志愿者管理的规章

制度，大力推进志愿服务制度化。一是制定“时间银行”志愿养老服务实施细则。该细则共分六章十九条，涉及“志愿齐行”时间银行组织管理、时间银行储户义务和权利、时间账户的运作管理、时间银行账户激励等内容。该细则的制定为张店区“时间银行”志愿养老服务实施提供了政策依据。二是制定《志愿齐行公益评价指数实施方案（试行）》。该方案将志愿服务时间、学雷锋做好事、社区互助服务均纳入“时间银行”公益指数评价体系。建立志愿者“时间银行”评价机制，将“学雷锋做好事”等志愿服务内容按照市场化的精准评价规则，“等价”换算为志愿者的服务“时间”，一并纳入志愿者时间银行管理，并实行动态化管理，做到实时更新、实时公开。目前该评价规则正在试运行，下一步将根据运行情况逐步完善和调整信息，并在“志愿齐行”网站上及时公布。目前，已有4类55项服务项目纳入“时间银行”公益指数评价体系。三是制定志愿齐行社区志愿服务系列项目规划手册。为避免“时间银行”志愿养老服务的盲目性、不稳定性等问题，研究制定了31项志愿服务项目，内容涉及亲情陪伴、结对帮扶、生活援助、医疗保健等，每个项目都有相应的服务群体、服务内容、服务力量、供需配备等说明。

三、梳理畅通志愿服务工作流程，优化提升志愿服务活动质量

不断完善时间银行志愿服务工作流程，集中有效力量、统一开展志愿活动，推进志愿者养老服务活动常态化、规范化。一是采集需求，设计项目。社区工作人员组织网格员及志愿者到空巢老人、留守儿童、残疾人等困难群众家中，了解其志愿服务需求，有针对性地设计志愿服务活动项目，为社区居民关爱他人、奉献社会搭建平台。二是发布信息，招募注册。社区通过上门入户、媒体宣传、张贴通知等形式招募“时间银行”志愿者，明确志愿服务所需的条件和要求，吸纳社区居民报名参加，依托志愿者队伍建设信息服务平台，对报名人员审核后予以登记注册，并发放“志愿者证”，加强志愿者科学化管理。三是组织培训，加强管理。开展志愿者培训活动，通过集中

辅导、座谈交流、案例分析等方式，对志愿者进行相关知识和技能进行定期培训，重点培养志愿者骨干。依托社区综合服务设施建立志愿服务站点，跟踪掌握志愿者接受培训、参加服务情况，合理安排服务时间和服务任务，实现志愿者、服务对象和活动项目的有效衔接。四是开展活动，优化服务。以空巢老人、留守儿童、农民工、残疾人等困难群众为主要服务对象，围绕家政服务、文体活动、慰问探访、心理疏导、医疗保健、法律服务等内容，广泛开展形式多样的志愿服务活动，力争覆盖困难群众所需的各种服务。五是做好记录，建立台账。建立健全志愿服务台账，将志愿者服务记录汇总在统一的信息平台上，推进互联互通，实现服务记录能够异地转移和接续，为表彰激励提供依据，志愿者可根据登记的服务时间兑换为相应服务和实物，进一步调动社区志愿者服务积极性。

四、创新志愿服务激励机制，不断营造良好社会氛围

建立健全志愿服务嘉奖和回馈制度，依据志愿者服务时间长短，提供一定的回馈服务，大力营造参与志愿服务光荣、“好人有好报”的良好社会氛围。一是加强志愿服务组织领导。将社区志愿服务活动融入幸福社区建设中，作为文明社区创建的重要任务，充分发挥社区主导作用，加强协调指导和制度设计，推进社区志愿服务常态化、制度化发展。二是完善公益指数评价体系。建立志愿者“时间银行”评价机制，将志愿者服务内容和服务时间按照市场化的精准评价规则，将“学雷锋做好事”行为“等价”为志愿者服务“时间”，一并纳入志愿者时间银行管理。如献血 =［有偿献血报酬（元）/10］小时，拾金不昧 =［价值（元）/10］小时。另外，好人好事行为包括见义勇为、义务植树、照顾老人、义务钟点工、做家务保姆、医院陪护病人等等。三是实施荣誉性奖励。为志愿者归属社会组织、学校、委办局、企事业单位提供社会服务评价指数，供团体组织评先树优的参考。依据志愿时长，对全区所有志愿者进行年度评价及评选，并择优进行表彰。在志愿者网站开辟专栏展示志愿者风采，对优秀志愿者事迹等进行报道展示，提升志愿者服务积极性。四是提供物质性回馈服务。各社区因地制宜制定物质奖励回馈制度，依据时

间服务积分为志愿者提供不同“福利”。志愿者可依据提供的服务内容和时间市场评价，享受到同等时间或价值的时间“提取”服务，也可以将个人服务时长换取社区爱心超市的物品等。

以构建医联体为抓手
基本建成“三级诊疗”服务体系
（2016）

2016 年，淄博市卫生计生委按照市委改革办《关于推广推介全市第二批改革创新经验的实施意见》等文件要求，在全市推广临淄区组建医疗联合体，破解“三级诊疗”难题创新改革经验，积极研究制定医疗联合体工作政策措施，多措并举推进医联体建设，加快构建分级诊疗服务模式，取得了一定成效。

一、加强创新改革经验推广组织领导

在临淄区召开了全市医疗联合体改革创新经验推广推介会议，将临淄区的创新改革经验在全市范围内推广。成立了由市卫计委主要领导任组长的推广推介临淄区医疗联合体改革创新经验工作领导小组，印发了《关于推广推介临淄区组建医疗联合体改革创新验的实施方案》，将医联体建设作为加快全市医疗卫生均衡发展，实现分级诊疗的重要手段，科学谋划医联体建设工作，统筹推进医联体建设。各区县均成立了医疗联合体建设工作领导小组负责医联体统筹规划、运行指导、质控监督与考核评估等工作，下发了实施方案，明确了任务目标、工作重点、工作措施、工作步骤及工作要求。2016 年 11 月，市卫计委结合医联体创新改革经验推广落实情况，对各区县医疗联合体建设推进工作进行考核排名，在全市范围内营造比学赶超、拼搏进取的浓厚改革氛围。

二、初步建成"三医联动"工作机制

根据医改工作需要，进一步调整充实市深化医改工作领导小组，完善会议制度和医改领导小组成员单位联系会议制度。定期对医改重大政策、重大问题进行调研分析，提出针对性措施。结合淄博市实际，先后制定出台城市公立医院综合改革、分级诊疗、健康服务业发展、基本医疗保险病种分值付费及家庭医生签约服务等一系列政策文件。创新"三医联动"工作机制，成立由盖卫星市长为组织，医改办、人社、食药、卫计部门分管负责人为成员的"三医联动"办公室，市政府分管市长或秘书长每季度召开一次会议，协调解决全市医疗管理、医药使用、医保支付方面的重大问题，强化政策衔接和工作协同。以"让百姓看得上病、看得起病、看得好病"为目标，研究制定并细化"三医联动"实质性改革方案，从医疗服务、医疗保障、医药供给联动改革入手，并逐步向人事薪酬、科技支撑、法治建设等相关领域深化拓展，提升医改系统性设计水平，提高改革的综合效能，逐步促使医疗、医保、医药良性联动、形成合力。

三、夯实医联体基础硬件建设

在全省率先实施乡镇卫生院标准化建设工程，积极推进基层医疗机构标准化建设，21 家镇卫生院被评为"国家级群众满意的乡镇卫生院"，39 家镇卫生院创建为一级标准化卫生院。各区县都建立了二级以上中医院，各级公立医疗机构都设置中医科。将国医堂建设纳入全市重点民生事项进行推进，建成 169 个国医堂、137 个名老中医药专家传承工作室、10 个基层中医药适宜技术培训基地，培训 3.9 万人次。加强基层中医药诊疗建设，淄博市各区县都建立了二级以上中医医院，并全部建立了"治未病"科。所有综合医院、妇幼保健机构、社区卫生服务中心、乡镇卫生院都设置了中医科，中医科设置率达到 100%，中医医院床位数达到 3 800 多张，占全市床位总量的 12%。全市社区卫生服务中心和乡镇卫生院中医药综合服务区（国医堂、中医馆）覆盖率100%。全市所有乡镇卫生院、社区卫生服务中心都能提供中医药适宜技术，91.8%的社区卫生服务站（135家）、90.5%村卫生室（2 274家）能够提供中医药适宜技术，所有乡镇卫生院、84%的社区卫生服务中心、87%的社区卫生服务站和47%的村卫生室可提供中医药饮片，实现了服务更可及、能力更提高、群众得实惠的目标。全市共9个区县创建成基层中医药先进单位，中医药服务满意率达到了100%。建设全市预约诊疗平台，开通了网络（淄博市居民健康网）、手机APP（淄博掌上医院）和电话预约三种服务方式，全面推进基层医疗卫生机构信息系统建设，实现基本医疗、医保、公共卫生服务信息的融合。各区县以加强医联体建设为契机，以县级医院为核心，建立了远程会诊、医学影像、心电监护等远程诊疗系统，让群众不出村、镇、区县就能及时享受到上级专家的诊疗服务，在为群众提供高效便捷医疗服务的同时，显著提高了县域内疑难危急病例的诊疗水平。

四、基本形成分级诊疗制度

在赴先进地市考察、组织座谈、实地调研的基础上，报经市政府办公厅印发了推进分级诊疗制度建设的实施意见，全市范围内推进分级诊疗制度建设，以“保基本、强基层、建机制”为原则，不断提升基层服务能力。完成三级医院、二级医院和乡镇卫生院标准化建设任务，达标率分别为100%、100%、86.5%，构建起“城市10分钟、农村20分钟社区健康服务圈”，加强重点疾病防治康复一体化管理，在全市范围内开展胸痛、卒中、创伤等“八大中心”建设，打造心脑血管、呼吸重症30分钟救治圈，构建市、县两级创伤、危重孕产妇、危重儿童和新生儿救治网络，实施癌症规范化诊疗项目，提高群众对基层卫生服务的信任度。认真学习借鉴外地医共体建设经验做法，进一步完善淄博市县（区）域医疗服务共同体建设工作实施方案，完善医共体健康持续发展的支持保障政策和内部管理制度，基本实现县域内就诊率90%的任务目标。积极推行家庭医生签约新模式，逐步建立起社区医生与签约家庭之间长期、稳定、连续、可及的服务关系，为社区居民提供基本医疗及公共卫生服务。通过签订协议为辖区居民提供健康状况早了解、健康信息早知晓、分类服务我主动、贴心服务我上门、个性服务不间断等个性化服务，有效提升社区卫生服务内涵，推动服务向纵深发展，使广大居民真正受益。目前，全市城市社区家庭医生签约40余万户。运用医联体和家庭医生签约服务两种手段，初步构建起基层首诊、双向转诊、急慢分治、上下联动的分级诊疗制度。

五、持续推进医疗卫生综合改革

在县级公立医院改革基础上，全面启动城市公立医院改革，全市所有公立医院取消药品加成，降低大型医学检查价格，调整技术性收费标准，建立动态性医疗服务价格调整机制。启动公立医院法人治理结构改革，制定工作方案，召开动员大会，委属10家公立医院和28家区县级公立医院均制定了理事会章程，确定了代理理事长，相关工作正在推进中。实行公立医院编制备案制管理，对单位用人实行总量控制，新增人员备案上岗，扩大了医院用人自主权。严格落实控费月报制度，2018年上半年，全市公立医院医疗费用同比增长1.01%，其中：市属医院增长-1.93%，区县级医院增长4.68%，远低于全年8.96%的控制指标；全市药占比为27.96%，其中市属医院30.06%，区县级医院25.51%，较2017年同期33.14%下降5.18个百分点，控费工作效果较好。

通过医联体的构建完善，有效发挥市级、区级医院龙头带动作用，医联体内医院职工获得更多到上级医院进修、学习以及在本单位接受上级医院业务指导、培训的机会，提高了基层医院职工服务群众的能力和水平。逐步引导群众树立了小病进社区、大病到医院、康复回社区的医疗新理念，社区首诊、双向转诊、急慢分治的分级诊疗新秩序初见成效，获得感、满意度不断提高。

“五大救助行动”构建关爱困境妇女儿童新格局
（2016）

近年来，淄博市妇联充分发挥“联”字优势，积极整合社会资源，物质帮扶与心理关爱相融合，通过实施“五大救助行动”，倾情服务困境妇女儿童群体，积极构建关爱困境妇女儿童新格局。

一、立足优化发展环境，不断强化环境救助

注重环境资源优化，传统媒介与新媒介融合，实现媒体、妇联、社会与受助妇女儿童的良性互助；关注维权环境营造，主动为困境妇女儿童发声，积极争取权益保障，确保贫困妇女的安居乐业和困境儿童的健康成长。一是明晰职责，制度保障。全市各级妇联组织把困境妇女儿童救助列为重点考核工作，制定中短期帮扶计划，列出帮扶重点项目，形成帮扶救助的长效机制。同时，制定下发《贫困母亲救助行动实施细则》《“春蕾计划”实施方案》，明确建档立制规定，确保“募集、管理、使用、资助”四透明，提高救助工作公信度。二是注重宣传，广造声势。利用“三八”“六一”等节日，通过《绽放》“淄博女性”“齐心淄博”等媒体平台，刊发“一样六一、别样童年”“让爱心接力，守护稚嫩的向日葵”等专版，翔实感人的系列报道引发社会广泛关注。紧抓“三八”维权周、“12·4”法制宣传日等节点，开展巾帼维权志愿者“进家庭、进社区、到身边”巡讲、法律志愿服务1+1社区结对等活动，营造关爱困境妇女儿童的良好氛围。三是活动引领，扩大影响。聚焦贫困母亲，开展“技术改变生活·帮贫困母亲找份工作”“巾帼脱贫行动”等活动，加强创业就业技能培训、孵化指导，探索

“产业＋企业＋女能人＋项目＋妇女”路径，帮助贫困母亲创业就业。聚焦困境儿童，组织“关爱女孩、关注未来”“爱心献春蕾”“托起女大学生的明天”等活动，全面拓展“春蕾计划”帮扶链条，形成不同学龄阶段的资助体系。

二、立足突破发展瓶颈，不断强化资金救助

积极争取财政支持，广泛募集社会资金，大力开展“信贷助推妇女创业行动”，营造妇女创业创新的社会氛围。一是积极争取项目资金。争取省巾帼示范性贴息239.76万元，扶持63余名女带头人发展家庭农场、农家乐等适合妇女的项目。协调市商贸流通专项资金95万元，助推家庭服务行业困境妇女创业就业。筹措妇女儿童家园专项建设资金440万元，建成省（市）妇女儿童家园50处，针对困境妇女儿童定期开展情感交流、心理辅导，法律咨询等服务。二是广泛募集社会资金。将救助困境妇女儿童工作与创评活动相结合，引导女企业家协会会员企业、各级“巾帼文明示范岗”与困境妇女儿童结对帮扶。“春蕾计划”实施24年来，先后有150多个单位、9 200余人次参与活动，筹集资金692余万元，资助6 450余名贫困女童完成学业。其中，困境女大学生助学行动连续13年资助495人次，社会募集救助资金271.2万元。三是全面推进信贷服务。争取财政、人社等部门支持，联合市担保中心开展“信贷助推妇女创业行动”，5年发放妇女创业贴息贷款9.6亿元，扶持妇女创业4 121人。与齐商银行联合推出“巾帼创业贷”，3年发放贷款17亿元，扶持775个小微企业、城乡妇女创业兴业。同时，联合农业部门发展订单农业，预先解决产品的销路问题，取得良好的经济效益和社会效益。

三、立足增强发展潜力，不断强化培训救助

帮扶妇女儿童摆脱困境的根本途径是提高她们自我救助、自我发展的能力。市妇联加强与部门、学校、企业、基地合作，开展困境妇女儿童培训工

程，变输血为造血，助力精准脱贫。一是实施技能培训工程。依托市妇联创办的淄博阳光职业培训学校，整合全市各级巾帼创业培训、示范基地，通过自办、联办、合办等形式，开展月嫂、家政、电脑、烹饪等培训项目，提高失地失业妇女居家创业就业技能。实施“新型女农民科技培训工程”和“巾帼星火创业培训计划”，针对贫困母亲、大龄“春蕾女童”组织实用技术培训班5期，帮助她们掌握地栽黑木耳种植、草编、美容、美发等技能，实现就业梦想。二是打造乡村培训品牌。在全市实施“新农村新生活”培训，围绕家居美化净化、身心健康、科技致富、文化娱乐等11项特色课程，分类别、分受众、分季节宣讲3 378期，培训农村妇女30万余人次。策划实施“舞动乡村”活动，各级妇联先后协调争取资金102.7万元，为1 320个贫困山村配备音箱设备和照明设施，培训健身骨干9 586人，发展壮大3 236支巾帼健身队伍，唱响“舞动乡村，幸福和谐”主旋律。三是提升培训品牌效益。以困境妇女就业安置为切入点，打造大姐家庭服务品牌，搭建起以妇女就业创业服务中心为龙头，就业安置机构、职业培训学校、家庭服务网络中心、居家养老、家庭服务业协会“五位一体”的家庭服务体系。发挥阳光大姐、安心家政品牌效应，培育淄博阳光大姐家庭服务门店、培训点22家，培训城镇下岗和农村劳动力转移妇女1.8万余人，帮助1.2万余名妇女实现就业。

四、立足推动发展长远，不断强化项目救助

依托市女企业家协会、巾帼文明岗、齐心公益中心等平台和载体，通过项目化运作的方式，分类实施各类项目救助。一是以基地方式培育项目。依托“妇字号”农业龙头企业、专业合作社、家庭农场、农家乐等现代农业经营主体和示范基地，培养巾帼致富带头人，引领带动更多的贫困妇女居家就业增收。市妇联与中国人寿淄博分公司联合命名巾帼居家创业就业示范基地20个，发放扶持资金20万元。目前，全市妇女创办（领办）农家乐、大姐工坊、居家创业就业基地145个，带动4 200余名妇女居家就业。二是以结对方式承接项目。在全市开展“城乡岗村手牵手，共建和谐新农村”结对帮

扶活动，通过“四个一”（即捐建一个巾帼书屋，帮扶一户贫困家庭，开展一次技能培训，解决一个发展难题）、“四送”（即文化宣传送书籍，科技培训送技术，爱心助困送温暖，项目扶持送信息、资金）活动的开展，全市100多个巾帼文明岗、1 392名成员为结对村（家庭）投入资金15万余元，发展项目、解决难题227件次。建立“留守儿童”代管机制，招募“爱心妈妈”“爱心姐姐”与困境儿童结成“心连心”对子，帮助他们健康成长。三是以合作方式运作项目。围绕枢纽型妇联组织建设，创办淄博市齐心公益中心，成立市巾帼志愿者协会，吸纳绿丝带、临淄义工、麦田计划等26家优秀公益合伙人入驻加盟。先后组织生命接力、快乐梦工场、点亮微心愿等志愿服务3 000余场，服务群众7万余人次。利用腾讯公益、众筹网等平台，围绕“最美全家福”“山娃进城看世界”“送我们一张小床吧”等公益项目，帮助微公益团队筹措资金66万元，扶持23个“益她计划”社区社工项目落地实施，为困境妇女儿童提供服务、实现梦想。

五、立足提升发展质量，不断强化健康救助

针对农村“两癌”患病困境妇女，探索建立多部门协作、全社会参与、多元化宣传的救治模式和工作机制。2009年，在全市农村妇女中启动“两癌”免费筛查工作。2014年，积极争取将农村妇女“两癌”检查纳入对各区县科学发展综合考核，并印发《淄博市农村妇女“两癌”检查项目实施方案》，明确用五年时间完成全市61万农村适龄妇女的检查目标。2018年4月，将5 200余名城镇贫困妇女纳入检查范围。各级财政按照人均100元的经费标准按时足额拨付，60万余名妇女接受检查，964名患病贫困妇女获得431.6万元资助。实施“关爱妇女健康—粉蓝丝带行动”，完善建立“知识普及—免费筛查—及时诊治—心理疏导—贫困患病妇女救助”的工作链条。关注困境妇女儿童的身心健康，争取中华慈善总会“关爱女性健康百家慈善体检行动”852万元的项目设备资金，用于淄博女性健康查体；开展预防出生缺陷系列宣传、女性健康教育宣传片展播、妇女健康月等活动，引导妇女儿童提高自我保健意识和能力。争取中国儿童少年基金会弱视专项基金项目支

持，为全市 179 名困难家庭的弱视儿童进行义诊，40 名儿童得到免费救治。联合中国人寿淄博分公司启动“关爱妇女健康·助力精准扶贫”女性安康工程，为 1.1 万余名妇女提供 6.39 亿元的健康风险保障。

打造“爱工惠”会员服务平台 建好会员身边的职工之家

（2017）

近年来，淄博市总工会以增“三性”、去“四化”为目标，主动适应互联网社会快速发展的新形势，建立了线上、线下融合互动的“爱工惠”会员服务平台，倾力打造会员身边的“职工之家”，进一步增强了工会组织的吸引力、凝聚力。

一、坚持问题导向，突破会员普惠服务的制约瓶颈

2014 年 8 月，淄博市总工会启动了工会会员普惠服务工作，在不到两年的时间内，办理工会会员服务卡 56 万张，发展会员服务基地 1 500 多家。但在工作中也发现了一些问题，如优惠服务力度不够大，会员了解信息不对称、不通畅，缺少数据统计分析等问题。这些问题成为制约这项工作健康持久发展的瓶颈，如果不能有效解决，就难以做到真正意义上的普惠。因此，市总工会坚持问题导向，审时度势，创新理念，决定借鉴新的互联网技术和运营模式，依托工会组织的网络优势，打造一款线上、线下双网融合的综合服务平台——“爱工惠”会员服务平台，真正把会员普惠服务工作做深做实做大。

二、坚持高点定位，高端规划，实行一体化搭建

一是品牌化发展。市总工会在创建之初就提出了“出精品”“创品牌”的目标，在国家工商总局注册了商标，设计了“爱工惠”LOGO 和吉祥物，

并在全国范围内征集确定了“‘爱工惠’，您身边的职工之家”的宣传语，经过两年多时间坚持不懈地开展惠员活动和形式多样的宣传，“爱工惠”品牌在职工群众中、在社会上的知晓率越来越高，品牌效应不断彰显。

二是一体化搭建。在系统搭建上，坚持一体化、全方位原则，从功能定位、模块设计等方面，综合考虑、统一谋划，避免各自为战、单项推进，努力形成资源融合、优势互补、运行顺畅的良性局面。对市总工会网站进行升级改建，分别建成了以实现工会业务工会网络化为主的市总工会官网和以为工会会员提供购物优惠服务为主的“12351”爱工惠商城网；把市总工会微信公众号升级为服务号，并对模块、内容进行了全新设计；全新设计开发了爱工惠手机 APP、工会组织和工会会员实名登记管理系统以及多个后台管理系统，从而实现了以手机 APP 为龙头，微信、网站、后台等网络载体各有侧重、相互通联的“一系统多终端”的综合服务平台。工会会员可以从不同终端登录平台，享受到工会组织点对点的维权服务，搭建起工会与职工会员网上互联互动通道。

三是渐进化布局。在功能布局上，坚持从易入难，分步实施，实行功能模块化，先后开发了工会资讯、帮扶救助、法律援助、心理咨询、志愿服务、入会转会、我有话说、素质提升、便民服务、职工社区、婚恋交友等 24 个模块。各模块可以像搭积木一样灵活整合，在手机、电脑上皆可实现，操作简便，互动性强，真正实现工会工作“问计于网、业务上网、服务在网、维权到网”。

三、坚持普惠化服务，市场化运作，增强平台的吸引力

一是电商化惠员。在发挥工会自身优势开展服务的基础上，借鉴 O2O、B2C 模式，开发了商城、团购版块，通过与商家签订服务协议，发展会员服务基地，为会员提供购物优惠。先后签订日用百货、餐饮美食、食品保健、数码家电、休闲娱乐等各类会员服务基地 3 000 余家，其中有 500 多个商家上线入驻平台。工会会员可以通过线上支付或持会员服务卡到店消费，便捷地享受购物优惠，实现了线上、线下一套流程、同等优惠。

二是活动化引领。开发了活动版块，通过在重大节日、重要节点开展形式多样、职工受益的惠员活动，大大增强了平台对职工会员的吸引力。两年来，先后举办了"欢乐六一、冲浪海洋球""月圆中秋、情满'爱·工惠'""万名会员过生日"以及工会惠员日、答题抢红包、幸运大抽奖等200多场会员优惠活动，做到了周周有活动，全年不断线，惠及会员300余万人次。如"万名会员过生日"活动已连续开展了两年，凡注册并实名认证的会员人人皆可报名，每月进行一次抽奖，中奖者只需持平台推送的二维码，到全市60多家平台签约的蛋糕店免费领取一个价值120元以上的生日蛋糕。

三是市场化运作。针对工会缺乏互联网技术人才和市场运营经验等问题，坚持市场化运作方向，以购买服务的方式，依托专业互联网公司——天甲网络公司成立了市总工会网络信息中心，负责技术开发、市场推广、网络维护等工作，利用网络公司市场运营经验发展入驻商家，依靠工会组织网络优势发展注册会员，实现了优势互补，大大加快了建设进度，提高了平台管理运维水平。

四、坚持精准化管理，全员化推进，提高平台运维管理水平

一是精准化管理。开发了工会组织和工会会员管理系统和大数据管理系统，依托会员服务卡对工会组织和工会会员进行实名登记，建立起工会组织和工会会员两个数据库，翔实地掌握了全市工会组织和会员的底数，为做好工会各项工作奠定了基础。工会会员数据库与平台注册会员能够数据通联、信息比对，实现了会员注册、会员服务及考核工作的精准化。

二是数字化考核。将"爱·工惠"平台建设纳入市委对区县经济社会发展综合考核职工权益保障项目，制定了《"爱·工惠"会员服务平台工作考核方案》和实施细则，每月一期《爱工惠专报》，定期调度、通报制度，考核坚持定量与定性相结合，用数据说话，能量化的都量化成指标，为平台建设不断取得突破提供了坚强保证。

三是全员化推进。将"爱·工惠"平台建设作为推进全市工会工作改革

创新的主线和“一号工程”，成立了由主要领导担任组长的“爱·工惠”平台建设领导小组和由主要业务部室组成的联合工作办公室，形成了主要领导亲自抓、分管领导靠上抓、职能部室分工协作的工作格局。制定了《“爱·工惠”会员服务平台运行管理办法》、明确责任分工，细化管理流程，强化协调配合，形成了全会上下、会内会外合力推进的良好局面。

自2016年“五一”前夕上线以来，全市办理工会会员服务卡60余万张，会员实名登记61万多人，注册会员50万人，商城签约会员服务基地3 000余家，通过线上办理和答复职工诉求20 000多条。“爱工惠”建设经验先后七次在全国工会互联网+职工普惠性服务现场会、全国工会基层工作会议、中国工会新媒体建设推进会、全国工会新媒体沙龙、国家网络安全技术高峰论坛等全国总工会召开的会议或培训上做典型发言；“爱工惠”手机APP、微信服务号双双入围全国最具影响力百家工会新媒体榜单；入选淄博市2017年第一批自主改革创新经验并在全市推广，被山东省总工会评为工会工作创新奖。两年来，平台先后接待全总、省总、市委、市政府及兄弟省市工会领导视察、考察、参观70余批次。这项工作得到了各级领导的充分肯定，赢得了广大职工会员的赞许好评。

“爱工惠”会员服务平台搭建起了工会组织与职工会员点对点联系的通道，进一步密切了工会与职工会员的联系，促进了工会工作理念、运行机制、活动方式创新和变革，极大地增强了工会组织对会员的吸引力、凝聚力、向心力，扩大了工会组织和工会工作的社会影响。“爱工惠”平台成为展示工会工作的“新窗口”，工会组织联系职工会员的“新通道”，集聚职工会员智慧和意见的“直通车”，促进工会干部思想观念、工作理念、活动方式转变的“助推器”。

临淄区人社局打破“信息孤岛”构建全领域“大数据”平台
（2017）

临淄区人社局为提高工作人员工作效率，方便办事群众办理业务，将全区城乡居民和法人单位的基本信息进行采集录入，服务对象办理人社业务时原则上只需提供一张社保卡，所有基本信息从数据库系统中自动提取并填充至业务表格中，群众只需确认签字即可办理。通过数据库系统与就业、社保、劳动关系等业务系统相结合，进一步实现了对各项业务工作数据的统计汇总和科学分析。

一、构建全区公共基础信息数据库背景和原则

人社部门承担着就业创业、社会保险、人才开发、人事管理、劳动关系等各方面工作，每一项工作都与群众切身利益息息相关。自 2014 年开始，临淄区人社局对本部门承担的各项业务工作进行了认真梳理，共梳理出业务工作 170 余项。170 余项业务中，多数业务办理均需要办事群众提供不同的纸质表格和证件，每项业务的办理都需要工作人员对办事群众提供的材料进行人工审核。在这过程中，既容易导致工作人员工作效率低、出错率高，又导致办事群众或因不熟悉政策少带材料而多跑腿，或因感觉工作人员效率低而不满意，降低了群众的满意度和获得感。

为切实提高工作效率，全面实现便民利民服务的工作目标，临淄区人社局以“替爹娘着想、为爹娘服务、让爹娘满意”的工作理念，本着让办事群众“不填表、不交证、零跑腿”的原则，经过前期的大量调研和深入酝酿，于 2014 年 11 月正式启动构建全区人力资源和社会保障公共基础信息数据库。

二、公共基础信息数据库主要功能

减少表格证件报送，实现便民利民服务的功能。全区人力资源和社会保障公共基础信息数据库将全区城乡居民和法人单位的基本信息和证件信息采集录入，群众办理人社业务时，只需要提供一张社保卡，其他证件原则上不再提供，业务表格系统自动生成，群众只需签字确认即可，从而改进服务方式，简化办事程序，实现便民、高效服务。

科学整理分析数据，实现领导决策参考的功能。将就业、社保、劳动关系等系统融合，与全市人力资源和社会保障公共基础信息数据库系统相结合，实现对各项工作业务数据的统计汇总和科学分析，为各经办机构提供精准服务，为领导决策提供科学依据。

三、公共基础信息数据库基本情况及主要做法

本着让群众“少填表、少交证、零跑腿”的原则构建人社公共基础信息数据库，以居民就业和参保状态等 54 项基本信息，以及身份证、户口簿、学历证、职称证和职业技能证 5 种证件为主要内容的个人信息库，完成信息采集录入 59.7 万人；以法人信息、社保信息和工商信息等 36 项基本信息，以及“三证合一”后的营业执照和法定代表人身份证两种证件为主要内容的法人单位信息库，完成信息采集录入 3 800 余家。

（一）召开专门会议，梳理工作业务

自全区人力资源和社会保障公共基础信息数据库正式启动建设后，局党委立即组织局机关各科室、局属各单位召开专门会议，要求各科室、单位梳理面向群众提供的服务事项，将每项业务办理所需要的表格和证件一一列出，通过将不同业务办理所需要的表格和证件梳理归并，确定办理业务常用基本信息和证件作为数据库所需采集、扫描的基本数据信息。

（二）发挥宣传作用，营造工作氛围

借助《今日临淄》、“81890”民生热线、区电视和广播电台等媒体热线，利用智慧人社“四通两平台”、区政府网站、《临淄人社》、户外广告屏、区镇村三级基层平台电子显示设备等平台，宣传发布全区人力资源和社会保障公共基础数据库信息采集公告，充分发挥各类宣传媒体的积极作用。同时，印制数据库信息采集宣传材料，张贴到全区每一个村居（社区）、每一栋楼、每一个单元，让群众充分了解情况，做好配合工作，积极营造良好的工作氛围。临淄人社公共基础数据库建成后，《临淄区构建大数据 办理人社业务“一卡通”》等宣传稿件在中国劳动保障报、大众日报、大众网、山东人力资源和社会保障杂志、齐鲁晚报、鲁中晨报、齐鲁网、淄博日报等国家、省、市主流媒体和新媒体进行了对外宣传推广，并在淄博电视台、临淄电视台的新闻栏目进行专题宣传报道，营造良好的工作氛围。

（三）编印信息表格，组织汇总数据

专门印制了数据库信息填报表格，通过各镇（街道）人社所发放到每位群众手中，由群众本人填写完整基本信息后，携带本人户口本、身份证等相关证件，将信息表一同反馈至所在村居（社区）人社服务站，由村居（社区）人社协理员负责将表格中的信息录入，并将证件扫描至数据库中。各镇（街道）人社所工作人员和区局工作人员通过数据库系统对各村居（社区）采集录入的信息进行审核把关，确保每位群众的每项信息真实完整。

（四）结合重点业务，推进工作开展

每年 10 月、11 月为全区城乡居民基本养老保险和医疗保险两费集中征缴月，结合两费征缴工作的开展，要求每位参保群众在参保缴费前先要将个人信息和证件录入扫描至数据库中。同时，结合全区人才资源统计调查工作走村入户的机会，切实做好数据库的宣传和信息采集工作，使群众真正了解数据库的作用，减少采集个人信息时的抵触情绪，配合完成数据库的信息采集工作，早日实现数据库的便民利民作用。

（五）加大督导力度，推动工作落实

局12个业务下沉督导组分别督导各自包建镇（街道）数据库信息采集录入和证件扫描等工作，采取进村入户走访的方式充分了解群众的意见和建议，及时调整相关工作的开展方式和步骤；组织骨干人员赶赴镇（街道）现场指导信息录入和证件扫描工作，全面推动工作落实。同时，制发工作简报，对各镇（街道）工作开展进度进行即时通报，督促各镇（街道）严格按照区局安排部署，按时、按质完成数据库的信息采集录入和证件扫描等各项工作。

（六）加强应用，办理业务全面使用数据库

自2016年起，临淄区、镇、村三级办理人社业务全部使用数据库校验证件、打印业务表格，群众办理业务全部使用社保卡，最大限度方便群众，提高工作效率。

四、下一步工作

推进数据共享，实现城乡一体化发展。以人社部门公共基础信息数据库为基础，推进政府不同部门之间数据资源的汇集和发掘，以数据资源的高度融合实现各种智慧应用的集成，实现由人社公共基础信息数据库向城乡一体化公共基础信息数据库的跨越发展。在市政管理、城乡环境、农村生活、社会救助、养老服务和计生服务等方面，推广大数据应用，不断满足群众日益增长的多样化需求。

大力推广“共同体 + 联盟”办学模式 推动城乡教育均衡发展

（2017）

按照淄博市委改革办《关于推广推介2017年第一批自主改革创新经验的实施意见》部署要求，淄博市教育局会同桓台县、高新区，在对“共同体 + 联盟”办学模式的经验做法、改革成效及典型意义进行提炼总结的基础上，积极开展了推广推介工作，有效推动了城乡教育均衡发展。

一、明确工作任务，建立工作机制，高效有序做好改革创新经验推广推介工作

市教育局印发了《推广推介“共同体 + 联盟”办学模式，推动城乡教育均衡发展的实施方案》，明确发挥优质教育资源的辐射带动作用、推进“县管校聘”制度改革，持续深化校长教师交流轮岗、建立“共同体 + 联盟”办学模式推进机制3项目标任务，大力促进区域校际联合发展，构建义务教育学校管理新格局。在2017年全市教育工作会议上对推广推介“共同体 + 联盟”办学模式工作进行了部署动员。桓台县、高新区制定出台了《深化“共同体 + 联盟”办学模式的实施方案》，其他各区县教育（教体）局均紧密结合自身实际，制定了推广实施方案，进一步明确了指导思想、任务目标、工作重点、方法步骤、推进措施、责任分工、组织领导等，确保推广推介工作按要求顺利进行。

推广推介过程中，市教育局定期向市委改革办汇报工作情况，同时强化调度指导，坚持统筹推进，确保工作向纵深推进。

一是纳入市教育局2017年全面深化改革总布局。将“共同体 + 联盟”

办学模式推广推介工作作为推进全市基础教育综合改革的重要举措，纳入2017年改革任务台账，进行立项分解，明确起止时间、成果形式、责任科室等，进行跟进督导和评价，确保推广推介工作顺利实施。

二是定期对各区县工作情况进行调度考核。对各区县工作开展情况进行“一月一调度、一月一考核”，纳入“十个新突破”的教育改革创新事项进行考核评价，充分发挥考核评价的导向和督促作用，强化工作指导。

三是强化宣传引导工作。结合全市“深化改革惠民生”宣传重点，市教育局、各区县教育（教体）局积极通过媒体开展多种形式的推广推介活动。《山东教育报》、省教育厅官网、《淄博日报》等媒体多次对淄博市“共同体+联盟”集团化办学工作和成效进行报道，取得了良好的社会效应。

二、结合实际，突出特色，充分发挥“共同体+联盟”的优势效应

各区县教育（教体）局立足区（县）域教育工作实际，坚持“规定动作”与“自选动作”相结合，创新“共同体+联盟”集团化办学模式，积极搭建优质资源共享平台。全市共有333所学校形成教育共同体、联盟、集团88个。

（一）实现体制机制创新，将“共同体+联盟”的办学模式向更大范围推进

张店区以“探索多元化办学模式，扩大优质资源辐射力”为重点，将普通高中、民办学校和幼儿园纳入集团化办学模式。组建由市实验中学、区实验中学和区实验小学组成的基础教育学习联盟；潘南小学、杏园小学、区实验中学组成的信息化学习发展联盟；祥瑞幼儿园、祥瑞园小学和张店八中组成的基础教育学习发展共同体三个特色发展共同体。同时，组织民办淄博新大地学校与4所公办学校结成教学联盟。根据学校的发展和位置情况，将全区学校划分为10个片区，包括小学7个片区，初中3个片区，并在学校管理、职称评聘、发展性督导评估、教育教学、教师队伍、办学资源、研修学

习等方面深度融合、紧密共享。淄川区实施“总校校长—总校分管校长—分校校长”三级管理模式。区属学校与远郊镇学校采取行政主导组合与学校自主组合相结合的方式结为了教育联盟。目前以4所区属初中为龙头与19所初中学校分别结为4个片区，以5所区属小学为龙头与18个镇小学分别结为5个片区。高新区坚持在优质学校、幼儿园输出品牌、师资、管理上下功夫，使集团内的优质学校、幼儿园在引领新建及薄弱学校、幼儿园提高教育质量的同时，进一步提升发展层次，使教育集团的整体教育水平达到甚至超过原有优质学校、幼儿园的水平，实现“1+1>2”的办学效果。

（二）以考核评价、督导激励为抓手，促进集团化办学协调发展、共同发展

临淄区深入实施“4321”工程，推动城乡教育均衡发展。“4”是指每4所学校组建一个发展共同体。全区所有中小学共分为了14个发展共同体。“3”是指构建三种评价模式。基础性指标评价、自主发展评价和群众满意度评价。“2”是指落实两种奖励政策。对先进学校进行荣誉表彰，每年拿出300万元对共同体学校进行资金奖励。“1”是指开展一次观摩点评活动。每年度组织一次自主发展观摩点评活动，观摩点评结果作为考核发展共同体的重要依据。淄川区、博山区明确了相关镇办、部门、教育集团的责任义务，建立了集团化办学督导考核评价机制，发挥督导职能，强化督导结果的运用，及时发现、研究解决工作运行中存在的困难和问题，确保集团化办学工作取得实效。沂源县确定11处城区优质资源学校（幼儿园）分别与11处农村薄弱学校（幼儿园）结成城乡帮扶“共同体”，实施“捆绑式”考核，全面提升共同体学校整体水平。

（三）持续凝聚理念共识，促进资源共享、优势互补、品牌共建

周村区通过管理共建、教学交流、资源共享，促进共同体之间、联盟之间的交流协作，既体现了学校的办学主体地位，又实现了学校间有效帮扶、共同发展。桓台县将24所学校纳入集团化办学，占全县义务教育段学校的50%。计划到2020年，集团化办学基本覆盖县域内所有义务教育段学校。高

青县每个共同体设总校和分校，同一共同体内相同年级、相同学科的所有教学研究活动统一进行，构建以强带弱、以强促弱，教育管理与学科质量共同提升的有机发展整体。

三、“共同体+联盟”集团化办学模式成效显著

通过推广推介“共同体+联盟”集团化办学模式，实现教育公平从机会均衡向教育实际获得均衡的转变，教育资源由分散独立到集约共享的转变，有效促进了全市教育内涵提升、均衡发展。

一是优质教育资源辐射带动促进了资源整合、优势互补。“共同体+联盟”集团化办学模式实现了教师资源共享、课程建设共享、教学研究共享、教育资源共享等，有效满足了广大群众对优质教育资源的需求，为构建义务教育学校管理新格局发挥了重要作用。

二是有效破解了“农村教师‘留不住’，城区教师‘下不去’”的难题。“共同体+联盟”办学模式进一步深化了校长教师交流轮岗工作，通过持续推进城乡学校之间、优质学校与薄弱学校之间骨干教师和优秀管理干部的交流，打破人事关系壁垒，形成了“校际共享、互动双赢”的人才交流机制，促进了教师队伍素质的整体提升，推动了城乡义务教育均衡发展。

三是教学质量提高让孩子能在家门口接受优质教育。通过优质教育资源的共享和辐射，有效提高了农村学校、薄弱学校的管理、师资和教学水平，实现了办学水平的整体提升，解决了学生骤减、教育资源闲置等问题，“择校风”得到有效缓解，群众满意度进一步提升。

四、存在问题和下一步打算

一方面，各区县“共同体+联盟”集团化办学方面还存在不平衡。虽然各区县按照相关要求积极开展了推广推介工作，集团化办学和一体化发展水平明显提升。但是受限于区县教育工作基础的不平衡，在工作起点、推进措施，取得成效方面还存在差距，对照人民日益增长的对高品质教育的需求，

还存在不平衡不充分的问题。

另一方面，在进一步总结提炼工作经验，服务城乡教育一体化发展方面还需要提升。主要表现在工作总结提炼不够，提炼精度不高，组织宣传效果还不够明显。在如何建立长效机制、持续深化工作成效方面的思考还不够深入。

下一步，市教育局将继续按照市委全面深化改革工作要求，结合落实《淄博市人民政府关于贯彻鲁政发〔2017〕24号文件统筹推进县（区）域内城乡义务教育一体化改革发展的实施意见》，持续完善推广推介工作机制，加大典型推介力度，抓常态，求长效，推动“共同体+联盟”办学模式出亮点，出特色，促进城乡教育均衡发展，让改革成果更多惠及广大群众。

探索运用大数据理论
构建“互联网+家校共育”新机制
（2017）

经过多年的探索实践、积累沉淀、总结反思、凝练提升，淄博市总结提出了基于互联网基础上，适用于全市、区县、学校三级基础教育信息化的总体发展思路，即以教学、学习、检测、评价和管理五个方面为着力点，探索推进“互联网+家校共育”新机制。探索实践了自带设备学习、网络教研、优化作业设计、教育满意度网上测评、“我读·我创作”读书节活动及一批信息化教学应用项目，全面提高了基础教育信息化应用水平。

一、平台支撑：搭建具有淄博特色的“互联网+”云服务平台

以满足“互联网+教、学、测、评、管家校共育”要求为需求，构建淄博市、区县两级公共资源服务平台。到2017年，市、区县已基本完成教育资源公共服务平台建设。各区县平台已完成注册教师30 243人，学生307 264人，区县平台满足服务区域内所有幼儿园、小学、初中和所有学生、教师教、学、测、评、管家校共育需求。全市基本实现各级各类学校、幼儿园宽带网络互联互通，全市所有中小学实现“宽带网络校校通、优质资源班班通、网络学习空间班班通”。

为推进全市教育信息化建设，淄博市自2009年先后启动了中小学数字化校园、数字化幼儿园、数字化特教学校建设，目前有438所（占97%）普通中小学和304所（占38%）幼儿园创建为数字化校园，为教师、学生、家长利用资源平台推进教、学、测、评、管家校共育奠定了良好的基础。2018年

起，将启动新一轮智慧校园建设。

二、推进“互联网+教学测评管家校共育”新机制建设

（一）“互联网+教”：构建了网络教研新模式，实现了智慧资源共建共享

在推进信息技术与教育教学深度融合的进程中，为推进优质资源共建共享，促进城乡教育优质均衡，2008年开始，淄博市启动了网络教研，解决了研修、异地互动交流等问题，实现了即时提问、即时交流研讨。建立完善了网络教研落实机制，确定了网络教研流程，确保了网络教研常态化、规范化和高水平、高质量运行。据统计，每学年义务教育段组织网络教研45次，100多位主讲教师，近6万多人次参与教研研讨。普通高中网络教研实现知识体系全覆盖。

（二）“互联网+学”：探索构建了具有淄博特色的全域性BYOD数字化学习（自带设备学习）新模式

自2005年开始，淄博市在中小学陆续推广了英语学习、超级画板（几何画板）、思维导图、仿真实验、谷歌地图、数字美术、数字音乐、新字典、数字书法等学科教学应用项目。这些项目融技术于课程和学习，与学科教学紧密结合，突破传统教学的局限，借助技术解决教学难点和重点，有效激发了学生的学习兴趣和积极性，使教师主导的教转变为学生自主的学，变革了传统的教学流程、教学策略和教学模式。

自2006年开始，探索实践BYOD数字化学习模式。目前，全市173所中小学595个班30 000余名学生开展BYOD数字化学习。与数字化学习有机融合，推广了一批成熟的信息化教学应用项目。

例如淄博市组织的中小学生读书节活动创新活动方式，积极打造“互联网+我读、我创作”读书活动品牌，借助网络平台展播读书节优秀活动方案、学生优秀创作作品，网络投票评选。培养了学生良好的阅读习惯和创作

热情，大数据了解掌握了学生的阅读数量、阅读兴趣，同时推进了亲子共读、家校共育。

（三）“互联网＋测”：区县加强作业管理、优化作业设计

2016年启动基于“互联网＋”环境下的中小学优化作业设计与管理，制定下发了《关于加强全市中小学作业管理优化作业设计实施意见》，目标是控制作业数量，提高作业质量，减轻学生课业负担，实现作业大数据分析，可视化精准指导，促进城乡均衡。各区县教研部门教研员牵头，组建骨干团队，建成了覆盖小学语文、数学、初中语文、数学、外语、物理、化学共各学科分单元分课时的全套优质作业资源库，共建设1 332套作业资源，并借助移动终端实施作业审核、推送、提交、批改的网络化和学生学习作业的大数据分析，学生在线提交作业，教师在线批改作业、在线数据分析、统计作业质量，精准把握学情，极大地提高了学习成效。仅2016～2017学年度第一学期，优化作业项目就有3 686名教师，共计布置37 778次线上作业，总题量近40万道，78 067名学生总提交作业数92万次。优化作业设计项目既促进了课程资源开发与建设，也提高了教师作业开发设计能力，对减轻学生课业负担、促进城乡教育均衡发展起到了积极作用。

（四）“互联网＋评”：首创中小学学生家长教师全员化教育满意度测评

按照信息化、全员化、可视化、准确化要求，自2014年开始借助互联网组织开展了全市中小学教育满意度测评工作。2017年，全市家长、学生参评539 066人次，参评率达99.82%，小学、初中、高中满意度分别达89.87%、92.36%、97.24%，比上年分别提高8.73、5.88、2.39个百分点。为深化结果运用，市区教育部门及学校对测评结果进一步进行数据挖掘分析和可视化呈现，分析到每一个区县、每一所学校、每一个班级、每一个学科，形成市、区县、所有中小学分析报告574份，梳理出学生、家长和教师等层面的各类问题5 200余个，并坚持问题导向，制定了整改方案，责成限时整改，实现了对区县和学校教育的科学评价和精准指导。

（五）“互联网＋管”：在“互联网＋教、学、测、评”的基础上，构建各类数据仓库，通过大数据分析评价实现“互联网＋管”

通过创新基础教育信息化管理应用，系统构建教、学、测、评、管各类数据仓库，通过大数据分析和可视化实现对区域基础教育管理、学校教育教学和学生综合发展的科学评价和精准指导，促进家校共育系统化、常态化，促进淄博教育和谐发展，教育质量持续提升。目前，淄博市已初步构建起了学籍大数据、队伍大数据、调研大数据、活动大数据、评教大数据、评价大数据、课堂大数据、阅读大数据、作业大数据、资助大数据、质量大数据等。在教学测评管新机制的建立过程中，每一个环节都以家校共育为途径、渠道、手段、目标，以求实现每个过程每个环节的家校共育。

技术引领变革，技术推动变革，技术实现变革。信息化正一步步将淄博市教育改革创新引向深入，最终构建起“网络化、数字化、个性化、终身化”的教育体系，建成“人人皆学、处处能学、时时可学”的学习型社会，培养一批批祖国需要的创新人才。

探索创新“互联网+养老”服务助推居家养老更智慧

（2017）

近年来，淄博市各级民政部门围绕“四位一体、组群统筹、全域融合”城市工作思路和“十个新突破”工作重点，认真贯彻落实《关于加快发展养老服务业的意见》（淄政发〔2015〕11号）和《关于加快推进养老服务业转型升级的实施意见》（淄政办字〔2017〕13号），创新社区“互联网+居家养老”服务模式，突出居家和社区在养老服务体系中的基础地位，满足老年人居家、依托社区享受养老服务的愿望和需求。

一、积极搭建居家养老服务平台

居家养老服务平台充分利用互联网技术，将老年人养老服务需求、社区养老服务组织进行有机整合，通过话务平台转接的方式，为居家老人提供家政服务、康复护理、医疗保健、配餐助急、维修安装等上门服务。目前，建成并运行良好的有张店区“12349”平台、博山区“12349”养老服务平台、临淄区善慈轩家政服务公司建设的“12349”养老服务平台，已建成并运行的有市“12349”养老服务平台、高青县依托万邦家政公司建设的“12349”平台、周村区依托阳光家园建设的“12349”养老平台，以及高新区、淄川区、沂源县养老服务平台。

二、创新“互联网+居家养老”服务主要经验和成效

张店区世纪花园、博山区“12349”养老服务平台以家庭为核心、以社

区为依托、以专业化服务为支撑，利用“互联网+养老服务”，整合社区服务资源，为居家老人提供养老服务，打造了没有围墙的养老院。

（一）实现日常服务功能全覆盖

利用“互联网+”，融合大数据储存、即时全程录音、GPS定位、视频主动关怀等功能，实现老年人、话务员、服务商三方同时通话，为老年人提供咨询查询、接单派单、上门服务，使老年人足不出户就可以享受养老护理、家政服务、代办代购、维修安装、医疗保健等服务，实现日常功能全覆盖。

（二）文体娱乐活动有场所

在社区服务中心设立书画室、棋牌室、健身室、老年学堂等，满足老年人文体娱乐活动。有专业特长的老年人利用老年课堂，进行讲授医疗康复、健身辅导、心理咨询等“互助养老”。

（三）困难老人有照料

对失能老年人及子女无暇照料老人，社区服务中心具备生活照料、保健康复等日间托老功能。同时，平台服务组织提供就餐或配送餐上门服务。

（四）医疗和养老相结合

开展“互联网+医疗服务”，加强与山东省立医院、山东齐鲁医院、淄博市第一医院的对接合作，引进具有身份识别、云端数据处理等六大功能的健康管理云平台，提供健康体检、健康指导、健康咨询等自助健康管理服务，建成社区远程诊疗中心，实行分级监护和远程诊疗，为有需求老人提供健康体检、健康指导、健康咨询等健康管理服务。

（五）家庭远程视频看护

世纪花园养老服务中心安装了智慧家庭视频系统，老年人家属可通过App终端，用手机进入智慧家庭远程看护服务系统，全方位了解不能自理、因病致残等需要照顾的老年人生活、起居等在家的情况。老年人的家属有事需要短暂外出，留生病老年人自己在家时，家属可以向中心求助。

（六）鼓励养老志愿服务

大力弘扬“奉献、友爱、互助、进步”的志愿服务精神，借助“12349”居家养老服务平台，专门设立“爱心储蓄银行”，把志愿服务“爱心时间”累加，既可向“存折”储蓄，也可从“存折”支取“爱心时间”，吸引了更多的志愿服务者通过“一助一”“多助一”等形式，结对帮扶孤寡老人、残疾人、空巢老人等困难家庭，帮助老人做饭、打扫卫生，陪老人聊天、散步、外出购物。

（七）自助服务终端机选择自助服务

平台建成集便民服务多功能的自助服务终端机，可为社区居民提供网上商城、信息发布、家政保洁、家电维修、管道疏通、智能医生、居家养老、社区厨房、手机充值等各方面的生活服务。

三、推进“互联网+居家养老”服务模式健康发展

下一步，淄博市民政局将按照《关于创新社区“互联网+居家养老”服务模式改革工作的实施方案》，推动建立区县养老服务平台建设，复制推广社区居家养老服务中心经验做法，扶持社会组织、企业运营养老服务信息平台、日间照料中心，实现连锁化、品牌化、规模化服务。坚持示范引领，重点推进，全面提升，确保社区“互联网+居家养老”服务模式改革工作顺利实施。

“互联网+全市中小学教育”满意度测评（2018）

近年来，淄博市教育局以办人民放心满意的教育为出发点和落脚点，全面树立教育服务意识，围绕提高基础教育管理科学性和有效性，探索创新基础教育管理和评价，积极构建“中小学全员化教育满意度网上测评”教育评价新机制。中小学全员化教育满意度网上测评是对教育内部评价的有益补充，使得教育评价更加科学、合理和完善，赋予评价结果的内涵也更加宽泛、指导更加精准，对于促进学校科学管理、实现全市基础教育的科学、健康、可持续发展起到了不可估量的作用。淄博市首创中小学全员化教育满意度测评被评为2018年全市第一批创新改革经验和省基础教育信息化应用典型案例。

一、问题的提出

近年来，按照“怎么管”的设计思路，不断优化完善基于大数据理论支持的教育内部评价机制，在区域教育和学校教育考核评价方面做了积极探索，形成了较为完善的教育内部评价机制，评价成效初显，全市教育教学质量稳步提升，近年普通高考成绩高位逐年提升。全市教育质量已经进入又一个高原期，那么，面对这样的局面，如何实现教育质量的再提升？我们适时提出向科学合理的教育评价要质量的发展思路。

教育评价是提高基础教育管理效益和教学质量的重要抓手，科学、全面、合理的评价能起到正向激励作用。因此，我们致力于改革完善教育评价内容和方式，2016年首创基于信息化支持的中小学学生、家长、教师全员化教育满意度网上测评，形成了教育内部评价和教育外部评价相结合的教育评价机制，并获得当年度全市十大教育新闻之一，引起了家长社会的广泛关注，畅通了家校共育渠道，真正让学生、家长和社会的意见建议落到了实处、起到了作用、见到了成效。教育评价机制的改革和完善是在启动"互联网＋家庭教育"工作，全面提高家长素质、提升家庭教育水平的基础上应运而生的，家长素质的提升是凝聚家校共育合力的基础，是提高教育评价质量和信度的关键。另外，也是构建现代学校制度、充分尊重学生教育主体和家长、教师对学校教育发展知情权、参与权、监督权、评价权的具体体现，让家长真正体验到参与教育管理的归属感和主人翁意识是办人民放心满意教育的真实体现。

二、解决策略

（一）创新管理思路

在完善教育内部管理评价机制的基础上，转变管理思想、管理思路和管理方法，逐步从关注教育内部评价向教育外部评价转变，更加关注学生评价、家长评价和教师评价，实现科学管理，努力促进家校沟通，凝聚家校共育合力，促进全市教育和谐发展。

（二）创新评价方式

按照"样本＝总体"的大数据基本理论，借助信息化手段进行全员化的满意度测评数据收集汇总，对于采集到的海量数据信息进行数据仓库构建、数据挖掘和可视化呈现，实现了对区域教育、学校教育、学生个性化发展的准确评价和问题诊断，实现了便捷、高效、精准的教育评价。

（三）创新评价导向

评价引导更加关注学生、关注家长、关注教师，有利于促进学校更加关注家长、学生和教师的意见和建议，提升学校管理水平；有利于促进学校更加关注教师的专业发展，提升教师专业素养；有利于引导教师注重面向全体学生，关注每一个学生发展，促进学生全面发展。

三、具体举措

（一）完善评价内容

完善教育评价内容是实施科学评价的基础。按照“依法办学、自主管理、民主监督、社会参与”的现代学校制度建设要求，充分尊重家长知情权、参与权、监督权和评价权，我们把教育评价范围向学生、教师、家长和社会延伸，在2014年、2015年高中教育满意度测评的基础上，2016年起全面启动全市中小学学生、家长、教师全员化教育满意度测评。设计学生问卷、家长问卷和教师问卷三类。学生和家长问卷测评内容涉及学校管理、师德师风建设、校园安全、班级管理、教师评价、课业负担、后勤服务等层面的满意度测评和情况调查。教师问卷涉及学校办学水平、办学思想、干群关系、学校教育教学管理、内部考核评价机制、教师专业发展和教师工作积极性等方面的调查测评。

（二）完善评价方式

面对评价内容多、参评范围广、评价对象多、评价数据信息量大等现状，传统评价费神费事、劳民伤财，而且无法实现评价预期。因此，如何实现快捷高效评价成为提高基础教育管理和评价的关键。经过积极探索和实践，我们借助移动终端和大数据分析使教育评价成为可能，全面实现了测评信息化、参评全员化、结果可视化、评价准确化的评价要求，连续四年借助互联网手段创新性组织开展了全市中小学学生、家长、教师120万余人次全员参与的全市中小学教育满意度测评。以2017年为例，全市在籍学生人数为453 916人，学生家长参评人数为453 104人，参评率为99.82%，对学校总体评价优秀率为92.16%；高中学生参评人数85 962人，参评率为99.98%，对学校总体评价优秀率为97.48%；专任教师35 821人，参评人数为35 788人，参评率为99.91%，对学校总体评价优秀率为95.75%。为扩大教育满意度测评社会影响，树立和维护教育形象，市、区县教育行政部门和中小学校精心组织、突出落实，通过致学生、家长、教师的一封信等形式、借助多种媒体手段进行广泛宣传，宣传到每一位学生、家长和老师，确保了广大师生和家长认识到位、态度到位、参与到位、评价到位，最大限度地提高评价结果的信度和效度。

（三）科学分析评价结果

为实现评价效益的最大化，市教育局组织区县和学校对中小学教育满意度测评数据进行了多维度深度挖掘分析，按照市、区县、学校、班级、学科、教师等不同层面分析测评结果，全面梳理区域间、学校间、班级间、学科间、教师间的纵横向差距和测评中学生、家长评价反映出的各类问题5 200余个，形成各个层面的教育满意度测评分析报告491份，提出不同层面的意见和建议，实现了对各个层面教育教学工作的精准指导。

市区县域内、区县间、学校间、班级间、学科间、教师间，在学校办学水平、师德师风建设、校园安全、班级管理、教师评价、课业负担、后勤服务、办学思想、干群关系、学校教育教学管理、内部考核评价机制、教师专业发展和教师工作积极性等方面的数据分析样例（见表1及图1～图5）。

表1　　全市各项目满意度数据分析

学段	单位	学校办学			班级管理		学科教学		师德修养		宿舍管理		食堂管理	
		学生	家长	教师	学生	家长	学生	家长	学生	家长	学生	家长	学生	家长
小学	张店区	74.63		88.84	79.63		80.00		81.33		—		—	
	淄川区	84.12		95.61	87.42		88.72		89.63		—		—	
	博山区	76.87		91.08	81.91		81.55		82.62		—		—	
	周村区	75.79		93.57	79.58		81.96		83.27		—		—	
	临淄区	86.30		96.68	89.37		90.45		91.21		—		—	
	桓台县	84.94		97.25	87.53		88.34		89.19		—		—	
	高青县	83.82		94.90	86.47		87.19		87.62		—		—	
	沂源县	84.83		95.77	88.41		89.25		90.24		—		—	
	高新区	83.43		95.30	86.68		88.30		89.28		—		—	
	文昌湖	64.50		90.74	70.50		74.04		76.14		—		—	
	全市	81.14		94.09	84.90		85.69		86.69		—		—	

续表

学段	单位	学校办学			班级管理		学科教学		师德修养		宿舍管理		食堂管理	
		学生	家长	教师	学生	家长	学生	家长	学生	家长	学生	家长	学生	家长
初中	张店区	92.03	85.23	92.83	92.51	87.76	94.30	89.34	95.31	90.45	88.85	86.83	79.23	77.70
	淄川区	94.21	89.83	94.43	94.83	91.75	95.71	93.11	96.34	93.81	90.88	91.03	83.84	85.23
	博山区	86.88	78.91	91.06	88.02	82.40	88.86	84.01	90.48	85.76	80.31	79.90	73.85	73.68
	周村区	91.01	82.83	95.39	91.49	85.35	92.67	87.54	94.00	88.89	86.72	85.29	81.13	80.01
	临淄区	95.18	89.16	96.92	95.34	90.98	96.07	92.69	96.81	93.50	92.42	90.28	87.09	85.30
	桓台县	93.60	90.66	94.34	93.70	91.97	95.35	92.87	96.15	93.47	89.48	90.67	84.46	86.97
	高青县	87.53	83.34	92.19	89.03	85.96	90.84	87.96	92.22	89.17	77.46	79.16	67.62	71.86
	沂源县	90.17	86.04	94.57	91.36	88.37	92.59	90.21	93.42	91.09	82.63	85.45	73.67	77.81
	高新区	92.40	88.02	92.92	93.23	89.76	94.59	91.11	95.72	91.94	87.79	85.54	77.15	79.35
	文昌湖	87.08	85.12	96.99	89.51	85.81	92.07	89.68	92.67	90.14	83.09	85.38	79.00	82.18
	全市	91.86	86.48	94.12	92.52	88.69	93.82	90.29	94.79	91.27	86.13	86.14	79.30	80.24
高中		95.51	94.18	95.01	96.18	94.85	96.57	95.39	97.32	95.96	92.01	91.60	90.17	90.44
总计		87.91	85.74	94.30	89.93	88.31	90.84	89.34	91.75	90.45	89.07	88.87	84.74	85.34

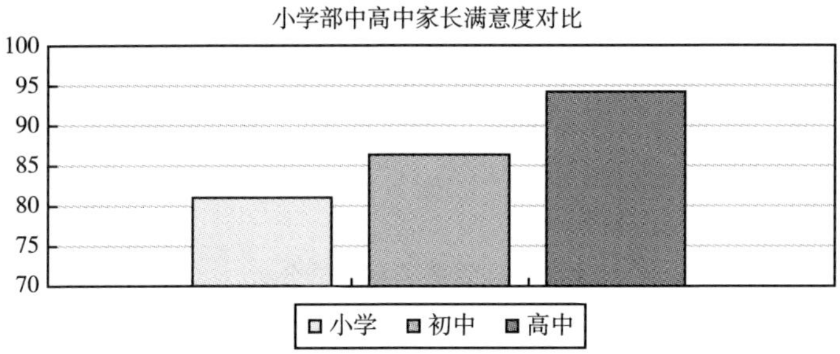

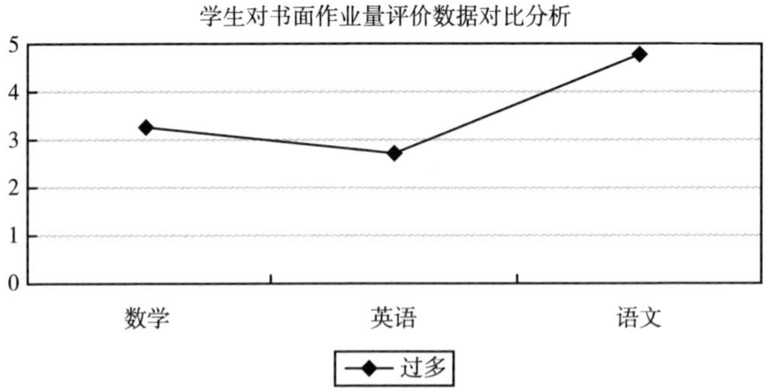

图 1　学生家长对学校办学水平评价数据对比分析

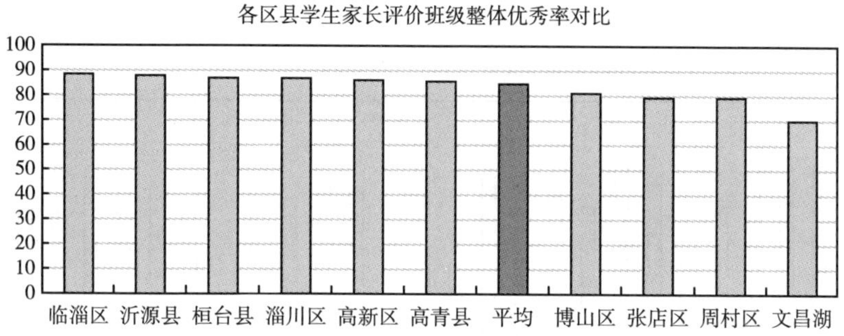

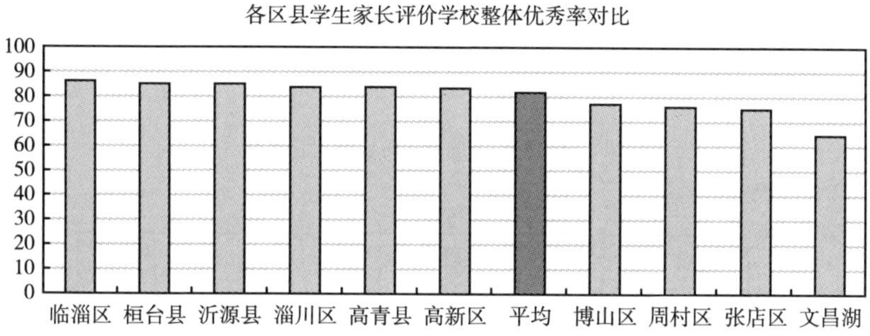

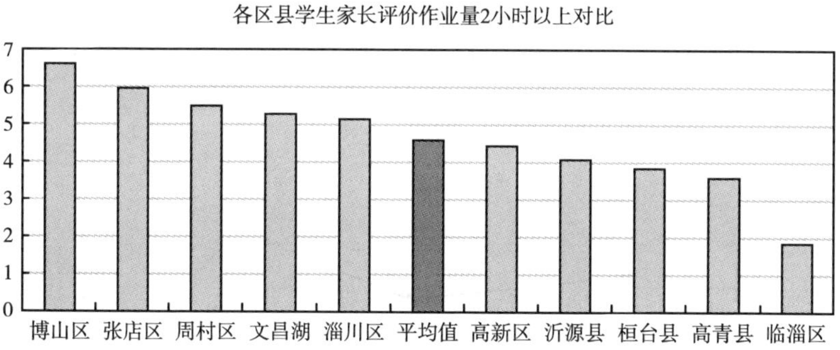

图2　区域间各层面数据对比分析

学生家长对学校办学水平评价数据对比分析

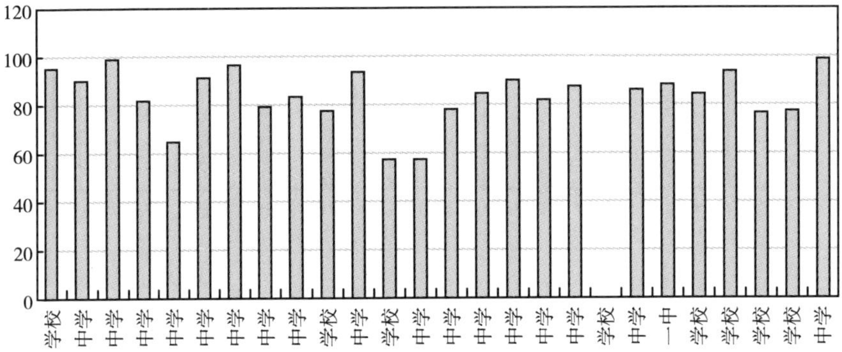

学生对学校班级管理评价数据对比分析

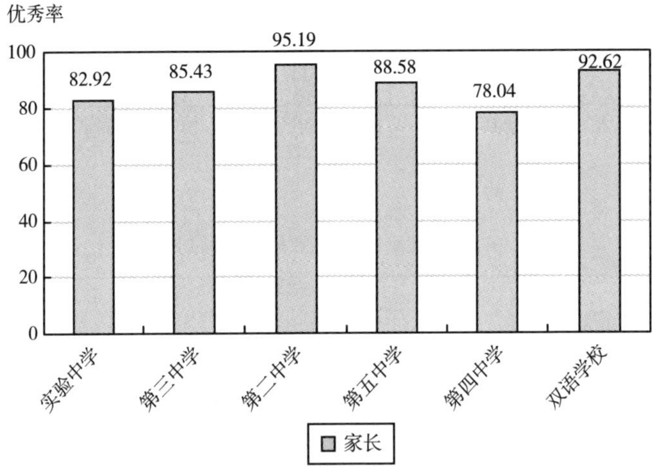

图 3　学校间各层面数据对比分析

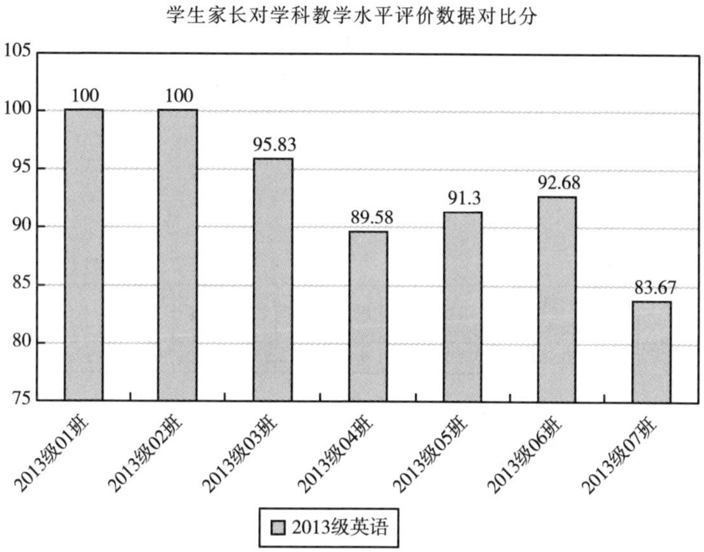

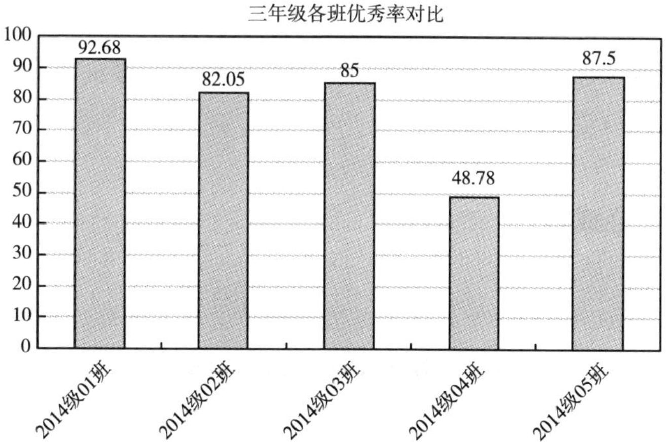

图 4　班级间各层面数据对比分析

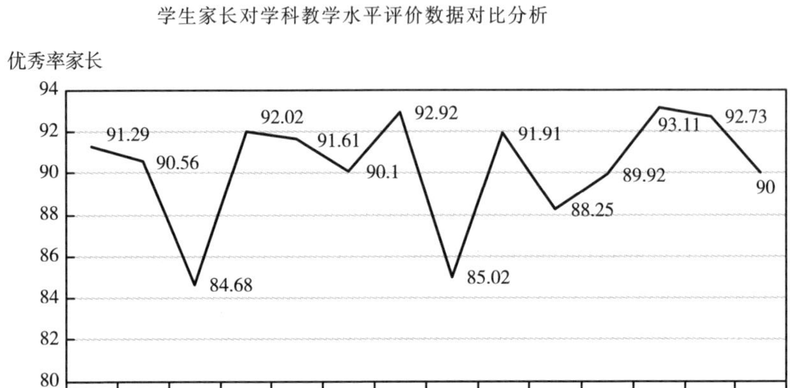

	体育	信息技术	化学	历史	地理	思品	数学	物理	生物	综合实践	美术	英语	语文	音乐
—优秀率家长	91.29	90.56	84.68	92.02	91.61	90.1	92.92	85.02	91.91	88.25	89.92	93.11	92.73	90

图 5 学科间各层面数据对比分析（例）

（四）跟踪落实评价成效

市、区县教育行政部门和中小学校坚持问题导向，通过对测评结果的大数据分析，全面梳理测评中所反映出的学生、家长和教师各个层面的各类问题，认真分析原因，制定整改方案，突出整改重点、明确整改措施和整改时限，确保整改工作责任到位、落实到位。学校整改方案在校园网进行公示，整改取得的成效定期向社会公布。

四、社会成效

市教育局将全市中小学教育满意度测评结果纳入区县教育现代化测评和高中考核的总体评价，同时，作为市级文明校园评选、校长职级制评选的重要参考依据之一；区县教育行政部门将测评结果纳入对学校的年度综合考核评价，作为综合督导评估、评优树先的重要依据；中小学将测评结果纳入对教师、班级和学科教学的考核评价，作为学年度考核、职称评审、评优树先的重要依据。市区县和学校对教育满意度评价高度重视，认真组织，学生、教师和家长积极配合，客观评价，发挥了教育评价应用的导向作用，教育满意度持续提升，2016年省科学发展观考核义务教育事项列全省第六名，比全省平均分高出1.77分，比全市六项工作平均分高出5.67分。2017年全市教育满意度测评小学、初中、高中满意度分别达89.87%、92.36%、97.24%，比上年分别提高8.73、5.88、2.39个百分点。2017年，省对地市教育满意度测评中，淄博市教育满意度获得全省十七地市第1名的优异成绩。市教育局这样顺应民意、主动作为、广纳建议的举动，充分体现了强烈的教育服务意识和敢于公开接受评价的担当精神，赢得了家长和社会的广泛点赞，对提升全市教育满意度、促进全市教育健康发展、教育质量持续提升起到了极大的推动作用。

五、问题与思考

诚信评价问题是困扰教育满意度测评的主要问题和症结。由于评价结果的高含金量和学校参与组织的评价现状，使得评价过程难以摆脱学校组织和干预评价结果的痕迹，评价结果的信度也随之逐步降低。对此，我们早有考虑，在实施评价的初始几年内，存在着学校对评价干预度低、评价信度高的现状，但是，随着评价组织的逐步深入，学校对评价干预度会越来越高、评价信度会越来越低。针对这种情况，我们也在积极探索改进教育满意度测评方式方法，落实第三方评价，最大限度地减少或者弱化学校在教育满意度测评中的组织者身份和功能，简化程序、减少中间组织环节，直接面对家长和社会进行测评，实现全市中小学教育满意度测评的全面公开和常态化运行。

“互联网医院＋家庭医生”创新智慧医疗服务机制（2018）

家庭医生签约服务是中央深改组第23次会议确定的重要改革事项，是形成基层首诊、双向转诊有序就医格局的基础。为解决优质医疗资源不足与群众医疗健康需求之间的矛盾，临淄区、高新区创新推行“互联网医院＋家庭医生”服务机制，打造“智慧家医”平台和健康管理服务网络信息平台，通过互联网、物联网、大数据等现代技术手段，整合医联体建设优势资源，使家庭医生、网络医院、智能医疗等服务融为一体，为群众提供便民、高效、快捷的全方位全周期健康服务，提高群众获得感、满意度。

一、以“互联网＋”为媒介，盘活家庭医生签约资源

近年来，医疗需求的快速释放使医疗资源供给问题逐渐凸显，家庭医生签约服务盘活了基层医疗资源，“互联网＋”的介入可在更大程度上实现优势资源的整合。临淄区、高新区坚持问题导向、立足实际，搭建“智慧家医”和健康管理服务网络信息平台，建立了管理端、医生端、居民端三个终端，为家庭医生签约服务管理、医患互动、居民自我健康管理提供了便利。

（一）政府主导，资金保障，推动家庭医生机制创新

为确保家庭医生签约工作落到实处，临淄区、高新区以政府为主导，各部门配合协同，持续加大财政投入力度。其中，临淄区在保证基本公卫资金的基础上，设立了家庭医生签约专项资金，投资150余万元，在383个卫生室、12处卫生院（社区卫生服务中心）、16处妇幼保健机构打造慢性病、老

年人查体、孕产妇和儿童健康服务平台，通过信息化升级，临淄区的签约居民可以通过信息化手段将签约居民基本信息、慢性病随访数值、老年人查体结果、孕产妇和儿童保健信息即时上传公卫系统，与健康档案实现互联互通，提升了家庭医生签约服务质量。

（二）科学管理，实时预警，破解家庭医生履约难题

通过“智慧家医”平台和健康管理服务网络信息平台对家庭医生服务团队工作全过程自动记录并进行实时监测统计，确保签约履约工作真实、数据准确。通过数据监测分析，可实现家庭医生日常工作的管理和评估考核，保证管理的科学性；医生端作为家庭医生服务团队工作平台，对家庭医生服务团队成员进行角色分配和职责界定，实现系统分工、智能提醒和服务流程无缝衔接。通过对签约居民个体监测数据和健康状况进行评估，向家庭医生和居民提供健康预警和健康提醒，并根据健康状况分类推送个性化健康教育信息和自我管理建议，实现了签约、履约服务的智慧化。居民端的“家医在线”功能，使居民能够线上进行家庭医生服务团队选择、签约，查看健康档案和健康管理方案，预约服务，健康咨询等十几项便民功能操作，实现与家庭医生的互动。

（三）信息共享，协同医疗，破解资源整合难题

一是为家庭医生队伍配备移动随访设备、为社区卫生服务站配备居民健康小屋、为乡镇卫生院配备数字化便携式彩超、为每个村卫生室（站）配备远程心电采集设备。所有设备与家庭医生服务平台实现数据互联，在家庭医生为签约居民随访、查体过程中，设备所采集的数据实时上传至网络平台，并与市中心医院等市级医院进行信息共享，实现了信息资源的整合。真实、准确、规范的居民健康信息也成为“双向转诊”的重要依据。二是在网络信息平台创建“网络医院”。目前，临淄区、高新区充分发挥医联体作用，聘请医联体共建单位专家和区内医疗机构的医生在“网络医院”坐诊，实现优势医疗资源的整合。同时，网络医院与基本医疗、远程诊疗、预约挂号等系统互联互通，实现不同医疗机构、不同部门信息系统数据信息的串接、整合

和共享。

（四）实时互动，健康自我管理，破解医患信息不对称难题

在居民端开设"家医在线""网络医院""我的健康"三大版块，集合十几项签约服务内容，居民通过平台对家庭医生职责和自身权利义务一目了然。居民可通过"家医在线"功能享受服务预约、健康咨询等服务，突破了医患沟通的时间和空间禁锢。其中，"家人关爱"服务使长期不在父母身边的子女能够及时了解父母身体状况，并通过平台为父母定制各种健康服务；在"网络医院"，居民通过智能导诊服务，在线输入症状即可获得平台的预诊建议，进入预约挂号服务，了解相关医院医生的坐诊情况，并进行预约挂号，免除排队等候时间；"我的健康"功能为居民提供健康数据查询、体检报告解读、健康知识推送、体检套餐定制、医疗机构导航、健康活动公示等多项便民服务项目，实现了"我的健康 我能管"，提升了居民自我健康管理的主观能动性，变被动医疗为主动健康。

二、以信息平台为支撑，创新健康管理服务模式

（一）推动家庭医生服务工作落地见效

用网络信息化的模式开展签约和履约服务，真实有效地反映家庭医生服务具体工作开展。家庭医生团队的签约数量、履约质量、签约居民的满意度效果评价等都可以得到数据整合，让家庭医生签约工作推进有计划、有步骤，扩大了覆盖面，提高了签约效率，保证了服务效果。目前，临淄区签约服务覆盖面已达100%，慢性病患者血压控制率提高了3个百分点，血糖控制率提高了2个百分点。高新区已完成家庭医生签约7万余人，全人群签约率完成50%，重点人群签约覆盖率达84%。临淄区、高新区群众对签约服务满意度均达95%以上。

（二）"一条龙"健康管理模式初步形成

签约居民患病后到家庭医生处就诊，需转诊、会诊的，由家庭医生预约

上级医院进行会诊，患者出院后转回基层医疗机构，由家庭医生团队根据上级机构医师意见继续提供后续治疗服务，形成了“基层首诊—分级诊疗—后续服务”的健康管理模式，城乡居民就诊下沉效果逐步显现，健康管理效益逐步提升，“家庭医生朋友”的概念和“贴心人”服务模式深入人心。

（三）医患之间的粘合度和信任度不断增强

自由选择基础上的契约式服务形式，方便可及、权威可信的诊疗服务，个性化、精细化的健康管理，为重点人群提供了连续、安全、有效且适宜的综合医疗卫生和健康管理服务，提高了医疗资源的配置效率，形成科学有序的就医格局，医患双方逐步形成熟悉、信任、互动的亲密关系，让家庭医生服务真正落地生根。

三、以智慧互联为桥梁，优化医疗资源配置效率

（一）实现信息互通，医疗资源整合是支撑

利用互联网对医疗资源进行整合，能够充分发挥现有资源的使用效率，改善卫生资源分布的不均衡状况，满足更多患者的医疗需求，达到“1+1>2”的效果。其中，信息资源的整合是健康信息智慧互联的数据基础，它能够实现居民健康档案的规范化，为双向转诊、协同医疗搭建起信息化桥梁。通过信息互通，临淄区基层医疗机构比同期门诊量增加25%，住院人次增加42%，区属医疗机构门诊人次增速下降7.2个百分点，住院人次增速下降7.5个百分点。高新区各基层医疗机构累计向市中心医院传输的11 994份心电图、983份影像图片中，发现异常心电图5 456份，使460名急性心脏病人得到及时救治，群众就医感受大幅提升。

（二）实现智慧互联，平台功能完善是保障

“智慧家医”平台和健康管理服务网络信息平台是当前“互联网医院+家庭医生”创新改革机制的核心。主管部门对家庭医生签约服务的科学管

理，家庭医生对居民健康的实时管理，居民对自我健康的主动管理，都有赖于平台三个终端的平稳运行。伴随居民对健康管理的需求越来越多样化，对医疗资源的需求越来越优质化，平台需要不断完善相关功能，在家庭医生服务中更好地发挥作用。在平台完善过程中，要以群众需求为导向，完善医生端功能，使医生在关注患者身体健康情况时能够更加直观、及时。完善居民端功能，充实服务内容，使家庭医生服务做到细处、实处。完善管理端功能，加强数据分析功能，为家庭医生工作提供更加科学化的指导。

创业担保贷款微信服务平台创新改革
（2018）

创业担保贷款是一项政府给予贴息扶持的政策性贷款，是解决小微企业融资难题、帮扶个人创业带动就业、促进经济发展、保障改善民生的新型渠道，受到广大创业人员的欢迎。自 2003 年 9 月淄博市人社局创业贷款担保中心成立以来，全市共发放创业担保贷款 53.9 亿元，直接扶持 20 835 户成功创业，带动（吸纳）就业 18.8 万人。2014 年，市人社局创业贷款担保中心荣获由人社部和中国银行业协会联合举办的微型创业风险控制一等奖。2016 年 1 月全国创业担保贷款工作会议在淄博市召开，会上推广了淄博市创业担保贷款网上服务平台创新发展工作经验。

一、项目背景

过去办理创业担保贷款手续较多，需要创业人员放下手中的工作，多次往返于经营地点、申请地点和银行。一个创业人员从了解政府贴息的创业贷款开始，到贷款到手需要经过咨询、申请、考察、担保人签字、签订银行合同、领取存折等多个步骤。繁琐的申请手续影响了创业人员在申贷期间的正常经营，也令一些创业者对这项惠民政策望而却步。

为了从根本上实现业务办理的突破创新，打通创业服务“最后一公里”，市人社局创业贷款担保中心于 2014 年开通了“快易贷”网上服务平台，启动了创业担保贷款服务信息化进程，一步步搭建了全方位、多功能的网上服务平台，实现了“让数据多跑路，让百姓少跑腿”。

在此基础上，市人社局创业贷款担保中心百尺竿头更进一步，利用微信小程序免下载、免安装的便利特性将创业贷款服务延伸至手机，该项目完成后，淄博市创业担保贷款申请方式将增加为3种，即实地申请、网页申请、手机小程序申请，进一步拉近了经办机构与创业者的距离，让创业者足不出户便可享受创业政策的红利。

二、主要做法

（一）信息化基础建设，打造便捷服务

2014年，市人社局创业贷款担保中心开通了全国首家创业“快易贷”网上服务平台。平台集业务办理、政策咨询、典型宣传等多功能于一体，既为创业者申请创业担保贷款提供了最大便利，也进一步规范了申领发放程序，得到了创业者的一致好评。目前，平台功能较为成熟，总访问量已达到20万人次，成为微信小程序的后台依托。

（二）“创业e家”建设，助推创业服务

2016年起，市人社局创业贷款担保中心开始陆续邀请创业贴息贷款扶持的创业典型及专业人员以座谈会的形式分享创业经验及创业注意事项，并借助“快易贷”网络服务平台，开通“创业e家”模块，影响、激励其他创业人员，让他们少走弯路，实现创业和服务对接。2017年，挑选了企业发展良好、有奉献精神的企业家作为创业指导员正式组建“创业e家”，为创业人员在经验、市场、资源等方面提供协助，帮助他们突破创业初期的瓶颈。目前，创业指导员数量已扩充到23人。

（三）建设微信交流群，拉近服务距离

2016年，市人社局创业贷款担保中心建立了“政府创业贴息贷款微信交流群”，将贷款申请人、经办银行业务人员和中心工作人员纳入群中。通过交流群，创业者能够第一时间了解最新的创业贷款扶持政策及相关信息；金融信贷专家和工作人员可以在线上直接为企业答疑解惑；经办银行可以根据

企业经营情况给予创业贷款资金支持；创业者之间随时交流经验，发布用工信息和产品介绍，实现了相互促进共同发展。微信交流群中，创业指导员的水平得到了提高，为移动端的信息建设提供了基础。

（四）推出微信小程序，完善“智慧人社”建设

2017年，市人社局担保中心结合“智慧人社”建设，推出“快易贷”微信小程序服务功能，打造阳光便捷的移动端服务平台。创业人员可以办理业务、咨询问题，进一步扩展了服务的时间和空间。目前小程序有贷款和咨询两大功能。

如果申请者需要申请创业贴息贷款，只要点击“我要贷款”，按照要求填写信息后，提交贷款申请，一份创业贴息贷款的申请就通过“快易贷”网上服务平台网页版后台系统，自动传至对应市直或区县的人社局创业担保贷款办理机构。

在微信提交申请后，工作人员在办公地点会实时收到申请，工作人员将在7个工作日内核实信息、联系申请者，约定时间进行实地考察。通过相应的实地考察后，创业者就可以领到创业贴息贷款。

此外，为了给更多的创业者提供服务，“快易贷”微信小程序还设有“我要咨询”板块。在该板块，将“创业e家”服务延伸到小程序平台，针对劳动保障政策、信贷管理等领域提供咨询服务。

三、下一步打算

随着云计算、移动互联和大数据技术的广泛运用，信息化和信息技术已经融入社会的方方面面，不断改变着人们的生产生活方式，深刻地影响着时代发展的进程。推进网络安全和信息化建设已经成为中央的重大战略，国家“互联网+”行动计划战略部署正在全面实施，“互联网+民生服务”大有可为。在创业担保贷款领域，建立一个综合性的信息化公共服务平台、提供基于互联网和移动互联网的全方位线上服务将更贴近社会和满足公众需求，有利于推进简政放权、放管结合、优化服务，逐步实现创业担保贷款业务阳光

化、便捷化的转变，将创业担保贷款真正打造成“快易贷”。

习近平总书记在党的十九大报告中指出，要增强改革创新本领，善于结合实际创造性推动工作，善于运用互联网技术和信息化手段开展工作。今后，市人社局创业贷款担保中心将认真贯彻落实党的十九大精神，积极探索以信息化推进全面深化改革的方法和路径，做到简化程序、降低门槛、即时受理、快速办结，为创业者和小微企业提供更加优质高效、方便快捷的服务，更好地为培育新动能、发展新经济、人才引进清障搭台，加油助力。

下一步，市人社局创业贷款担保中心将打造“创业 e 家云服务”，利用网站、手机 APP、微信等载体，实现政府、创业指导员和创业者间的互联互通和价值对接。同时，以满足群众需求为出发点，大力运用信息化手段，统筹政策制定和服务流程设计，增加信息查询、贴息发放等功能，做好窗口服务与线上服务的有机结合，搭建一体化服务平台，实现创业担保贷款工作新突破。

博山区智慧农贸超市：打通舌尖上安全监管“最后一公里”

（2018）

根据淄博市委、市政府2018年民生建设“三改三建”工作中关于建设便民农贸市场的要求，博山区紧紧围绕“一个目标，三个聚力”的工作思路，投资建设新型智慧农贸超市，改善市场环境、促进居民消费、增进百姓福祉。

一、背景介绍

博山智慧农贸超市定位于超市和社区的便民服务中心，不仅仅有干净整洁的超市购物环境、齐全的服务设施，还有24小时无人购物超市，丰富了市民购物体验，让市民在购物的同时还能享受到购物返利、商品追溯、质量检测、线上购买、送货上门等便民服务，方便了群众购物，强化了政府监管，加强了市场检测。

二、主要做法

与中菜联盟合作，利用中菜联盟的先进管理技术和经验，高标准、高定位，将智慧农贸超市打造成消费者满意、经营者称心、政府放心的“文明诚信农贸”，保障群众“舌尖上的安全”，实现多方共赢。

（一）建立起产品大数据信息分析中心

智慧农贸超市所有商户产品的销售都会进入大数据信息化中心，信息化系统自动分析各类产品的各种数据。销量排名、价格走势、资金流量都会通过大数据自动分析出来，为政府提供市场监测信息，为商户提供定价依据。同时，该数据中心可以连接到博山区智慧城市的指挥中心，在指挥中心大屏上可全部显示所需数据信息，成为智慧城市大数据的一部分。

（二）采用智能支付终端——电脑收银秤

菜品上秤称重后，支付金额会直接在POS机上显示，市民可采用微信、支付宝等多种电子支付方式。付款后市民会收到收银秤打印的购物小票，上面印有溯源信息二维码，可以查询到经营者的详细信息。通过电脑收银秤，经营商户可以查询经营状况和销售明细等数据，为其采购备货提供参考，也可以实现线上接单，为经营商户开启线上销售模式。

（三）开展返利、送货上门等增值服务

利用中菜联盟在全国的网络进行全国的广告招商，广告收入中的一部分通过促销活动返还给顾客，既不增加商户负担，还可以增强顾客粘性。利用中菜联盟成熟的会员制管理，还可以实现网络购菜以及送货上门。

（四）建立起淄博市第一家无人智能销售超市

利用中菜联盟成熟的无人超市管理经验，通过人脸识别、移动支付、人工智能等搭建淄博第一家智慧型的无人超市。

（五）具备质量检测和产品追溯功能

市场内部还专门设置了质量安全监测站，对市场内出售的农副产品进行检测。在市场入口处设立触摸查询屏，消费者可通过查询屏查到市场的有关具体介绍、商品种类、商品价格等信息，为消费者提供相应的帮助；市场内的每一个商铺都安装了信息展示屏，消费者可以直观地看到每一个经营户的证照、信誉度、商品价格等信息，也可以通过展示屏上的二维码对相应商户点赞或投诉，避免了假币、错账和买卖纠纷的现象。用小票进行商品追溯，实现来源可查、去向可追、责任可究、智慧管理，强化过程质量安全管理与

风险控制。

三、取得成效

（一）解决顾客与商户的信任问题

一是解决购物缺斤短两问题。智慧农贸超市统一使用中菜联盟提供的智慧电子秤（该电子秤是委托国内一线品牌厂家出厂，质量精确度到了0.01g），不会出现缺斤短两的问题。该电子秤由超市统一采购，统一发放，统一维护，对使用商户进行统一培训，避免出现不良商户随意改装设置的问题。二是解决价格不透明问题。在超市内每个商户明码标价后方可进行销售，解决了价格不透明、“看人估价”的问题。三是解决质量追溯问题。买到有质量问题的商品后通过大数据可以快速找到源头问题。四是解决商户抽检问题。与当地政府监管部门合作，在超市内设立检验中心，每天抽检商户销售产品，并根据信息平台进行公示，促进商户销售质量更好的产品，帮助顾客买到放心食用的商品。

（二）解决商品的溯源问题

传统的农贸市场对于商品的溯源问题难以解决，而智慧农贸超市不仅实现商品售前追溯也实现了售后追溯。所有商户商品进货渠道都录入系统，销售后每个商户提供客户小票，便民中心里面设有监控，出现质量问题，可凭小票查询，解决了商品溯源问题。

（三）解决产品供应链问题

根据农产品信息中心的显示数据，超市内可以帮助市场商户分析产品的销量，并为博山当地果蔬产品嫁接产品供应链，同样解决肉类、海鲜供应链的问题，如果博山区建起5个类似的便民超市，可以为博山区所有的蔬菜商、水果种植商、肉类养殖商提供大数据分析，从而解决产销的问题。山东中菜联盟计划在淄博两年内开出50家智慧农贸超市，在山东省开出200家智慧农贸超市，同时中菜联盟目前在全国已经签约250多家智慧农贸市场，这也有利于打造博山特色地域果蔬品牌产销渠道。

（四）解决市场信息监管与公示问题

“智慧农贸”系统利用信息化手段，在实现关注食品安全，保护消费者权益、方便消费购物的同时，提升了市场管理水平，其具有针对性定制的功能模块，充分实现了价格、产销量、食品安全、商户信用信息的实时化、具体化、可视化，极大地方便了市场和相关职能部门对市场经营活动的动态监管。同时，把信用监管引入市场管理中，通过可视化监管升级转变公示功能，及时向消费者公示安全检测数据和商户信用状况，确保了监管信息三方公示，确保食品安全。

（五）解决商户的资金周转问题

传统农贸市场的商户因为银行门槛问题很难获得银行的贷款，而智慧农贸超市可以根据在市场的流水获得银行的授信贷款。目前在北京，中菜联盟已经与北京农商银行合作，根据商户在市场内的销售信息，获得银行不同额度的信用贷款，为商户解决资金周转的问题。

四、几点启示

（一）“改”出了商贸合作新模式

引进中菜联盟网络科技有限公司，借助专业的农产品直销服务平台，推动地区农业经济发展。通过区域农产品交易大数据收集和分析，构建区域“菜市场联盟”和“菜农联盟”，从而实现农业信息化、智慧化。同时，为农产品生产者和销售者搭建农产品直销服务平台，为政府监管提供农产品大数据服务支持。通过运营情况来看，“智慧农贸超市”在省、市内具备可推广可复制的成熟经验。

（二）“改”出了市场监管新路径

统一的电子价签、统一的智慧电子秤、统一的数据集成分析平台构成了整个“智慧农贸超市”的监管体系。数据显示平台像一个中枢系统，将农产品价格信息、食品安全信息、商户信用信息、产销数据信息、支付结算信息等“触手”信息集成展示，接入城市大数据中心，可以实现对市场监管、价格管理的实时监控，改变了传统的市场监管模式。

（三）“改”出了农资产销新渠道

当前农产品电子商务体系日趋完善，农村电商的发展逐渐形成相应的生态圈、生态链。通过互联网、计算机、大数据等技术，“智慧农贸超市”将网站、平台与农业的产前、产中、产后联系起来，形成网上网下相互联动的生态圈，为各地农资打造区域品牌优势，并在国内推广推介，逐步形成农产品产、购、销新渠道。

（四）“改”出了商户融资新捷径

当前家庭农场主、农商户融资难问题突出，缺少抵押物、没有固定收入流水、缺乏有效信用担保等问题限制了资金流转。目前，中菜联盟与北京农商银行的合作模式，使“智慧农贸超市”商户通过销售资金流水获得银行授信，进而使贷款成为可能，有力地推动了地域小微农商户发展壮大，对推动“创业促进就业”工作提供重要支持。

（五）“改”出了市场环境新面貌

传统农贸市场给人最深的印象是环境脏乱差问题，“智慧农贸超市”一改群众的传统印象，以干净整洁的地面、有序排列的铺面、整齐划一的陈列、门类齐全的产品完全改变了人们的购物体验，市场环境管理成效一目了然。

【编辑评述】

民生改革让百姓真正有了获得感

党的十九大报告指出，增进民生福祉是发展的根本目的。改革的深度和广度，决定了老百姓在其中的获得感和共识度。以人民为中心，加快社会民生领域改革，也是党的宗旨和新时代党的使命的客观要求，是对我国当前主要矛盾的新认识新要求，是着力解决好发展不平衡不充分问题的一个关键内容，对于调整结构、推进供给侧改革具有重要意义。

中央深改会议从第一次开始，至2018年7月6日共审议通过的328份文件中，涉及社会民生改革类最多。养老、医疗和住房，教育、出行和环境，没有人可以置身事外。

淄博市处在转型发展、动能变革的关键时期，如何通过改革破除思想观念和体制机制弊端，突破利益固化藩篱，满足高质高效推进民生政策落实要求，提升群众获得感，显得尤为重要。

淄博市按照习近平总书记关于全面深化改革的重要讲话、重要指示精神，贯彻落实中央、省委、市委部署，特别是“深化改革惠民生”的要求，实施了一系列社会民生体制改革，解决了一大批长期困扰基层和群众的难题，被中央有关部门评价为“走在了前列、打造了样板、做成了风景”。

近年来，淄博市探索实施城乡统筹扶贫改革，着力构建城乡一体化教育事业发展体系、医疗卫生体系、交通路网体系等十大保障体系，让城乡困难群众享受同样的帮扶政策、措施。实施特殊困难群体幸福指数提升改革，积极推进贫困家庭软件“八有”、硬件“八达标”标准化建设，实现贫困群众“老有所养、幼有所教、病有所医、弱有所扶、住有所居”，社会事业日益完善成为经济发展的重要保障。

围绕解决老百姓最关注的教育、医疗、养老等民生问题，打造“互联网+民生服务”典型。从群众不满意的地方改起、从群众最急需的地方做起，以信息化推动民生和社会领域改革，大力推进“互联网+民生服务”“互联网+医联体”“互联网+教育”“互联网+居家养老”等改革事项，不断拓展公共服务的覆盖范围和水平，切实增强群众的获得感幸福感。

2018年9月15日至16日，社会民生体制改革暨“淄博实践”现场会在淄博市临淄区召开。实地观摩和总结推广以临淄区为代表的淄博市社会民生体制改革创新实践，探寻、前瞻未来全面深化改革的方式路径。

改革力度有多大，民生红包就有多大。应该看到，淄博市正是通过深化改革凝聚共识，言出必行、行必有果，不断有民生红包惠及人民。

第七篇

生态文明篇

着力建设生态淄博　走经济发展与生态文明“互促双赢”之路

（2016）

2014年7月，淄博市成功列入全国首批生态文明先行示范区。全市上下牢牢把握示范区建设重大机遇，把绿色发展理念贯穿于经济社会发展的全过程、各领域，全面推进产业转型、布局优化、资源节约、环境保护、生态修复、体制创新等各项重点任务，举全市之力建设生态淄博，积极探索经济发展与生态文明“互促双赢”的可持续发展之路，取得了显著成效。

一、把转方式调结构作为生态淄博建设的关键所在，强力推进结构调整和产业升级，从源头上解决生态环境问题

淄博市提出建设工业强市的战略部署，以工业转型升级为主要突破口，带动三次产业融合发展，推动产业迈向中高端，三次产业所占比重由2015年的3.5∶54∶42.5调整为2017年的3.1∶52.1∶44.8。一是围绕传统产业改造升级，实施传统产业技改工程。实施新一轮高水平技术改造工程，开展技术改造突破年活动，通过狠抓项目建设、推进企业精准转调、加快推进智能制造和绿色制造、加强骨干企业培育，新旧动能转换步伐不断加快，传统产业实现有序转型。二是围绕新兴产业培育壮大，实施战略性新兴产业倍增工程。扎实推进国家战略性新兴产业区域集聚发展试点建设，21个新型功能陶瓷材料试点项目累计完成投资37.28亿元，投资完成率达103%，已全部竣工投产。张店区获批国家“双创”示范基地，周村区、山东黄三角物联网产业园获批省级“双创”示范基地；大染坊公司成功申报国家企业技术中心；赫达股份、凯盛新材料、美林电子、晶鑫科技等6家企业成功申报省级工程实验

室（研究中心），平台认定数量居全省第一位。2017 年，全市高新技术产业产值占规模以上工业总产值比重达到 34.48%，比 2015 年提高 2.65 个百分点。三是围绕服务业提质增效，实施现代服务业跨越发展工程。编制实施《淄博市智慧服务业“十三五”发展规划》，研究制定《进一步促进服务业加快发展的十条政策意见》，引导促进服务业加快发展。近几年，先后完成淄博保税物流中心、远成物流、齐鲁股权交易中心、太保电话保险运营中心、齐鲁工业设计创意产业园等一批高端服务业项目，扶持发展了一批现代物流、金融服务、工业设计、科技服务、信息咨询等生产性服务企业。2017 年，现代服务业占服务业比重提高到 49.4%，为工业转型升级提供了有力支撑保障。

二、把优化空间布局作为生态淄博建设的重要途径，强力推进布局调整和红线管控，基本构建起经济社会与资源环境相协调的区域发展格局

优化产业发展布局、生态空间格局，着力构建生产空间节约高效、生活空间宜居适度、生态空间山清水秀的空间结构，取得了明显成效。一是突出抓好重大生产力布局调整。大力发展园区经济，打破传统建制和区域格局，引导企业向园区集中、要素向园区集聚。规划建设淄博经济开发区、文昌湖旅游度假区和淄博新城区。启动齐鲁化工区“一区四园”规划建设，梳理齐鲁产业园、金山产业园、湖田产业园、马桥产业园产业资源，引导各园区错位发展，打造国内一流的绿色、高端化工产业园区。加快推动主城区南部区域优化升级，坚持“改造提升一批、搬迁转移一批、淘汰关停一批”思路，对主城区南部的建陶、建材、化工、物流等企业进行综合整治。大力实施博山独立工矿区、周村城区老工业区和张店东部化工区搬迁改造，突出解决污染围城问题。二是着力优化城乡建设格局。立足推进张店（包括高新区）、周村（包括经开区）、桓台、文昌湖旅游度假区规划建设管理、基础设施、产业布局、生态体系和公共服务一体化，加快主城区城市现代化和产业高端化步伐，增强集聚和辐射功能，全面提升综合竞争力。立足推进淄川区、博

山区、临淄区与“四位一体”统筹发展，进一步彰显组团特色优势，加强区域间分工协作、优势互补、错位发展。2017 年全市城镇化率达到 70.26%，比 2015 年提高 2.96 个百分点。三是全面强化生态红线管控。在全省率先开展生态红线划定工作，划定面积 1 161 平方公里，占全市总面积 19.5%。编制完成《淄博市生态保护红线优化方案》，明确各红线区的主导生态功能和边界范围，制定严格的环境准入和监督管理措施，实施分类分级管控，严禁新上有损于主导生态功能的开发建设项目。

三、把节能减排降碳作为生态淄博建设的核心抓手，强力推进资源节约和循环利用，绿色循环低碳生产和生活方式基本形成

加大落后产能淘汰力度，突出抓好节能降耗和污染物减排，着力构建起从生产、消费、污染物产生到污染排放全过程的节能减排倒逼机制。一是严格淘汰落后产能。充分运用节能环保、安全生产、技术标准等倒逼手段，淘汰落后，压减低端，为优势产能腾出要素资源和发展空间。全力配合经信、煤炭部门化解钢铁、煤炭行业过剩产能，2016 年压减生铁产能 120 万吨、粗钢产能 170 万吨，分别占全省的 44% 和 63%。二是大力调整优化能源结构。严格控制能耗增量和煤炭消费指标，超额完成省里下达的能耗增量控制目标。大力推进煤炭清洁高效利用，创建为国家工业领域煤炭清洁高效利用试点城市，成功列入山东省高效煤粉锅炉试点。编制完成市热电联产规划，配套制订了全市燃煤机组结构优化工作方案，指导“上大压小”工作，解决煤电机组多、小、乱问题。三是全面强化污染物减排。突出加强工业点源污染减排，扎实开展环境突出问题综合整治和秋冬季大气污染综合治理攻坚行动，关停“散乱污”企业 9 523 家。2017 年，全年良好及以上天数达到 194 天，“蓝繁”天数达到 252 天，二氧化硫、氮氧化物、氨氮、化学需氧量等主要污染物累计分别削减 33.3%、13%、11.2% 和 14.9%。四是着力发展循环低碳经济。构建起循环产业链、固体废物综合利用、水资源生态循环、再生资源回收利用等资源循环利用体系，万元 GDP 能耗顺利完成年度削减任务，争取桓台氟硅材料产业园列入国家循环化改造示范园区。加强土地节约集约利用，

成功创建为“国土资源节约集约利用示范市”。积极培育低碳经济，新能源汽车、高效节能电机等低碳环保产业快速壮大。五是积极倡导绿色低碳生活方式。积极发展公共交通，大力推广节能环保交通工具，成功列入全国新能源汽车推广示范市。大力发展绿色建筑，县城及以上城市规划区新建建筑绿色建筑设计标准执行率达到90%以上。加强城乡环境综合整治，顺利通过国家卫生城市复审，实现了城乡环卫一体化全覆盖。

四、把生态环境保护作为生态淄博建设的根本举措，强力推进污染治理和生态修复，全市生态环境质量显著改善

遵循“绿水青山就是金山银山”的发展理念，坚持源头管控与末端治理紧密结合，下大力气抓好大气污染治理、水污染治理和生态环境修复，取得了积极成效。一是全力推进大气污染治理。大力实施绿动力提升工程，对燃煤锅炉、建材、冶金、民用煤等四大类耗煤行业实施综合治理，1 444 个项目已全部完成，环境空气质量明显改善。二是全力打造生态水系。实施孝妇河流域水污染综合治理工程，高标准建设孝妇河湿地公园，打造孝妇河全域生态水系。大力实施主城区“八河联通、六水共用、清水润城”工程，建设新城区防洪河道下游治理、范阳河综合治理等重点项目，推动主要河流互联互通。2017 年，主要河流断面 COD 和氨氮平均浓度同比分别下降 7.3% 和 34.8%。三是全力推进生态修复。突出抓好四宝山、主城区东南部采石矿区等破损山体生态绿化修复，集中实施森林围城、农田林网、路域水系绿化等重点工程，城乡绿化水平持续提升。高标准完成“1256”生态绿化修复工程，全市森林覆盖率和建成区绿化覆盖率分别达到37%和45%，成功创建为“国家森林城市”。

五、把体制机制创新作为生态淄博建设的突破路径，强力推进体制改革和制度创新，生态文明制度体系不断完善

紧紧围绕破解生态文明建设的制度瓶颈，加强生态文明体制机制创新，

在工作推进、制度创新、政策引导等方面做了积极探索、大胆实践，取得了显著成效。一是着力完善生态环保工作推进机制。市委、市政府成立了高规格的生态淄博建设工作领导小组，由市委书记、市长担任组长，48个部门和10个区县政府主要负责人为成员，对全市生态环保工作实行“党政同责、一岗双责”。加大督查问责力度，市委、市政府出台《关于加强生态淄博建设督查问责的意见》，建立“三级”督查体系；实行领导带班夜间检查制度，强力推进生态环保责任落实，构建起上下联动、齐抓共管的生态环保大格局。二是着力完善生态文明制度体系。在全省率先创建了环保公安联动工作机制，坚持“刑责治污”、铁腕执法，成立全省首支生态环保专业化公安队伍，严厉打击环境违法行为。该经验作为生态文明先行示范区建设典型经验上报国家后得到高度评价，并向其他地区推广。积极探索资源环境承载能力监测预警机制，实施环境监测站标准化建设、环境监控能力提升、环保一体化信息系统建设重点工程，实现全天候连续自动监测。生态环境损害终身追究制度探索取得重要进展，淄博市被确定为省自然资源资产负债表编制试点市。三是着力完善政策保障体系。持续加大生态环保投入，2017年全市财政节能环保支出达到22.69亿元，同比增长8.9%，占公共财政预算支出的比重达到5.1%。建立健全生态补偿政策，出台《全市环境空气质量生态补偿暂行办法》和《小清河水环境生态补偿考核办法》，设立财政专项资金用于环境质量生态补偿。2014～2016年淄博市共获得山东省环境空气质量生态补偿资金4 841万元，位列全省第一。2017年获得山东省环境空气质量生态补偿资金4 274万元，位列全省第四。着力完善产业政策和土地政策，在产业准入和土地指标安排上重点向生态环保项目倾斜。

跨区域环境污染治理改革创新

（2016）

近年来，淄博市积极推广跨区域环境污染治理经验，不断加强联合执法频次和力度，取得了良好成效。

一、总体情况

随着社会的不断进步和发展，跨区域环境污染治理问题成为当前环保工作面临的一个新的难题，如何破解跨行政区域环境污染瓶颈，构建跨区域行政执法体系成为当前环境执法的又一重要课题。市环保局高度重视跨区域环境污染治理问题，多次召开局党组会议研究环境污染治理跨界执法的有关事宜，各区县也都积极组织开展跨界执法工作，解决了跨区域执法受限、难以及时发现边界污染的难题，取得了一定成效。

二、主要做法

（一）高度重视，建立跨界协查机制

近年来，在市委、市政府正确领导下，市环保局高度重视跨区域环境污染问题，把跨区域污染治理作为社会治理创新的重要课题进行研究推进。积极调动各区县进行跨区域治理环境污染的积极性，充分认识跨区域环境联动执法的重要性和紧迫性，切实加大对行政边界企业的监管，逐步形成纵向到底、横向到边的联合执法体制机制。各区县纷纷采取与周边地区签订联动协议书等措

施，保障环境保护联动执法。比如，高青局和周边桓台县、滨州市的高新区、博兴县、邹平县、惠民县等区县环保局签订了《行政边界地区环境执法联动协议书》，有效解决了行政边界地区污染企业的归属和管理问题，边界地区污染纠纷明显减少。再如，周村区主动与邹平县对接，建立由两地检察机关和环保部门共同参加的“四方会谈”机制，在治理目标、措施、责任分工等方面达成共识。

（二）调查摸底，掌握底数

坚持“环保履责、检察监督、两地互动、联手治污”的方针，按照联合执法、联动执法、共防共治的原则，公安、环保、检察联动，对接壤边界3公里范围内的污染企业进行全面排查、摸清底数，梳理问题、分类处理，认真整改、加强监督，依法严厉打击环境违法行为，着力防范重特大环境污染事件的发生，切实维护群众环境权益。通过调查摸底，明确了管理职责，畅通了信息沟通渠道，拓展了案件线索来源，有效提高了环境行政执法权威和对环境污染违法犯罪的打击效能，解决了模糊边界无人治理的环保难题。

（三）有的放矢，组织开展跨区域联合排查

不断创新、完善执法模式，强化统一执法、交叉执法、异地执法等手段，增强合力，加强沟通。加强“刑责治污”体系建设，切实建好管用，重拳出击，严打跨区域环境违法犯罪。自跨区域环境污染治理工作开展以来，各区县都积极开展跨区域联合排查工作，累计开展40余次联合执法行动，出动千余人次，排查企业300余家，取得了明显成效。

（四）建立跟踪问效的全程监督机制

不断深化环保、司法无缝对接工作体系，形成联席会议、联络员、重大案件会商、案件移送、信息共享、紧急案件联合调查等制度，由检察机关对执法行为及时跟踪，避免执法人员由于主观原因出现的执法不公问题。建立重大突发环保事件24小时内通报和24小时内检察机关介入调查机制，确保检察机关对环境污染案件犯罪事实、证据的及时准确把握和引导。建立检察机关“双向”联合的工作制度，全力排查有案不移、有案不立、以罚代刑、

放纵犯罪背后的职务犯罪线索，严厉打击各类渎职犯罪行为。

三、主要成效

通过开展跨区域环境污染治理工作，提高了办事效率，解决了大批“老大难”环境问题。周村区与邹平县环保部门累计开展17次联合执法行动，依法取缔17处30家煤焦油企业，关停60余家骨料企业，对2家电厂、11家混凝土企业、4家陶瓷企业、150家骨料企业和62家耐材企业进行了升级改造；博山区分局环境监察大队和区公安分局直属大队，对博山和莱芜市莱城区搭界的石马镇、博山镇开展跨区域环境污染治理专项行动，对群众投诉的石马镇芦家台村滑石窑污染问题的3处滑石窑进行了依法取缔；文昌湖环保公安联合在2015年彻底解决困扰文昌湖区20多年的煤焦油问题，关停取缔煤焦油业户31户，切割248个储油罐，在与检察院执法联动中，环保局接受检察院检察建议，对全区润滑油企业进行整治，关停精制工艺企业9家；淄川区通过跨区域联合执法，关停取缔经济开发区与文昌湖旅游度假区交界处的12家煤焦油储存点，切割拆除煤焦油储存罐105只，关停取缔罗村镇与张店区交界处的石料厂、矿石粉碎点14家。

四、存在的问题

在全市开展跨区域环境污染治理推广推介工作，取得了一定的成果，但在边界区域环境执法过程中仍存在着一些问题和困难。

一是边界区域在环保领域存在执法标准、管理办法不统一等问题。例如，临淄区以建材行业为主，扬尘污染隐患较大，边界分布大大小小沙厂、水泥厂、熔块厂二十多家，临淄区环保高压态势持续多年，而青州等地因执法标准不一样，致使污染源单位向青州等地转移，此类企业生产和运输环节产生的粉尘直接影响临淄区环境质量。因区域之间缺乏统一的标准、统一的防控措施，以及行政界线与工作界线执法权问题，存在执法难、取证难的问题。

二是区域性治理工作难度大。环境保护部门属于末端管理部门，大部分区域性边界环境问题，单靠环保部门难以做到有效监管，区域性边界环境问题一般涉及职能部门较多，可能给机制后续运行带来很大难度，所以应充分发挥好当地政府的“属地管理”职能，明确好国土、建设、安监、消防、水利等各部门的环境监管职能，形成齐抓共管的局面，尽量从源头控制。

五、下一步打算

为确保工作成效，结合跨区域联动中执法过程中存在的问题，提出以下联动工作建议：

一是进一步加大联合执法力度，积极探索创新边界执法、边界取证、联合办案的新方法、新路子，为治理边界污染打好基础。

二是充分发挥好当地政府的“属地管理”职能，明确好国土、建设、安监、消防、水利等各部门的环境监管职能，形成齐抓共管的局面，尽量从源头控制。

三是开展后督察工作。对边界辖区内的排污企业整治情况进行督导落实，对拆除的土小企业进行定期、不定期监督检查，防止死灰复燃，巩固工作成果。

四是不断完善和通畅的信息共享、技术互通的环保执法模式，提升治污水平，加大工业废气治理、水环境治理等方面的技术和经验交流，对边界污染实施统一治理，努力消除边界污染给双方带来的危害，实现环境污染共同治理的双赢目标。

沂源县环保“天网”工程实现环境监管县域全覆盖（2017）

为认真贯彻落实淄博市委改革办关于改革创新工作要求，沂源县根据当前环境污染的严峻性、隐蔽性和分散性特点，以发现和解决环境问题为突破口，在网格化环境监管体系建设中，率先在全市实施了环保“天网”工程，有力预防和打击了环境违法行为。沂源县环保“天网”工程被淄博市确定为全面深化改革亮点工作之一。通过环保“天网”工程的实施，初步实现了网格化环境监管的管无死角、查无漏点、督无缺项、三级连通、部门联动。

一、坚持制度管理，实现“管无死角”

一是抓“人管”。沂源县成立了由县委、县政府主要领导任组长的网格化环境监管领导小组，并专门设立网格员管理办公室，按照县、镇（街道）、村（居）三级网格模式，建成二级网格 1 个、三级网格 13 个、四级网格 85 个（以责任区为单位），设置网格监管员 2 124 名，公开招聘专职网格员 100 名，逐级压实网格监管责任、逐一明确网格员职责，网格监管工作实行“工作群拍照”监管签到制度（将每天监管情况通过互联网发到工作群中），保证了网格监管工作“全天候、无缝隙”。2018 年 1 ~ 6 月，全县各级监管网格发现并处置环境问题 124 个。同时，明确县各级党委、政府及有关部门环境保护工作职责，各镇、街道、经济开发区均成立了安全环保工作机构，为镇办环境监管网格的指导和管理提供了机构、组织保障。二是强“物管”。近两年，沂源县投入环保监管资金 1 619 余万元，用于环保智慧平台、环境监控中心、信息共享中心、环保电表、移动执法、网格监管等项目建设，为网格化环境监管提供了物质保障。环境监控中心将重点工业点源全部覆盖，安装高清摄像头 141 个、视频监控系统 7 套、高空视频监控系统 1 套，做到实时监控；信息共享中心将工业企业审批情况、监管情况、污染物排放情况实现共享，确保随时查询；移动执法配置执法终端、便携式打印机、执法箱，实时上传监察情况。三是提“技管”。依托环境监控中心，安装污染源在线监控设施 103 套，将全县 43 个重点污染点源纳入在线监管平台，将 23 家企业在线监测数据联网上传，在线监控覆盖了重点工业点源、环境重点敏感区、河流出境断面等范围，能够实时监控企业排放情况、大气和水环境质量变化趋势。

二、突出问题检查，确保“查无漏点”

一是开展“双随机”检查。把全县 56 个重点污染源和 209 个一般污染源作为随机抽查对象，按照重点企业 30% 和一般企业 10% 的抽查比例开展检查，督促企业重视环保治理工作。二是做好日常普查。以一个年度为周期，建立了县级领导带队夜查制度；同时，充分利用环保晨查、夜查、节假日巡查和集中检查等方式，对全县所有工业企业的进行全方位体检检查，对企业项目建设、治理设施运行、污染物排放、固废和危废处置等情况进行摸底排查并制定问题整改计划。2018 年，沂源县开展了全县 339 家企业的体检工作，整改问题 100 多项。三是及时妥善处理群众举报。将受理群众举报工作为环境监管的一种手段，实行 24 小时值班制度，及时接收和处置各类环境问题，真正做到“群众有反映、环保有回应”。除电话、信箱等渠道外，增设微信、微博、邮箱等互联网渠道，对举报 7 种环境违法行为属实，予以奖励激励。2018 年上半年，全县各级网格共受理环境信访案件 104 起，其中，“12369”微信平台 9 件、“12369”电话信访平台 2 件、省厅信访平台投诉件 11 件、市环保局转办件 1 件、市环保热线 2 件、县级举报件 79 件、处结率 100%，有力震慑环境违法行为。

三、严格政策落实，做到“督无缺项”

一是强化宣传。充分利用报纸、媒体宣传，设立环保电视专栏，宣传大气污染防治、“散乱污”企业整治等环保重点工作。坚持组织开展庆祝“六五”世界环境日、环保“上街下乡”等主题宣传活动，开办环保摄影比赛、环保征文比赛等网上宣传活动，编制“沂源环保三字经”，提高广大群众的环保意识。二是完善调度督导体制。沂源县成立了由县委、县政府主要领导任主任的环境保护工作委员会，下设7个由分管县领导任主任的专业委员会，对工业污染、城乡建设、农林水利等七方面生态建设工作分头督办，狠抓落实。县环保局成立4个工作推进组、1个调度督导组，工作推进组负责治理工程的落实、督促，调度督导组负责调度、督导、通报、验收，将任务细化到个人、责任落实到个人，建立治污台账，制定治理计划，实行“挂图作战”“销号管理”，强力推进各项治理任务落实。同时，由生态沂源建设指挥部办公室对全县生态建设工作进行统一调度，实施月调度、月排名、月通报，每月根据工作实际制定考核方法，突出考核镇办工作执行力，对排名末位的进行“会诊”督办。三是严格责任追究。制定出台了《沂源县生态环保督查问责暂行办法》，对14种问题情形明确问责方式，对8种情形从严加重问责。对企业环境违法行为，坚持做到“零容忍”，对情节严重且符合法律规定的依法实施按日计罚、顶格处罚，绝不姑息迁就。

四、加强纵向联系，实现“三级连通”

全县环保系统开展共建活动，建立“环保工作群”，开通电子飞信功能，将县级掌握信息、工作标准和要求与镇办进行共享、交流，方便了环保系统内部工作人员和环境监察网格员之间的交流，提高了环境监管的执行效率。

五、严格环境执法，强化“部门联动”

通过健全环境监测和环境监察数据反馈机制、公安和环保联动机制、政府部门间“小联动、大执法”机制，在近几年开展的扬尘污染防治、畜禽养殖污染治理、“散乱污”企业关停取缔、“环保夜查”“刑责治污”等工作中取缔了成效明显，环境质量持续改善。2018 年 1～6 月，城区空气优良天数 119 天，优良率 65.7%，二氧化硫、二氧化氮、PM_{10}、$PM_{2.5}$、臭氧、一氧化碳平均浓度分别为 22 微克/立方米、20 微克/立方米、78 微克/立方米、49 微克/立方米、174 微克/立方米、2.2 毫克/立方米。较 2017 年同期，优良天数减少 5 天，二氧化硫、二氧化氮、PM_{10}、$PM_{2.5}$分别改善 31.3%、37.5%、4.9%、12.5%。沂河韩旺出境断面水质稳定控制在国家地表水三类标准以内。

虽然沂源县网格化环境监管工作取得了初步的成效，但在技术、业务方面仍显单薄。今后，将严格全面深化改革工作要求，加大投入力度，突出抓好环境监管网格、环境执法监管和环境监控中心建设，进一步健全和完善环保“天网”环境监管模式，为保护好家乡的生态环境贡献最大力量。

大数据助力智慧环卫
打造城市管理新模式

（2018）

桓台县和高青县运用“智慧环卫”系统，围绕环卫作业、管理、监督及现代化问题，用新的技术来提供新的方法、解决新的问题，很大程度上改变了人情管理、粗放管理、处理缓慢、数据杂乱的旧常态，形成系统管理、精细化管理、实时处理、智能分析的环卫管理常态，帮助城乡环卫管理模式从旧常态升级为新常态，促进了城乡环境面貌的改善以及群众满意度的提升。

一、桓台县主要经验做法

2016 年，桓台县通过政府购买服务的方式，引进“智慧环卫”平台，实现管干分离，重点针对农村环卫薄弱的问题，细化责任，统一标准，采用信息化的手段、精细化的管理，以大数据助力智慧环卫，实现了环卫作业、管理、监督、考核的科学化、常态化、标准化，有效缓解了“人多、面广、事杂”的农村环卫“顽疾”。其做法和经验主要有：

（一）建立完善环卫作业车辆实时监控系统，实现实时远程管理

对环卫作业车辆进行实时定位、跟踪和监控，进一步优化了车辆运行路线，降低了车辆运行成本，确保了驾驶人员能够做到依法、规范操作，准确、及时地处理各种突发情况，同时大幅度提升环卫车辆指挥调度能力、工作效率、管理水平。一是全过程监控。给每辆环卫车都安装了 GPS 定位系统，可以随时调取任意一辆环卫车在某一时段的作业情况，实现对车辆的运行轨迹、

作业时间、作业速度等实时监控。二是规范作业进度。对准备清理的垃圾桶，经过系统平台事先设计好的清运路线，通过设置自动报警功能，引导车辆按规定路线行驶，从而确保了环卫作业的管理规范性和高效性，使废弃物的收集、运输全过程成本更低、效率更高。三是实时跟踪进度。建立完善箱点监控系统，对每一个垃圾桶都安装电子芯片，通过 RFID 读写器扫描，已清理的垃圾箱显示绿色，未清理的为红色，从而实时监控垃圾是否实现日产日清。目前，农村垃圾箱清箱率提高到 85% 以上，城区提高到 95% 以上。

（二）建立完善环卫作业质量监督监控系统，实现动态控制指挥

通过第三方信息采集员和视频监控设备，可及时发现环卫设施出现的问题，并能够快速派发给相关管理、作业部门进行处理，实现对环卫设施、作业质量的有效监管。一是完善设施配套。全县配备了 2 097 名环卫工人和 87 辆大型机械作业车、12 辆后勤保障车等环卫资源。将城区和 8 个镇划分为 25 个片区，每个片区 1 名巡查员，片区划分成若干网格，每个网格配 2～3 名保洁员，实现环卫全覆盖。二是实时处理垃圾。实行垃圾处理“销号制”：监管人员发现生活垃圾，通过“智慧环卫”APP 系统，将相关信息通报给片区巡查员，片区巡查员及时告知村里的网格环卫员，网格环卫员进行清理，清理完毕后，进行现场拍照，并把照片上传至 APP，完成垃圾“销号”。目前，从发现垃圾到处理完毕，仅用时十几分钟，垃圾处理效率提高 80%。三是及时调度进展。垃圾桶清运时间、次数等相关信息均传输到数字化管理平台，监管人员能够随时调度掌握作业公司垃圾清运情况，实现对垃圾清运智能化识别、定位、跟踪、监控、管理和调度，并且 24 小时实时进行监管。

（三）建立完善环卫作业监督考核系统，实现长效规范管理

数字化环卫系统将环卫监管、作业标准、考核办法等规章制度数字化，形成数据分析表格，通过程序化、自动化功能，自动生成、汇总、评价，进行环卫作业赋分监管考核，优化了环卫监督、检查、考核工作机制，使环卫管理更科学、规范。一是细化环卫责任。为每一名保洁员配一部手机，并安装“智慧环卫”APP，给每一位保洁员界定对应的保洁网格，将责任落实到

具体网格。同时，利用GPS定位跟踪管理，及时掌握保洁员到岗、离岗、脱岗等情况，并实时监管工作轨迹，解决了一线环卫工人迟到、早退、缺岗、离岗、聚集聊天等问题。二是快速处置。由于环卫工作具有一定的特殊性，时常面临着环卫应急事件、突发事件，针对类似事件的发生，制定了可行应急突发事件预案，管理部门与作业人员实时互动，根据事件类型快速反应，最大限度的提高应急处理能力。三是完善考核机制。为了提高城乡环卫管理水平，引入第三方巡查公司，利用数字化、智能化监管平台，运用GPS、GIS、物联网、图像处理等高新技术手段，做到图、文、表、管一体化，实现对车辆运行、垃圾清运、保洁员作业及事件反馈即时掌握，对各类环卫事件根据性质限时处理。同时，根据每天车辆运行轨迹、垃圾清箱率、保洁员在岗率、环卫事件处理情况，由系统自动生成环卫工作日报表，月底根据全月日报进行考核。

二、高青县主要经验做法

高青县综合行政执法局紧紧围绕城市精细化管理要求，牢固树立创新突破理念，以“智慧高青”建设为契机，积极推进数字化城市管理系统平台建设，积极配套拓展二级平台应用，建成并不断完善环卫数字化管理子系统，全力打造“智慧环卫”，大大提高了城乡环境卫生管理工作的规范化、智慧化水平。其主要做法和经验有：

一方面，建设“智慧环卫”监控指挥子系统。依托高青县综合行政执法局建成的综合性数字化城市管理系统平台，采用万米单元网格管理法和城市部件管理法，委托专业公司对县城区进行地理信息普查，将县城划分为15个责任网格、977个单元网格，采用部件、事件分类管理办法，把城乡环境卫生涉及内容分解成4大类、9小类，为1 851个环境卫生部件、事件办理了“身份证”，全部实行地理编码管理、精准定位。

建立20余人的专职综合巡查队伍，借助“环卫通”手机软件，发挥信息化数字管理平台收集、共享信息的实时便捷优势，及时将发现的问题、采集的信息发送到系统平台，按照部件“属权”、事件“属地”原则将发现的问题予以确权，并针对不同的部件、事件问题，制定了上报、立案、核查和结案标准，变被动补救为主动介入，进一步理顺了环卫作业日常管理考核流程，细化了责任分工，全方位提高了城乡环卫保洁的管理效能。

另一方面，拓展升级“智慧环卫”应用功能。通过“智慧环卫”系统，一是对垃圾清运车辆、机械化清扫保洁车辆安装 GPS 定位终端，在垃圾桶装贴有源电子标签，将环卫作业车辆的里程、运行轨迹、垃圾清运情况及环卫巡查员的巡查轨迹全部录入系统，环卫管理员通过登录“智慧环卫”管理平台，可以实时查看作业车辆每天的行驶轨迹、监控作业车辆位置，统计每天的作业里程和每辆垃圾清运车辆收集垃圾桶的个数，还可以通过图层技术对垃圾桶清运是否及时显示不同颜色，从而全面掌握垃圾收集清运情况及环卫车辆作业的历史轨迹。二是对环卫作业车辆数据进行整理分析，适时规划调整环卫车辆作业路线，使之更加科学高效，从而有效降低车辆油耗等作业成本、遏制“出工不出力”等问题现象。

为加强人员管理，提高工作效率，城乡一线 100 余名管理员配备了 GPS 定位手机，既有利于日常工作的管理，又保证突发情况的及时响应。手机地图定位功能可实现对城乡环卫管理员的即时定位、实时跟踪、轨迹回放，解决了一线工作人员难监管的问题，有效避免了迟到、早退、串岗等现象，加强了对外勤人员的工作监管和任务调度，保证了环卫作业调度指令的及时下达、落实，大大提高了工作效率。

三、“智慧环卫” 建设经验的启示

桓台县和高青县“智慧环卫”系统的运用，围绕环卫作业、管理、监督及现代化问题，用新的技术来提供新的方法、解决新的问题，很大程度上改变人情管理、粗放管理、处理缓慢、数据杂乱的旧常态，形成系统管理、精细化管理、实时处理、智能分析的环卫管理常态，帮助城乡环卫管理模式从旧常态升级为新常态，促进了城乡环境面貌的改善以及群众满意度的提升。

一是充分运用大数据。“智慧环卫”通过移动互联网、物联网、大数据和云计算等技术和信息化手段的运用，对环卫工作过程中人、车、物、事件的智能化管理，实现了被动管理到信息实时互动，做到了有效监控，方便了管理者对环卫工人的管理和对设施运行情况的即时掌握，降低了废弃物的收运成本，提高了收运和运行效率，实现了运营管理精细化、科学化、标准化。

二是注重实用性。“智慧环卫”建设作为一项系统工程，应当作为“智慧城市”建设的一部分统筹安排，必须以“共建、共治、共享”的理念为基础，以数据流为抓手，以网络平台为工具，从前端收集、中端传导、后台处理整体配合推进，因地制宜建设，避免成为重复建设和华而不实的“花架子”。

三是拓展职能空间。未来完善的“智慧环卫”系统应该不仅包括环卫资源的优化调配，环卫设施的安全、达标监控运行，还应在城乡环卫发展规划、城市决策辅助等方面发挥更积极的作用。比如，可以通过与天气预报联动，提供恶劣天气下（如暴雨、暴雪、冰冻等）的应急处置方案，在应对重大活动、突发事件等方面提供基础数据和辅助决策支持。

【编辑评述】

生态文明先行示范区
首创“刑责治污”

淄博市自2014年列为首批生态文明先行示范区以来，始终将绿色发展理念贯穿于经济社会发展的全过程和各领域，全面推进布局优化、节能减排、生态修复、产业转型、体制创新等各项重点任务，生态文明先行示范区建设取得积极成效。

近年来，淄博市着力推进布局调整和空间管控，突出抓好重大生产力布局调整，着力优化城乡建设格局，全面强化红线管控；大力推进资源节约循环利用，严格淘汰落后产能，调整优化能源结构，着力构建循环利用体系；强力推进污染治理和生态修复，全力推进大气污染治理，全力打造生态水系，全面强化污染物减排；积极推进结构调整和产业升级，围绕传统产业改造升级，实施传统产业技改工程，围绕新兴产业培育壮大，实施战略性新兴产业倍增工程，围绕服务业提质增效，实施现代服务业跨越发展工程；加快推进体制改革和制度创新，着力完善生态环保工作推进机制，着力完善环境保护管理制度，积极探索资源环境承载能力监测预警机制，探索编制自然资源资产负债表。

在生态文明体制改革领域，淄博市着眼传统工业城市污染防治难度大的严峻形势，聚焦老工业城市生态环保压力特别大这一重点难点，充分发挥公安主责主业，以信息化为推进，在全国首创“刑责治污”模式，政法机关与相关行政部门实现“规范化联动、信息化联通”，打破了环保、国土、安监、水利等行政监管部门与公安机关之间的信息壁垒，极大地提高了环境违法案件的监控强度、发现速度、打击精度，对环境违法犯罪形成了强大震慑，打击效能连续五年居全省之首，有效促进了生态环境持续改善。2018年6月，山东省公安机关“刑责治污”经验交流会在淄博市召开，总结推广淄博市公安机关“刑责治污”经验做法，推进公安机关依法严厉打击各类破坏生态环境违法犯罪，为山东生态文明建设保驾护航。

第八篇

乡村振兴篇

“村居审计”助力乡村振兴战略
（2016）

乡村治理是国家治理体系的基石，乡村基层组织建设是乡村治理的重中之重。《中共中央、国务院关于实施乡村振兴战略的意见》明确要求要加强农村基层基础工作，构建乡村治理新体系。淄博市始终坚持推动全面从严治党向基层延伸向纵深发展，以加强农村基层党风廉政建设为重要抓手，把开展审计作为农村乡村规范治理的突破口和举措，不断创新思路，整合资源，通过探索构建起以区县审计机关主导、以乡镇农经、财政等内部审计为基础、以社会审计机构为补充的村居审计队伍，创新了“村干部直审”“村居巡回审计庭”“模块化”工作法的村居审计模式，扎实有效地推动了农村权力监管，有力保障了农村经济社会又好又快发展，助力乡村振兴建设。

一、基本情况

近年来，中央不断加大对农村的扶持力度，出台各种惠农政策，为农村的发展投入了大量的惠农资金。资金到了村居，给谁与不给谁，村干部权力很大，村级组织运作的不规范、不公开、不透明、低效率成为诱发农村社会矛盾的重要因素。为促进党和国家惠民资金、政策真正到位，维护群众利益和农村社会和谐稳定，落实国务院“公共资金审计全覆盖”的要求，建立监督和制约村干部权力运行行为的工作机制，淄博市积极运用审计“利器”，努力推动农村基层治理规范化法治化程序化进程。

2011 年起，淄博市结合村（居）两委换届工作，开展了对全市重点村居负责人的经济责任审计。各区县审计机关主动作为，既审清事实，消除了群众猜疑，防问题于未发，又查处了虚报、冒领、截流、挪用和分配不公等问题，查防并举，切实效维护群众合法权益。审计对促进农村提升治理水平的效果十分明显，专业作用和高度群众性是其他职能替代不了的，得到了党委政府的重视和肯定。其中，淄川区的“村干部直审”模式先后被省、市主要领导批示，被新华社、人民日报、中央电视台刊发介绍。

2013 年，在总结全市村居审计经验的基础上，淄博市将村居审计制度建设纳入工作议程，对村居相关制度和具体审计工作进行梳理和研究、赴先进地区调研、征求相关单位意见，明确了村居审计的主体思路，并在全国率先制定出台了《淄博市村居审计办法》，为村居审计的推广实施提供了依据，并从制度层面固化了村居审计模式。

2016 年，“村居审计”作为淄博改革创新经验在全市推广应用，不断扩大村居审计覆盖面。市审计局发挥牵头部门职责，加强与领导小组成员单位的工作衔接，强化对下督导指导，不等不靠，充实村居审计力量，强化制度建设，在服务促进夯实基层组织建设、深化党风廉政建设、维护农村和谐稳定等方面，较好地发挥了“村干部直审”的建设性作用。

2017 年，在充分总结村居审计创新经验并在全市推广推介的基础上，自主研发了村居审计信息化平台，实现用大数据来科学制定审计计划、管控审计进度、开发审计成果，进一步提升了村居审计效能，使全市村居审计工作做到底数清、计划清、进度清、成果清，实现了全市村居三年轮审一遍的目标。

二、主要做法

（一）积极探索创新，打造淄博“村居审计”模式

整合力量，成果共享。在不增加机构和人员编制的情况下，对农业、财政、审计和乡镇等村居审计力量进行整合，建立专职、兼职队伍，明确职责权限，在区县审计局设立乡镇派出分局、村居审计办公室、地方审计指导科等机构，负责对财政专项资金和政府安排的重点村居审计，并指导其他部门机构的村居审计工作。

创新方式，灵活多样。各区县因地制宜，打破乡镇界限，采用了由审计机关流转实施的“村干部直审”“村两委”换届审计、村干部经济责任审计、村居建设项目审计等方式。试行了“村居巡回审计庭”模式，倒逼审计人员“大庭广众见群众”，运用审计专业能力和手段，对重点、难点和矛盾较多的村居与项目，尤其是上访村居，通过群众可以参与的当庭审计、举证、审理、庭辩、旁听等环节，变“幕后”为“庭前”，把审计查证的财务数字推到大庭广众面前，实现零距离服务群众。

全面覆盖，重点突出。《淄博市村居审计办法》将农村和城市社区均纳入审计范围，形成“无缝隙”监督的威慑力，由审计机关、农经部门、乡镇等分工实施。市审计局每年都把涉农、惠民等民生资金当做审计重点，并以巡回审计庭方式组织对政风行风热线、群众来信来访等涉及村居的事项实施审计。

（二）大力推广推介，推动村居审计监督全覆盖

抓好总体规划部署。制定印发了指导全市村居审计工作开展的实施方案。在淄川区组织召开了全市推广推介村居审计工作会议。市审计局成立了正科级村居审计办公室，负责全市村居审计工作的规划、督导和考核等；各区县审计局分别成立了村级审计职能科室，共增加村居审计全额事业编制 89 名。

加强审计跟进服务。建立市纪委、市委组织部、市委改革办、市编办、市审计局等领导小组成员单位的沟通协调机制，努力提升村居审计水平。对于工作进展情况，采取“呈阅件”的形式，及时汇报党委政府领导，促进问题解决，服务决策参考。

明确工作任务目标。各区县均将村及所属单位“三资”管理、工程建设、资金政策等各项经济活动纳入审计范围，提出年内要在每个乡镇至少选择一个重点村居进行审计，实现对村主要负责人任中三年一审、离任必审的审计全覆盖，逐步构建起以国家审计主导、以乡镇内部审计为基础、以社会审计为补充的村居审计队伍。

（三）提升信息化水平，实现村居审计“四清”

全景透视，全面摸清底数。摸清全市村居底数，将 3 402 个村居基本村

情、历次审计情况等录入信息化平台，建立信息数据库，定期与民政部门的数据进行比对核实，及时更新数据；根据基层组织建设及村居换届选举情况，综合考虑人口、经济发展、班子建设水平等因素，将村居分为好、较好、一般三类，作为制定审计规划和年度计划的重要依据，避免存在村居审计盲区的问题，实行了对村居审计情况的全景透视。

智能管理，自动生成计划。信息化平台设置了村居审计统计查询功能，对已审、在审村居可按时间段、行政区划及审计类型等进行统计，准确掌握村居审计的计划安排情况，根据统计结果，自动生成村居审计年度计划，每三年轮审一遍，逐步实现全市村居审计有重点、有步骤、有深度、有成效全覆盖。

精准监控，及时掌握进度。用大数据来管理审计进度，让计算机作“指挥长”，通过信息化平台严格控制审计项目进度，将项目进展程度按周进行管理，实行限时制，平台系统生成不同颜色小旗标识项目进度，进度信息一目了然，可以随时掌握村居审计项目进展情况，及时进行调度、督促和指导。

突出成果，强化大数据应用。信息化平台将村居审计问题类型归纳为违反决策程序等 15 大类问题，根据审计报告对问题自动进行分类汇总，借助图形工具剖析挖掘村居审计存在的普遍性问题、全局性问题，及时揭示、预警和整改。

三、主要成效

促进了党和国家的政策资金入户到家，畅通惠农政策落实“最后一公里”。通过对惠农政策和资金的审计全覆盖，依据资金流向，从政策要求、预算安排、资金拨付一直追踪到项目、到个人，严肃查处了侵害基层群众利益的违法违规问题，解决了政策资金不公开、不公正、不及时、不到位等问题，切实提高了资金使用绩效，使农民从中得到了实实在在的“真金”和“白银”，满足了群众要个“明白账”的呼声。

帮助基层群众当家理财，提高了村居财经管理水平。通过村居审计，提供专业的技术支持和审计报告，弥补了村民了解政策少、缺乏专业能力的不足，给村民当家做主和民主理财提供了政策和技术支撑。同时，审计所具有的“事实证据”和“法规依据”的监督特点，也有别于干预村民自治权力的管理行为。同时，针对审计发现的问题，以《审计决定》依法体现村民意见，更有利于督促相关单位完善制度措施，提高财经管理水平。

规范了村居干部的权力运行，强化了经济责任。通过对村干部履行竞选承诺、年度经济目标、财务预算、上级拨付资金、三资管理等各类审计，增强了村干部依法办事和依法理财意识，尤其以“巡回审计庭”方式，当面锣当面鼓地将审计结果面见群众，这对村居干部构成了有力的权力约束。以制度明确了任中要审计，离任还要审计，形成了预防和惩治基层干部权力腐败的长效机制，扩大村居审计的权威性和影响力。

维护了村居基层和谐稳定。审计机关独立于乡镇和农经管理之外的角色和专业的职能手段，更容易取得群众的信任。针对群众反映强烈的问题进行重点审计，及时查清事实，对有严重问题的村干部提出处理意见，对清白的村干部以事实公开向群众说明，及时消除群众的种种怀疑，化解干群矛盾，进一步密切了基层党群、干群关系。

提高了审计服务党委政府决策的水平。利用大数据生成开发的成果，使审计要情、呈阅件用数字说话，更加精准客观，市审计局提报的审计要情《淄博市村居财务原始票据违规问题突出》《关于淄博市村居审计发现问题的数量分析》，为党委政府科学决策提供了依据。在2017年全市村和城市社区“两委”换届选举工作中，淄博市充分运用村居审计结果，将审计评价作为换届的重要依据，推动了换届选举工作顺利进行。

“互联网 + 农业标准化 + 检验检测 + 品牌认证”模式结出硕果

（2016）

市质监局认真落实《淄博市委改革办关于推广推介全市第二批改革创新经验的实施意见》要求，积极推广高青县“互联网 + 标准化 + 检验检测 + 品牌认证”创新模式。两年来，各区县借鉴高青模式，立足实际，运用互联网思维及工作方式方法，充分依托自身职能优势，深入推进改革创新，着力破解农业提质增效等方面的瓶颈和难题，做了大量工作，取得了明显成效。

一、主要做法

（一）统一领导，部门协作，形成有效机制

2016 年，淄博市政府印发了《关于深化标准化工作改革进一步加强标准化工作的实施意见》，建立了淄博市全面推动标准化建设工作联席会议制度，质监、农业、林业、畜牧等部门积极配合，有力地促进了各项工作落实。各区县完善了“统一领导、部门联动、社会参与”的工作机制和检测监管机制，通过整合质监、食药监、农业、畜牧等相关部门职能和检测资源，成立了具有政府法定检测机构资质的检验检测中心，检验检测设施设备得到充分利用，避免了重复投资，理顺了检验检测秩序，提升了检验能力，保证了检验检测结果的公正性。

（二）明确思路，编制方案，扎实推进

高青县打造的“互联网 + 标准化 + 检验检测 + 品牌认证”模式为农业产

业化发展提供了新思路，为农产品品质进一步优化奠定基石，为名优农产品出具合法"准生证"，为消费者提供了可直观辨识的消费指南。全市"互联网+标准化+检验检测+品牌认证"创新模式现场推广推介会后，各区县紧紧围绕区域经济具体特点和发展实际，开展走访调研，编制了改革创新经验推广推介实施方案，明确指导思想、任务目标和保障措施，按照时间节点扎实推进。各区县政府组织，质监部门牵头，召集各镇办、农业、工商、食药监等职能部门召开推广推介会，传达市政府会议精神及实施方案，并就有关工作进行部署，做好创新模式的推广推介。

（三）推行标准化生产，引导品牌认证，进一步加强"互联网"惠农

各区县建立完善的农业标准体系，科学推广农产品生产标准，扩大标准化生产覆盖面。实行品牌引领工程，以农业产业化龙头企业、农业专业合作社、家庭农场等新型农业经营主体为载体，鼓励引导农产品进行无公害农产品、绿色食品、有机食品、地理标志农产品认证。积极推动农产品企业与网络媒体和电商合作，引导农副产品企业（种植户）加强信息化建设。部分区县积极建设便民服务的信息平台和农副产品交易平台，通过网络媒体、电子商务畅通农副产品绿色通道，开展农业电商及配套体系知识的教育培训，普及农村互联网及农业电商相关知识。

二、主要成效

（一）"互联网+"平台建设取得新进展

张店区与阿里巴巴、京东等网络媒体进行合作，畅通流通渠道，大力推广O2O模式，打通农产品从生产到销售瓶颈的最后一公里。淄川区以富硒农产品协会为主体建立了门户网站，对富硒农业和品牌产品进行宣传，部分农户通过淘宝、微商等新型互联网形式搭建平台，对产品进行宣传和销售，农产品龙头骨干企业（种植户）积极与新星电商、毛豆科技等电商进行网络销售合作，2017年实现农副产品网上销售额达300余万元，有效实现了农户增

收。周村区抓好能推动当地农产品、工业加工品上线营销的电商平台建设，农村电商网络体系分区级、镇办、村级三级网络运营，建设了近20个服务站、200余处村级服务点，华奥电商、家具村等电商平台为当地家具产业上线服务，加快建设集聚电商企业、培育电商人才、链接电商平台的方达电商园。沂源县建设了山东齐鲁大宗农产品交易中心，构建起集物流、资金流、信息流“三位一体”的大宗农产品电子交易平台，进一步完善了“沂源农业信息网”的功能，为农业龙头企业及优质农产品宣传推介提供了便捷有效的平台。

（二）标准化建设有力促进农产品质量提升

山东思远蔬菜合作社在服务菜农过程中形成了“制定标准、培训标准、执行标准、服务标准、提升标准”标准化思路和“六化三标准”社会化服务模式。“六化”是指组织化建设、标准化生产、专业化服务、职业化培训、信息化平台、品牌化运营；“三标准”是指农产品品质标准、农业生产标准、农业服务标准；三大标准体系是品质标准体系、生产标准体系、服务标准体系。2017年底，国标委主任田世宏、省质监局局长张宁波等领导视察山东思远蔬菜合作社，对其利用互联网手段加强农业培训、种植指导的做法和“制定标准、培训标准、执行标准、服务标准、提升标准”标准化思路、“六化三标准”社会化服务模式予以高度评价，并建议予以总结推广。省局在此基础上立项建设中国现代农业标准化服务推广应用平台、鲁中农业标准化培训实训基地。高青县近两年实施了以“山东黑牛现代循环农业示范园、绿色农业科技示范园”“山东黑牛标准化养殖基地、绿色农产品标准化种植基地、林果桑蚕标准化基地、水稻生态种植标准化基地、健康水产养殖标准化基地”的“两园五基地”建设，并顺利通过了“全国农业综合标准化示范县”终期评估。淄川区建成5家省级农业标准化生产基地、13家市级农业标准化生产基地。桓台县继续做好新城细毛山药、四色韭黄、玉米、小麦4个国家级农业标准化示范区工作，推进标准化种植和管理，全力保障了食品安全。

（三）科学检测为农产品提供技术支撑

山东省白酒质检中心和山东省农副产品质检中心两个省级中心整合了高

青县质监、食药监、农业等相关部门检测资源，成立了高青县检验检测中心，承担了山东省农业厅例行监测任务、鲁中地区部分区县食品和农产品监督抽查送检任务。博山区推动质监、农业等部门检验检测机构的整合，购置新设备，维修旧设备，加紧落实配套资金进行实验室改造、扩建，实验室面积达到了 1 200 平方米。临淄区检验检测中心现具备食品 43 个产品全项、422 个产品中的 8 094 个参数、367 个检验方法的检验资质，开展食品当中的添加剂、重金属、微生物、营养成分等常规检测，同时还开展农产品中的农药残留、兽药残留、土壤、肥料等检验检测，非食品部分具备 153 种产品全项、114 个产品中 1 377 个参数、58 个检验方法的检验资质，具有省级检测机构食品、农产品、畜产品"三认证"资质。淄川区检验检测中心通过了检验检测机构和食品检验机构资质双认证，2017 年检验各类农副产品 632 个批次，有力保障了农产品质量安全。

（四）品牌认证提升现代农业竞争力

沂源县深入宣传推广以沂源苹果为参照制定的《沂源苹果有机生产技术操作规程》《红富士苹果等级》两个山东省地方标准，建成了中国首个有机苹果标准化生产示范基地，巩固提升了"国家级有机红富士苹果标准化示范区""国家级大樱桃标准化示范区"和"省级沂蒙山有机花生标准化示范区"创建成果。高青县积极打造"品牌高青"现代"智慧农业"升级版，在全县开展农产品"三品一标"工作培训，帮扶引导农业合作社、农业企业、食品生产加工企业申报有机认证、绿色认证和无公害产品认证，山东黑牛、高青大米先后通过 ISO9001 质量管理体系认证和有机认证，入选山东省农业冷链产业科技示范工程，成为黄河三角洲优质农产品主打品牌，高青大米、高青西瓜、高青西红柿、山东黑牛、高青桑葚、高青黄河鲤鱼等 9 个产品先后获得国家工商总局颁发的地理标志商标，南美白对虾、翘嘴红鲌、罗非鱼、草鱼等 9 个品种通过农业部无公害水产品认证。淄川区强化品牌提升，截至目前获"三品一标"农副产品（含畜产品）120 个，其中无公害农产品 93 个，有机农产品 21 个，绿色农产品 3 个，农产品地理标志商标 3 个。

下一步，全市各级将认真落实全省国家标准化综合改革试点工作动员大会精神，扎实推进“实施标准支撑工程，率先建立乡村振兴标准体系”的总体部署，继续推广高青县模式，推动淄博市中国现代农业标准化服务推广应用平台、鲁中农业标准化培训实训基地建设，加强“山东标准”项目建设，促进绿色农产品安全生产。

沂源县创新机制盘活农村“沉睡”资产（2016）

自开展农村承包土地的经营权抵押贷款试点以来，沂源县紧紧围绕“农地”抵押贷款试点工作要求，将试点工作作为深化农村综合改革的“头号工程”和当前盘活农村土地资产、拓展“三农”融资渠道、推进普惠金融和金融支持乡村振兴的重要突破口和抓手，科学制定试点方案，建立健全工作机制，推进配套措施落地，有效扩大贷款规模，积极稳妥地推进试点工作进展。特别是2018年以来，积极落实银发〔2018〕34号文精神，对标先进找差距，积极推进抵押贷款试点工作增量扩面，确保按要求完成试点工作任务。截止2018年7月底，沂源县农村承包土地的经营权抵押贷款余额34 456万元，比上年同比增长70.30%，高于各项贷款余额同比增速（8.13%）；贷款户数553户，比年初增加28户；以“农地”经营权为单一抵押物的贷款余额158万元，比年初增加5万元，比上年同期增加158万元。

一、主要做法

（一）建立落实四项工作机制

一是建立落实联席会议制度，先后召开14次联席会议，对试点有关问题进行协调解决；二是坚持先行先试全面带动策略，目前，全县13个镇办已全部开展了试点业务；三是建立落实工作督导制度，试点领导小组及时了解、跟踪、掌握相关部门工作进度，确保各项工作按任务分解表要求推进，对试点工作进展缓慢的单位，推动研究解决问题，强化责任追究落实；四是建立落实增量扩面制度，督导辖区所有涉农金融机构摸清农业经营主体、个人信贷需求，“日调度、周报告、月总结”，目标倒逼，适时约谈，提高试点工作效率水平。

（二）健全完善8项试点制度

试点工作开展以来，先后制定出台了农村承包土地的经营权抵押贷款管理办法、促进农村产权流转交易市场健康发展的实施意见、经营权价值评估办法、经营权抵押贷款风险补偿专项基金使用管理办法、经营权抵押不良贷款资产处置意见、经营权收储管理办法、经营权不良抵押资产流转交易管理办法、经营权抵押贷款财政贴息管理办法等8个管理办法，试点制度体系逐步健全完善，为试点工作规范开展提供了有效保障。

（三）力促融资风险补偿资金快速到位

沂源县试点实施方案中明确，县财政局承诺出资1 000万元设立专项基金，建立抵押贷款风险缓释机制。根据《农村承包土地的经营权抵押贷款风险补偿专项基金使用管理办法》，按照抵押贷款余额的20%设定风险补偿基金，为抵押贷款发放吃下“定心丸”。目前，基金余额达4 100万元，是承诺额的4.1倍。

（四）引进专业中介机构，完善价值评估体系

根据《沂源县农村承包土地的经营权价值评估办法（试行）》，在前期采用贷款人自评、县农业局专家评估小组评估和借贷双方协商评估的基础上，积极协调引进沂源正源土地评估咨询有限公司开展土地经营权价值第三方评估，提高了评估的专业性、权威性，增加了金融机构的认可度。目前，已为2个借款人进行了评估，共评估土地107亩，评估价值1 012万元，促成发放土地经营权抵押贷款200万元。

（五）探讨担保合作途径，健全风险缓释机制

指导县内相关金融机构加强与省农担公司的合作，借助省农担公司的力

量拓展试点工作。2017 年 5 月 22 日，县邮储银行以“担保公司（省农担公司）+农村承包土地的经营权”的方式向沂源县中以现代农业公司发放了 500 万元贷款。2018 年 4 月 19 日，沂源县财政全额出资的淄博联盛融资性担保公司介入试点工作，目前已为“农地”抵押贷款担保 150 万元。

（六）组建农地收储公司，破解流转处置难题

2017 年 6 月，沂源县国有资产管理办公室出资 1 000 万元，注册成立沂源县农村承包土地经营权收储有限公司，专门收购、处置县内金融机构发放的农村承包土地的经营权抵押贷款形成不良后的抵押物，是继沂南县之后的全省第 2 家专业性农地收储公司。目前，该公司已完成账户开立与税务登记等程序，进入实质经营阶段。

（七）创设流转交易平台，畅通资产流转渠道

目前，已建立依托县、镇两级土地流转平台进行土地流转和管理的交易体系，推动完善农村产权交易市场体系。至 2018 年 7 月末共流转土地 12.33 万亩，成交 1 710 笔，流转金额 1.33 亿元，比 2017 年末新增 1.47 万亩、290 笔、0.41 亿元。

（八）落实央行政策激励措施，扩大抵押贷款规模

加强对金融机构的政策激励，引导金融机构开发推广适合农村承包土地的经营权抵押贷款特点的金融产品，建立相应的尽职免责和不良贷款处置机制，积极扩大抵押贷款发放规模。试点工作开展以来，中国人民银行对参与试点积极性较高的沂源农商行、沂源博商村镇银行累计发放支农再贷款 6 亿元，优先用于支持发放农村承包土地的经营权抵押贷款。

二、试点工作取得突出成效

（一）抵押贷款规模迅速扩大，解决了新型农业经营主体的融资难题

2018 年 7 月末，沂源县农村承包土地的经营权抵押贷款余额 34 456 万

元，比上年同比增长70.30%，其中支持农户500户6 238万元，专业大户30户1 090万元，农民专业合作社1家150万元，农业产业化龙头企业21家26 930万元，有效解决了农村新型经营主体融资难题，拓宽了发展空间。

（二）抵押贷款发放助推了脱贫攻坚工作，推进“三农”工作

抵押贷款发放助推了脱贫攻坚工作，获得抵押贷款支持的农业经营主体已经辐射带动了3个省级扶贫村、2个市级扶贫村、6个低收入村脱贫解困，常年安置剩余劳动力800余人，农民人均年增收3 300余元，带动400余户贫困人口脱贫。

（三）试点工作成效得到上级充分认可，未来发展前景更加广阔

2016年9月，充分总结沂源县依托农村承包土地的经营权抵押贷款助力金融扶贫等模式，形成的专报件得到市委副书记于海田同志的批示。2017年4月，《山东沂源“两权”抵押促增效》被《人民日报》采用，《沂源县认真落实全省“两权”抵押贷款试点工作现场会精神全力推动增量扩面》被中国人民银行济南分行“两权”抵押贷款试点工作简报第12期采用。2017年8月，《加大金融政策创新，盘活农村“沉睡”资产》《“两权”抵押盘活农村资产》被《淄博日报》采用；《推进“两权”抵押贷款，助力农业发展》被淄博电视台淄博新闻栏目报道。

淄博市农村集体资产股份合作制改革

（2016）

根据中央和省委、市委要求，按照市委全面深化改革领导小组办公室《推广推介农村集体资产股份制改革试点实施方案》工作部署，2016 年在全市开展了农村集体资产股份制股改推广推介工作。各试点单位各项工作进展顺利，取得了阶段性进展，成效显著，并且针对当地实际，总结出了不同类型村（居）集体资产股份制改革的新路子和新经验。

一、基本情况

按照《推广推介农村集体资产股份制改革试点实施方案》要求，2016 年 8 月 3 日，召开了全市农村集体资产股份制改革试点推广推介工作会议，全面启动农村集体资产股份制改革试点推广推介工作。截至 2018 年 7 月底，全市完成清产核资村 2 381 个；完成数据录入的村居 1 416 个，占 43.15%；完成资产量化村（居）1 360 个，占总数的 44.54%。累计清查资产总额 186.15 亿元，清查集体土地 190.72 万亩；完成注册登记村（居）522 个，占总数的 15.94%。

（一）深入调研，理清思路

按照市委、市政府关于积极稳妥推进农村集体资产股份制改革试点的要求，2015 年上半年，市农业局在博山区南域城社区、中郝峪村和淄川区公孙村先行开展农村集体资产股份制试点改革，群众反响强烈，为推广推介农村集体资产股份制改革试点积累了经验。2016 年 3 月 23 日，市农业局组织各区县农业局分管局长、经管站长和部分试点村负责人到潍坊市奎文区孙家社区进行考察学习，着重就试点村（居）遇到的困难和问题进行讨论交流，特别是对成员界定、股权量化等关键环节深入探讨，明确试点目标、任务和步骤。淄川区、博山区、周村区、临淄区、高新区等各区县也都组织试点单位到青岛、威海、潍坊等省内已开展改制的单位学习，有力推动了试点工作开展。

（二）制定方案，加强领导

市及各区县制定了农村集体资产股份制改革试点工作实施方案，市推广推介工作会议后，各区县都召开了推广推介工作会议，成立了分管区县长为组长，有关部门参加的农村集体资产股份制改革试点工作领导小组。

（三）强化指导，规范运作

为推动工作开展，市农业局先后印发了《关于规范农村集体资产股份制改革试点程序的通知》（淄农发〔2016〕116号）、《关于做好农村集体资产股份制改革清产核资工作的指导意见》（淄农发〔2016〕117号）、《淄博市农村集体资产股份制改革试点工作有关法规政策问题解答》（淄农发〔2016〕118号）和《淄博市农村集体资产股份制改革试点工作检查评价办法》（淄农发〔2016〕119号）等文件，对全市农村集体资产股份制改革试点在工作程序、工作标准、相关法规政策等方面提出了指导性意见，确保试点工作规范运作。各区县、试点镇（办）及试点村都结合自身实际，制定了具体的实施方案，推动试点工作规范、有序开展。

（四）培训督导，强力推动

全市统一印制《农村集体产权制度改革学习资料》和《全市农村集体资产股份制改革试点工作资料汇编》等发放到区县、镇办和试点村（居）；采取以会代训的形式对区县、有关镇（办）、试点村（居）负责人进行业务培训；组织部分区县参加农业部举办的产权制度改革培训班，增强股改工作的理论基础和系统操作技能。同时，全市实行一月一调度，并编印《农村集体资产股份制改革试点情况专报》，及时报送市委、市政府、市直有关部门、各区县委、县政府有关领导参阅。区县通过举办培训班、发放学习资料、到外地参观考察等形式进行了业务培训全市累计培训工作人员800余人次。

（五）全面启动，各具特色

按照市委、市政府“一个定位、三个着力”和“六个干”的要求，高点定位、先行先试，形成一批可学习、可复制、可推广的经验。如张店区对城中村、园区村的股份制改革实现新突破，“农村土地承包经营权确权确股不确地”的探索为农村集体资源型资产找到一条破局之路。淄川区公孙村结合城郊、旧村改造、土地承包等工作，形成了全市第一个村级集体全产权进行股份制改革试点的模式。博山区探索试点了以南域城社区、中郝峪村为代表的集体资产股份制量化模式和以上小峰村扶贫专项资金折股量化到户的模式，找到了发展壮大村集体经济和农民脱贫致富的有效途径。高新区对所有村（居）进行了动员部署，利用一年的时间整建制完成农村集体资产股份制改革，完善乡村治理结构为实现全域城市化奠定基础。

二、主要成效

（一）明晰了集体资产产权，创新了农村集体经济运行机制

通过农村集体资产股份制改革，相关村（居）摸清了家底，明晰了集体经济组织成员对集体资产的所有权、收益分配权以及民主决策、民主参与和民主监督管理权，同时也保持了集体资产的完整性。

（二）有效保护了农民集体资产权益，加快了城市化进程

通过农村集体资产股份制改革，比较全面、完整地界定了人员身份，区分了村集体经济组织成员和村民（居民）的不同，打消了广大农民群众担心随着村居城市化进程的推进，集体资产被平调、侵占的顾虑。

（三）保护和发展了农村生产力，壮大了集体经济实力

通过农村集体资产股份制改革，实现了“资产变股权，农民变股东”。调动了农民群众关心、参与农村集体经济管理的热情。

（四）初步实现了按股分红，增加了农民财产性收入

通过改革，既体现了广大社员的劳动联合，实行按劳分配；又体现了广大社员的资本联合，实行按生产要素分配，有效增加了农民来自集体资产的收入份额，从体制上保护了农民的切身利益，促进了农民增收。

（五）切实加强了民主管理，维护了农村社会和谐稳定

完成试点任务的村（居）所新成立的股份经济合作社或股份公司普遍建立了股东（成员）代表大会、董事（理事）会、监事会等组织机构，形成了所有权、决策权、经营权、监督权、收益权“五权”统一协调的经营管理新机制，为扩大基层民主、实施监督制约、防止集体资产流失奠定了制度基础，原来由于产权不清，管理混乱，长期困扰农村地区的党群矛盾、干群矛盾得到了有效化解。

三、工作建议

从总体看，全市农村集体资产股份制改革试点工作成效显著，但也存在一些问题和不足。一是个别基层对农村集体资产股份制改革认识不到位、重视程度不够，有畏难发愁的思想。二是缺少法律法规和配套政策支撑。集体组织法人地位不明确，集体经济组织成员认定、股权量化范围、股权处置等，没有法律规范。采取依法依规、民主决策的推进方式，使试点规程的制度难度和把握难度加大，稍有不慎，可能出现工作偏差。三是改制后注册难的问题尚未解决。

（一）搞好顶层设计

建议国家出台农村产权制度改革相关政策和法律法规，省级出台实施意

见，市区县出台相关配套措施，形成上下配套的整体推进措施，使农村产权制度改革能够有法可循、有规可依。建议制定《农村集体经济组织法》或者相关条例，赋予农村集体经济组织法人地位，明确其组织形式、职能定位和管理办法律。

（二）严格规范操作

农村产权制度改革不仅政策性强，且直接涉及农村集体和农民个人切身利益。进行农村集体资产股份制改革，必须坚持民主决策，群众自愿，确保集体经济组织成员对改革的知情权、参与权、表达权和监督权，切实维护农民的合法权益，防止集体资产流失，确保风险可控，确保稳定。严格遵守各项法律法规，严格规范操作，积极稳妥地处理好集体及其成员利益关系，及时化解出现的各种矛盾纠纷，确保农村社会稳定。

（三）强化政策支持

加大政策扶持力度，对改制为社区股份合作社的新型农村集体经济组织给予税费减免等优惠政策，如对按照股份向成员进行收益分配的，暂缓征收个人所得税等，鼓励进行集体资产股份制改革。

（四）加强组织领导

一是要进一步加强宣传，营造氛围；二是严格执行国家有关法律法规以及文件规定，正确处理好改革、发展和稳定的关系；三是部门联动，形成合力。农村集体资产股份制改革涉及组织、民政、财政、农业、工商、税收等多个部门，要在各级党委、政府统一领导下，形成各负其责、配套联动的推动机制，确保农村集体资产股份制改革稳步推进。

互联网+农业供给侧结构性改革
（2017）

推进供给侧结构性改革，是以习近平同志为核心的党中央做出的重大决策。农业领域贯彻落实中央决策部署，推进农业供给侧结构性改革，是当前和今后一个时期“三农”工作的主线。淄博市把“互联网+农业供给侧结构性改革”作为推动农村改革发展的重点，通过发挥山东沃农资电子商务有限公司、淄博思远农业开发有限公司、桓台县联华超市、高青县农凯米业等涉农企业的典型带动作用，进一步提高了农业综合效益和竞争力，培育农业农村发展新动能。

一、深刻认识准确把握，明确改革重要意义

淄博市委农工办高度重视改革工作，认真贯彻落实习近平总书记系列重要讲话精神，认真贯彻落实中央、省、市农村工作会议精神，按照《中共淄博市委改革办关于推广推介2017年第一批自主改革创新经验的实施意见》要求，紧紧围绕市委、市政府重点工作，坚持把中央、省委、市委部署的改革任务落实落地，坚持“规定动作”与“自选动作”相结合，坚持把“互联网+农业供给侧结构性改革”与美丽乡村建设统筹谋划，坚持利用全媒体进行改革任务互动宣传。将推进“互联网+农业供给侧结构性改革工作”明确为2017年农业农村工作的重点任务，仔细分析研究沃农资、思远农业、联华超市、农凯米业4家涉农企业的工作情况，总结提炼自主改革创新经验予以全面推广推介。

二、多措并举抓点带面，推动改革落实落地

（一）制定实施方案

全市推广推介2017年第一批自主改革创新经验工作会议召开之后，市委农工办按照市委改革办工作安排，第一时间向分管市领导作汇报，第一时间专题提交农工办主任办公会议研究贯彻落实意见，第一时间制定改革工作实施方案，第一时间向市委改革办沟通交流情况，第一时间向承担改革任务的相关区县传达安排部署。制定的“互联网+农业供给侧结构性改革”的实施方案，确定了改革典型的推广推介任务目标，突出了改革重点的推广推介内容，明确了改革任务的具体要求和时间节点，改革工作一步一个脚印，扎实有序、逐步推进。

（二）全面安排部署

2017年2月9日，全市农村工作会议召开。会议传达学习了全省农村工作会议精神，总结工作，分析形势，安排部署2018年农业农村工作。会上，同步推广推介了“互联网+农业供给侧结构性自主改革”创新经验。市领导于海田、王可杰出席会议并讲话。于海田要求，要坚持以中央和全省农村工作会议精神为统领，准确把握农业农村工作的新形势，深刻理解和把握中央对农业供给侧结构性改革的形势判断，深刻理解和把握农业供给侧结构性改革的基本内涵和重点任务，深刻理解和把握淄博市推进农业供给侧结构性改革的重要性和必要性。要充分发挥沃农资、思远农业、桓台联华、高青农凯米业等涉农企业的典型带动作用，进一步提高农业综合效益和竞争力。

（三）实地调查研究

市委、市政府分管领导，市委农工办主要负责同志、分管负责同志先后带领改革工作调研组赴沃农资、思远农业、联华超市、农凯米业以及淄川毛豆科技、博山上瓦泉草莓种植基地、临淄忆当年种植农场、桓台茂兴农业合

作社、高青田源现代农业、沂源乡村园农业基地等涉农企业进行深入调研，实地考察企业生产情况，参阅相关资料，观看企业发展电视专题片，与企业负责人进行座谈，详细了解掌握全市面上“互联网＋农业供给侧结构性改革”工作情况，深入总结典型企业示范带动经验，积极进行推广推介。

（四）媒体推广推介

认真总结沃农资、思远农业、联华超市、农凯米业等企业的相关经验做法，提炼典型示范经验，在《农村工作情况通报》2017 年第 1 期予以刊发推介。对相关典型企业的经验做法进行“解剖麻雀”，逐个企业提炼经验，分别通过媒体平台《淄博新闻》《淄博日报》《淄博新农村》等进行推广推介。有关区县和高新区的农工办、改革办、农业局、供销社等相关职能部门相应在各自媒体、宣传平台上予以推广推介，在全市形成宣传推广“互联网＋农业供给侧结构性改革”的强大合力。

三、统筹协调全面推进，激发改革释放活力

在全市层面上，通过自主改革创新经验的推广推介，典型企业的示范带动作用，进一步激发了农业农村的发展活力，进一步激发了农民增收致富的发展动力，自主改革创新的经验成果惠及了更多的农民群众，提升了农民群众对改革的获得感。《山东新闻联播》《淄博日报》等媒体分别刊发典型经验，对创新开展“互联网＋农业供给侧结构性改革”的做法给予充分肯定。

在区县层面上，承担改革任务的淄川、临淄、桓台、高青、高新区思想上高度重视，积极谋划工作举措推动改革，相应取得了改革带来的实实在在的成果。

淄川区同步推动“互联网＋富硒产业改革”“互联网＋有机农业改革”“互联网＋食用菌产业改革”“互联网＋有机果品改革”“互联网＋高端特色畜牧业改革”等项目，全区涉农企业把“互联网＋农业供给侧结构性改革”作为发展的重要途径。七河生物利用物联网技术，建设工厂化智慧车间，实现了食用菌高产高效节能自动化、智能化、规模化生产，年产香菇菌棒 1 500

万棒，日产杏鲍菇 30 吨，香菇出口韩国、日本、美国、德国、加拿大等国家，年出口创汇 2 000 万美元。

临淄区为深入推进农业供给侧结构性改革，推动“新六产”发展，培育农业农村发展新动能，打造临淄现代农业升级版，出台了扶持现代农业发展十条政策措施。这十条政策分别涉及土地规模经营、农业龙头企业产业化推进、产品品牌与标准化生产体系、水肥一体化和高效节水农业、培植壮大村（居）集体经济、鼓励工商资本参与农业产业化经营、全力推进农业社会化服务体系建设、实施省级生态循环农业示范区创建行动、鼓励农业人才培养及农业科技创新、完善财政支农资金体系建设等内容。

桓台县对“互联网 + 农业供给侧结构性改革”推广推介工作进行全面安排部署，县委农工办与县供销社联合到推广推介典型企业联华超市进行调研，与企业负责人进行座谈，摸清企业发展状况，总结企业相关特点，在全县层面进行推广推介。

高青县根据市委改革办、县委改革办部署安排，把“互联网 + 农业供给侧结构性改革”作为推动农业农村工作发展的主线，积极发挥农凯米业的典型带动作用。目前，农凯米业建立农产品消费 O2O 模式，通过成立“高青绿仔城乡信息服务有限公司”建立电子商务综合平台，以资源整合、品牌塑造、品质保证、O2O 互通体验、扩展农产品上行渠道为主要目的，大力发展农产品线上销售。

高新区印发了淄博高新区工委推广推介 2017 年第一批改革创新经验的实施意见，召开了“互联网 + 农业供给侧结构性改革”推广推介工作会议，到沃农资进行实地调研，在高新区开展了一系列“互联网 + 农资电商”的宣传和推广。

在全市推广推介的典型企业层面上，沃农资、思远农业、联华超市、农凯米业这 4 家承担改革任务的企业，进一步提高服务农业综合能力和社会竞争力，为深化改革贡献力量。同时，在推动改革的过程中，进一步总结与提高，企业自身得到发展壮大。沃农资开发运营的“沃农资电商平台”集农资电商、农村末端物流、农村团购商贸和农村金融于一体，在省内已签约线下商户 14 000 余家，与中农、中盐、翔龙等 16 家化肥生产厂家合作线上产品订制化；与齐商银行小企业中心已发放近 1 000 万元商户贷款，帮助近 100 户商户解决资金周转问题。思远农业已成功推广到全国 11 个省市的 79 个加盟分社，建成 2 000 余个村级服务站，服务全国 5 万多标准化社员，带动千万农户共同致富，已然成为现代农业领域较大的社会化服务组织。按照标准化管理，每年的农药、化肥投入量降低一半以上，产量平均增加 20% ~30% 以上，部分增产超过 50% 。大棚种植实现了高产量、高品质、高效益、低投入的“三高一低”标准化生产目标。联华超市近千家供应商的 3 万余种线下经营的商品也全部实现上线销售，实现了线上线下商品与供应链的同步管理。线上有“联华乐购”电商服务平台，分为电脑 PC 端与手机 APP 客户端，线下有联华超市实体店和线下体验区。农凯米业建立了“田多多庄园微信公众平台”，开设了淘宝网“高青大米”企业店铺，在京东商城“高青馆”、中国建设银行“善融商城”“天下丰收网”“惠农网”等电商平台销售高青大米、田多多果蔬农产品等系列产品，不断扩大品牌影响力。

努力将“农保姆”打造成百姓的“贴心保姆”
(2018)

2018 年 1 月，市委改革办将“农保姆”APP 平台列为第一批创新改革经验，并在全市进行大力推广推介。“农保姆”是国内首家设施农业标准化管理应用系统，由山东思远农业发展有限公司与国家农业信息化工程技术研究中心合作开发，是物联网、大数据、云计算、人工智能等现代信息技术与农业社会化服务、标准化生产深度融合的产物。

“农保姆”APP（社员版）包括农学院、微农、标准化种植、价格指数、供求板块和个人中心六个模块。“农学院”提供标准化种植的学习、培训与考试认证；“微农”提供即时解答服务和种植经验分享；“标准化种植”提供标准化种植模式服务；“价格指数”提供国内蔬菜地头价格发布；“供求板块”提供求双方服务信息；“个人中心”提供的社员生活服务。“农保姆”的推广应用，展示了现代农业的个性化服务，体现了新型经营主体的精准化服务，实现了小农与大市场的有机衔接。

一、“农保姆” APP 平台推广推介情况

自“农保姆”APP 平台创新改革经验被市委改革办列为 2018 年第一批改革创新经验以来，市农业局高度重视，专门组织召开党委会议，专题研究推广推介工作，并印发了《淄博市推广推介“农保姆”APP 平台建设实施方案》（淄农字〔2018〕11 号）。按照时间节点要求，1 月 28 日，组织召开了全市“农保姆”推广推介动员部署会。各区县积极响应，普遍研究制定了工

作方案，召开了动员部署会，并结合各自实际，通过组织培训、送“农保姆”下乡等多种形式，扎实组织开展了“农保姆”APP平台推广推介工作。到活动结束，在全市76个蔬菜园区，注册“农保姆”APP平台用户8 771个，超额完成了注册用户6 000个的目标任务。

二、经验做法

（一）坚持党委领导

在“农保姆”APP平台推广推介工作当中，始终坚持党委对该项工作的领导，将创新改革经验推广推介纳入党委议事决策议程，组织召开党委会专题研究推广推介工作，充分发挥党委在重大问题上的核心领导作用。部署会上，市政府分管副市长王可杰专门做出批示，批示指出：“农保姆大数据服务实践案例”是农业部确定的全国农业农村大数据实践案例；批示要求：全市各级各有关部门要把农保姆APP推广推介应用作为实施乡村振兴战略、深化农业供给侧结构性改革、加快农业新旧动能转换的重要举措，要高度重视、迅速启动，搞好结合、形成合力，加强培训、务求实效，广泛宣传、营造氛围，提升“互联网+现代农业社会化服务”水平，推动全市农业农村现代化持续走在前列。市政府领导与局党委的积极参与，对推广“农保姆”APP工作，既起了示范带头作用，也为启动工作提供了坚强的组织领导保障。

（二）坚持规划先行

为做好“农保姆”平台推广推介工作，积极组织有关人员，在全市开展了大调研活动，并结合调研情况进行了认真分析，充分梳理摸清了全市蔬菜产业发展现状，有针对性的研究制定了《淄博市推广推介“农保姆”APP平台建设实施方案》。方案中明确了推广推介目标任务、方法步骤和时间安排，提出了推进工作措施。参与推广推介工作的8个区县，也结合本地蔬菜产业发展布局，以及种植规模、产业需求，制定了切实可行的推广推介工作方案。突出强化规划、方案的指导与引领作用，有效地保证了推广推介工作有条不案的推进实施。

（三）坚持聚焦聚力

在“农保姆”APP平台推广推介实施阶段，加强了与市蔬菜办公室、区县蔬菜局、蔬菜中心的沟通协调，统筹调动全市蔬菜产业体系力量，聚焦聚力开展推广推介服务。3月16日，为进一步增强蔬菜系统人员对“农保姆”的认识，市蔬菜办公室组织100名系统内人员和蔬菜标准园区负责人，在山东思远农业发展有限公司进行了专题学习培训，进一步熟悉掌握“农保姆”APP平台应用。各区县也结合新型职业农民培训工作的组织实施，积极邀请思远农业专家技术人员到培训班上进行专题授课，现场指导注册使用“农保姆”APP。区县农业、蔬菜部门还专门组织相关人员到思远农业进行观摩学习，推广推介期间，思远农业接待来访团队60余个、1 500余人。

（四）坚持典型带动

在推广推介工作开展期间，充分发挥“农保姆大数据服务实践案例”被列为农业部农业农村大数据实践案例，以及入选淄博市2018年第一批创新改革经验的影响、示范、带动作用，积极推动“农保姆”APP平台用户崔英浩、于长宏、于永先等一批受益菜农现身说法，畅谈应用“农保姆”APP后所带来的好处，以及取得的成效。如：平台用户崔英浩高兴的说：“现在不用出门，就是躺在床上也能实现大棚的卷帘、放风，如果再装上水肥一体化技术管理系统，同样在家里也能完成自动浇灌，非常的省功、省力、实用。平台用户于长宏说：“原来一个菜棚打药，要用一上午，自从用上了“农保姆”平台，安装了自动化喷淋系统，同样一个棚分分钟就能解决，而且喷的药还均匀，灭虫害效果还好。人也可以不用在棚里，在手机上点点就行，大大降低了农药对人体侵害的风险”。身边典型的现身说法，极大地促进了“农保姆”APP平台的推广应用。

（五）坚持革新强基

为了进一步完善“农保姆”APP平台建设，2018年1月30日至2月3

日，在市农业局调研员朱卫东带领下，临淄区农业局、皇城镇政府、思远农业等单位一行8人前往浙江杭州、北京进行了为期5天的智慧农业学习考察，通过听、看、访、学，进一步完善了智慧农业——“农保姆”平台建设发展的新思路。山东思远农业发展有限公司也选派科技人员，常驻国家农业信息化工程技术研究中心加强沟通交流，根据广大用户需求，积极改造提升“农保姆”APP平台性能，实现了从1.0到4.0版的3次升级。目前，“农保姆”已汇聚20余种果蔬的标准化服务大数据，包括1 000余部相关教学片，296门标准化种植学习课程，20余种果蔬作物35个茬口全覆盖的标准化技术方案，16部共计300余万字的教材，总资源量超过100TB。

（六）坚持宣传推动

各项活动开展后，市农业局借助互联网、淄博农业手机报、微信公众号、报刊杂志等媒体，组织开展了广泛的宣传，推广推介“农保姆”APP平台经验。为充分发挥宣传效应，还积极挖掘“农保姆”APP平台应用典型，在山东农科频道制作“有了‘农保姆’村民躺被窝里管大棚”专题片进行大力宣传，营造起了良好的社会氛围。

三、取得的主要成效

“农保姆”APP平台的推广应用，将农技推广人员到田间地头推广新成果新技术与菜农通过智能手机学习蔬菜种植新技术有机结合起来，构建形成了“线上线下”双轨并行的农业技术推广服务新模式。

“农保姆”APP平台的推广应用，整合了全市乃至全省蔬菜专业技术力量，让菜农与农业技术专家能够开展网上交流互动，实现了远程技术会诊，解决了农业技术推广人员下不去问题，并有效破解了农技推广“最后一公里”难题。

“农保姆”APP平台的推广应用，让山东思远农民专业合作社探索建立的设室蔬菜标准化生产服务新模式以及7F标准化生产新技术得到了有效推广，实现了高产量、高品质、高效益、低投入的“三高一低”标准化生产目标，让菜农得到了实实在在的实惠。

“农保姆”APP平台的推广应用，也让其自身存在的不足之处充分的显现出来，进而对其进一步优化升级，推动了“农保姆”APP平台的自我完善、自我提升。

创新四项信息化管理机制
助力精准扶贫
（2018）

为提高扶贫开发精准度，淄博市以扶贫、改革、试验为主题，立足贫困户底数求准、脱贫质量求真、资金管理从严、责任落实从严，依托扶贫大数据平台，探索创新四项信息化扶贫管理新机制，做到对贫困对象精准化识别、对扶贫资源精确化配置、对脱贫资金项目精准化管理，提升了脱贫攻坚管理信息化水平，为打赢脱贫攻坚战提供了“网动力”支撑。其中“一库四有”项目监管做法被省扶贫办在全省予以推广。

一、主要做法

（一）建立“信息化”贫困识别退出管理机制，确保识别退出精准化

建设了集信息数据录入、统计、分析，扶贫开发成效展示、督查考核、动态管理等功能为一体的淄博市扶贫开发指挥平台，对贫困人口实行动态化、精细化管理，为精准扶贫、精准施策提供可靠的依据。一是六步法精准识别贫困人口。出台《淄博市贫困对象动态调整管理实施细则》，通过组织培训、农户申请、入户调查、民主评议、公示公告、建档立卡“六步识别法”对贫困人口进行精准识别。二是四项标准评估验收贫困村。按照建档立卡贫困户年纯收入、村人均纯收入、村集体年经济收入、五通十有四项标准和验收评估、提出申请、公示公告、审核备案、抽查验收等五步程序，完成“十二五”期间 474 个省定扶贫工作重点村的评估验收和精准退出工作。三是四级管理把关信息质量。严把信息采集质量，贫困村、贫困人口调查数据收集从

基础和源头抓起，规避人为因素，认真审核，层层把关，确保准确、真实、可靠。同时，做好建档立卡工作，做到户有卡、村有册、镇办有簿、县有档案、市有信息平台。开展了2017年贫困对象动态调整数据清洗工作，对贫困人口信息进行比对核查，并进行分类整改。

（二）建立“一库四有”项目监管机制，确保项目质量和实效

对项目实行信息化管理，创新“一库四有”监管体系，提高扶贫项目管理水平和工作质效。一是分类建立产业扶贫项目储备库。按照新建、续建、拟建、储备四种类型建立产业扶贫项目储备库，未入库的项目，不得列入年度项目实施计划。积极充实项目储备库，2018年新增入库项目131个，目前全市共有入库项目803个。二是市及区县有专家评审委员会。市级及各区县均建立项目评审委员会，入库专家数达229人，涵盖规划、财政、种植、养殖、旅游、电商、光伏、电力等各方面专业人员。区县在项目审批时召开项目评审会，从专家库中抽取与项目实施关联度高的7～11名专家，对项目的可行性、实用性、预期成效等方面进行论证评审，评审通不过的项目不予审批、不予备案、不予实施。三是镇有监管平台。成立由镇财政所、经管站、记账中心、扶贫办工作人员等组成的监管小组，建立农村“三资”监管平台，确保扶贫资产资源实时查询、实时分析、实时监管。四是村建有扶贫理事会。在全市省扶贫工作重点村全部成立了扶贫理事会，从老党员、老干部、村民代表、致富能手、贫困户代表和村干部中，推选公道正派、有参政议政能力、有奉献精神、群众威信高的人员组成扶贫理事会成员。扶贫理事会全过程、全范围参与扶贫项目的监管和收益分配，确保项目规范、持续运营。五是户有扶贫联络员。由村扶贫理事会成员、村网格员、大学生村干部、驻村第一书记等担任扶贫联络员，当好宣传党的扶贫政策的宣传员、产业选择的调研员和困难群众的服务员。脱贫攻坚以来，全市共实施产业扶贫项目708个，截至目前，已实现建档立卡贫困人口6.5万户、11.8万人受益，户均增收755元。同时，带动有劳动能力贫困户7 500多人就业，人均收入近2万元。

（三）建立“科学化”资金监管机制，确保资金安全有效

将扶贫资金纳入大数据平台，建立常态化、信息化、多元化的扶贫资金项目监管体系。一是建立“因素法”科学分配扶贫资金机制。根据脱贫攻坚任务需要，分配因素发生变化，在统筹考虑未脱贫贫困人口数、已脱贫享受政策贫困人口数、未享受项目覆盖贫困人口数等因素基础上，2018 年，资金重点投向贫困程度深的南部山区、库区和黄河滩区，同时考虑上年度资金使用绩效评价结果，对资金绩效评价成绩前三名区县适当奖励。二是建立跟踪监控制度。不断完善基于网络信息平台的跟踪监控手段，借助信息平台对项目实施终端实现从项目申报、审批备案、资金报账、进度报量、完工验收全过程的信息记录。三是建立多方监管制度。2018 年，全市投入各级财政专项扶贫资金 23 370 万元，同比增长 24.5%。充分发挥各方监管力量的合力，通过沟通协调监管计划、重点事项联合核查以及委托第三方审计、强化社会监督等方式，形成更加立体完整的监管体系。

（四）建立“动态化”社会帮扶机制，构建扶贫大格局

实施结对帮扶、打造扶贫品牌、智慧医疗服务平台等公益网络工程，鼓励社会各界积极参与扶贫，构建社会扶贫大格局。一是实施结对帮扶全覆盖。实现了第一书记派驻、驻村工作队驻村、村企结对帮扶、党员干部包户“四个全覆盖”，将所有帮扶信息全部录入扶贫信息数据平台，实行动态化管理，建立了一支“永远不走”的帮扶队伍。截至目前，帮扶单位投入扶贫资金 6 287.28万元，企业及个人共捐助资金 4 795.09 万元。二是打造“我和你·携手奔康”扶贫品牌。依托网络、微信等平台，动员社会各界力量奉献爱心，实现建档立卡贫困人口与广大网民的对接，形成全社会脱贫攻坚的强大合力，共开展各类扶贫品牌活动 145 项。三是建立智慧医疗服务平台。探索建设智慧扶贫养老管理中控平台，免费为特殊贫困群体配备一键呼叫、健康咨询智能终端，特殊贫困群众足不出户可以呼叫医疗服务。目前，仅临淄区已为特殊贫困群体提供呼叫医疗服务 2 500 人次。

二、取得成效

一是进一步提高了扶贫工作的精准度。通过大数据技术，提高了数据加工能力和效率，能够深度挖掘扶贫数据的价值，为扶贫工作提供真实可靠、及时全面的决策数据，为最终实现精准扶贫和精准脱贫保驾护航。

二是进一步提高了检验扶贫工作成效的精准度。根据大数据平台掌握了贫困人口信息、致贫原因后，围绕帮扶结对情况、帮扶计划制定、帮扶计划落实情况、帮扶措施情况，分别监测结对、帮扶计划、帮扶项目落实情况，识别出已落实、未落实的贫困人口分布，关联显示帮扶的人或单位等相关信息。通过帮扶情况分析，确定帮扶工作的精准度和落实率。

三是进一步凝聚了社会扶贫的合力。贫困地区不但需要经济扶贫，更需要信息扶贫。通过网络爱心捐赠、扶贫众筹、扶贫展示、扶贫新榜样等手段，搭建一个连接贫困人口和社会爱心人士、爱心企业的网络服务平台，能够更好地动员社会有能力的人员参与到脱贫攻坚中来。

以现代农业科技示范改革引领助推现代农业发展（2018）

沂源县位于山东省中部，淄博市最南端，是典型的山区县。得天独厚的地理条件和温带大陆性季风气候的共同作用，使得沂源县四季分明，非常适宜种植水果、蔬菜、中药材等多种作物。目前全县林果面积70万亩，总产量120万吨，总收入35亿元，其中苹果30万亩，总产量6亿公斤，果业生产为全县第一大支柱产业。近年来，沂源县果业生产首先面临着农业劳动力减少、人工成本增加、农业劳动力文化素质参差不齐等劳动力要素制约。其次，果业生产面临着水资源逐年紧张、农业用水效率偏低、耕地资源利用效率偏低等资源要素制约。再次，果业生产面临着农药、肥料投入结构不合理、农药和化肥施用量偏高、肥料利用率偏低、肥料施用粗放等农业生产投入品要素制约。沂源县果园土壤出现了土壤板结、酸化，进而导致果品产量降低、品质降低、农户收益减少等问题。为加快农业生产方式转变，提高沂源县林果业规模基地标准化生产技术水平，沂源县沂冠通农业科技发展有限公司积极引进以色列水肥一体化技术，建设了集网室保护性栽培、精准灌溉与施肥、欧洲苗木脱毒、矮砧宽行密植栽培、全程机械化管理、农业物联网等内容为一体的中以现代农业科技示范园。

一、基本情况

中以现代农业科技示范园位于沂源县南麻街道沟泉村，总面积1 000亩，其中一期占地300亩，已完成并投入使用；二期占地700亩，目前正在建设中，计划总投资1.2亿元。2017年中以现代农业科技示范园内的苹果产量达到每亩 1 500 斤，果实含糖量 19 度，较传统果园果品含量提高 40% 以上。依托中以现代农业科技示范园，沂源冠通农业有限公司建有水肥一体化培训中心、示范基地、肥药直配部、化验室等设施，面向当地及周边区域开展水肥一体化技术培训、基地示范、设备配套、肥药直供、统防统治等服务。目前已在淄博市沂源县、博山区、临淄区，日照市、威海市等地建设水肥一体化基地 2 万余亩，亩均节水 80%，节肥 60%，实现“二年结果、三年丰产”的项目建设目标，通过农村一二三产业融合发展，助推果业产业兴旺，强化了乡村振兴战略的产业支撑。

二、主要做法

（一）加强技术和园区建设规划指导

园区建设之初，专门聘请专业测绘公司对园区进行标准化测绘，市级农业部门利用现代化技术对水源、土壤进行监测，通过水肥调节，有效减少水分和肥料的挥发流失、降低农业面源污染，并利用杀虫灯、粘虫板等物理方式对园区虫害进行控制，采取打碎还田方式处理园区杂草，确保园区生态平衡，为苗木生长提供优良生态环境。

（二）做好技术引进和本地化技术改良

一是做好以色列技术和品种引进工作。沂冠通公司认真学习以色列先进技术经验，与以色列希伯来大学农学院等外国专家团队达成了长期战略合作协议，组建了专业服务团队，引进购置了水肥一体化先进设备，从水肥一体化设计、安装、技术指导、管理维护、提供种植肥药套餐等方面，提供一条龙服务。二是做好先进技术的落地生根。沂冠通农业有限公司以中以现代农业示范园为试验场，实现“吸收、研发、转化”的新技术应用三部曲，研发形成一套适合中国中低丘地区农业种植与发展的“滴灌系统”。“滴灌系统”“苹果栽培网式框架结构”分别获得两项实用新型专利。

（三）扎实做好水肥一体化技术推广工作

一是做好水肥一体化技术团队建设。示范园在建设初期就成立了由以色列专家、山东农业大学等国内外院校参与的技术指导小组，具体负责技术培训、巡回指导和检查验收。二是切实做好水肥一体化技术推广工作。抓住机遇，立足实际，积极承接各地水肥一体化工程，通过开展多产业、多地域、多类型水肥一体化项目建设，打造立足沂源、辐射周边的全省知名水肥一体化企业龙头。2018 年实施的威海景翔果蔬水肥一体化项目成为省农业厅高效特色农业发展项目的现场观摩点。三是强化宣传培训。为增强示范园培训功能，沂冠通公司投资 230 万元、建设总占地面积 27.7 亩的水肥一体化技术培训中心。培训中心主体结构为智能连栋玻璃温室，培训主体结构为三尖文洛式，实用面积 400 平方米，一次可同时容纳 120 人参观学习；陈列展示有多种类型的水肥一体化灌溉设备及物联网系统自控设备，配备电脑、触控一体机、音响、桌椅、投影仪和触控一体机及教学设备等，可对农业人员进行灌溉系统的设计、安装、使用、维修以及施肥方案和农艺培训，开展水肥一体化模拟、物联网系统演示、多媒体教学等培训宣传。2018 年 2 月 23 ~ 24 日成功举办全省现代果园水肥一体化技术研讨及现场观摩会。5 月 24 日，中以示范园作为全国唯一一个现代农业项目参加了由国家发改委主办的乡村振兴战略研讨会，并对园区先进的物联网技术作推广演讲。四是以技术为依托，开展果园托管服务。成功研发并投入使用"家庭式滴灌系统"，实施果园分户联合托管。目前，公司采用收取设备使用费的方式，已与 6 家农户签订了 40 亩联合托管合同。在沂源县燕崖、中庄、张家坡、东里等镇建设家庭果园托管示范点 26 处，服务面积近 400 亩。

（四）严格生产管理标准化，实现技术集成发力

一是选取矮砧脱毒苗木。经过细胞工程处理过的矮砧脱毒苗木具有成长速度快、个头大、果型整齐、色泽好、含糖量高等优势。二是宽行密植技术。采用这种技术后实现了光照利用率高，树形整齐，适合机械化作业。三是网室保护性栽培。立柱和铁丝纵横支撑果树，外覆半透明防护网，能防风，防

冰雹，防紫外线，提高果面光洁度。四是农业物联网应用。推行高科技生产管理模式，建立完善的农业“物联网”系统，建设气象观测站 2 个，安装全景摄像头 5 个，预铺管线 2 200 余米，安置监测仪和传感器 30 个。通过预设的控制系统和无线网络，对园区内的空气温度、土壤温度、空气湿度、光照、风速等数据实时采集和在线分析，对果树生长条件进行自动调控，真正实现智能化“云操作”。五是智能水肥一体化。精准计算肥料需求，通过手机操作就能实现千亩果园的自动滴灌。

（五）多种形式入股，发展规模经营

通过“土地股份合作”的方式，在沂源县鲁村镇北徐家庄、刘家庄村建设示范基地 550 亩，种植以色列网室苹果、沂源红苹果和黄金桃等优质果品，对农户采取劳务入股型、资本入股型、片区分租型等服务方式开展股份合作，解决一家一户生产经营模小、产品单一、抵御自然灾害能力差、收益低、增收慢等问题。园区全部建成后，可为附近村民提供 60 余个就业岗位，亩收入达 6 万元以上，是传统园区的 3 ~4 倍。随着园区规模的不断扩大，将带动周边村发展苹果 5 000 亩以上，有效改善果园生产条件，推动全县果品产业规模化发展，进一步凸显区域特色主导优势。下一步，公司将以服务土地流转大户为重点，收集整理流转大户需求，积极开展土地股份合作，进一步扩大水肥一体化应用规模，以土地托管为切入点，以中以现代农业科技示范园为依托，探索“5 公里土地托管服务圈”，即以中以现代农业科技示范园辐射区域以半径 5 公里左右、面积 3 万亩 ~5 万亩为宜，规模适度、半径适宜、功能完备，为农民和各类市场经营主体提供“一站式”服务，打造“县域水肥一体化服务体系”和“田园综合体”等，促进农村产业转型升级，助力乡村振兴。

【编辑评述】

乡村振兴力绘淄博风景

农业、农村、农民问题是关系国计民生的根本性问题。习近平总书记在党的十九大报告中提出的乡村振兴战略，开出了破解“三农”问题的“良方”。淄博市充分认识新时代实施乡村振兴战略的重大意义，把实施乡村振兴战略作为增强“四个意识”、同以习近平总书记为核心的党中央保持一致的实际行动，牢牢把握“一个目标定位、四个着力建设、十个率先突破”总体思路和工作布局，举全市之力，以更大的决心、更明确的目标、更有力的举措，谱写新时代淄博乡村全面振兴的新篇章。

近年来，淄博市立足实际，主动作为，先行先试，从临淄区探索实施的“政府代种”工程、农村“五化”工程等十大“全覆盖”工程中，萃取了乡村“五化”、城乡环卫一体化、移风易俗、旱厕改造、公益性公墓等群众最急需的五项民生工程，作为全市实施乡村振兴战略的先导工程，精准谋划，扎实推进，形成了“顶层设计、舆论先行、典型引路、考核激励、全面覆盖”的制度体系和实践路径，为全国乡村振兴的齐鲁样板注入了鲜明的“淄博特色”。

淄博市出台《关于实施乡村振兴战略的意见》，全面明确了全市实施乡村振兴战略的总体要求、基本原则、目标任务和政策措施，提出到2050年“乡村全面振兴，农业强、农村美、农民富全面实现”的目标，同时制定了2020年、2035年两个阶段性目标，搭建了淄博市实施乡村振兴战略的四梁八柱。

2018年淄博市出台了《淄博市乡村振兴战略规划（2018－2022年）》结合淄博市“四位一体、组群统筹、全域融合”城市工作思路，根据乡村振兴“产业兴旺、生态宜居、乡风文明、治理有效、生活富裕”的总要求，确定了“137481”的乡村振兴战略总体发展框架体系。还发布了《关于实施“百村示范千村整治”工程推动乡村振兴的工作方案》，将从2018年10月到

2020年底，集中开展第一轮“百村示范千村整治”工程，以此作为实施乡村振兴战略的重要突破口。每年打造乡村振兴示范村100个左右、重点村1 000个左右，到2020年全市所有村庄普遍完成第一轮人居环境综合整治任务，培育乡村振兴示范村300个左右。

第九篇

党的建设篇

淄川区实施“三集中三规范”工作法构建村级事务管理新模式
（2016）

近年来，淄川区围绕发挥农村党组织领导核心作用，巩固党在农村的执政基础，解决新形势下“镇上应该怎么抓、村里应该怎么干、农村党员和村民代表应该怎么办”等问题，坚持“大党建”理念，在试点探索的基础上，全面推行了以“集中议事、集中学习、集中评议，规范内容、规范程序、规范监督”为主要内容的村级“三集中三规范”工作法（简称“三三制”工作法），把村级事务集中起来一揽子规范管理，取得了实实在在的效果。该做法被列入2016年淄博市第二批“十大改革创新经验”，在全市推广推介，并作为山东省唯一村级运行机制方面的案例，编入《全省过硬党支部工作典型案例》。

一、实施背景

面对村级工作新形势，如何落实上级决策部署、服务基层党员群众，成为镇村两级必须面对和解决的重要课题。第一，就镇党委政府而言，到底应该怎么抓？面对村级工作新情况、新问题，镇党委政府如何发挥好领导核心作用，如何保证上级决策部署不折不扣落实到村居，如何使镇村保持步调一致，直接考验着镇党委政府的领导驾驭能力和执行落实能力。第二，就镇村干部而言，到底应该怎么干？中央和各级方针政策需要基层干部学习领会好、贯彻执行好。但是就镇机关干部来说，在处理村居工作时常常出现“吃不透”“拿不准”“讲不通”的现象；就村居干部来说，每次“两委”换届后，“新同志”不知道怎么干，“老同志”喜欢沿用老办法，存在不会干、干不好的问题。第三，就农村党员和村民代表而言，到底应该怎么办？党员和村民代表如何行使民主权利，如何处理好外出务工经商与参与村级事务的矛盾，如何监督村居"两委"把各项决定决议执行落实到位，如何发挥好自身作用，这都需要在实践中认真研究思考、不断探索创新。

二、主要做法

一是坚持"三集中"，统筹村务管理。"三集中"，就是村居党组织在镇党委政府组织领导下，每季度召开一次党员和村民代表会议，遇有紧急情况或重要事项，会议随时召开。集中议事方面，主要是讨论表决关系群众切身利益的重大事项，具体到每个季度又有不同重点。比如，第一季度重点是总结上年度工作，确定本年度工作；第二季度重点是安排春季农业生产，启动村居重点工作；第三季度重点是开展"七一"系列活动，村居重点工作攻坚；第四季度重点是安排秋季农业生产，村居重点工作收尾。集中学习方面，主要是组织党章党规、系列讲话、方针政策、工作方法、道德规范、法律法规等方面内容的学习。集中评议方面，重点开展四项评议：一是评议村居书记主任；二是评议村居"两委"成员；三是评议普通党员；四是评议低保人员、临时救助人员、困难党员等特殊群体和"时代先锋""四德""三风"等先进典型。

二是坚持"三规范"，确保质量效果。"三规范"，就是镇党委政府从内容、程序和监督三个方面进行规范，确保会议开出高质量、好效果。规范内容方面，将议事内容确定为 12 项规定内容和 16 项自选内容，规定内容由区委组织部每季度提前征求区直有关部门单位意见建议，汇总印发《淄川区村居党员和村民代表会议参考流程》，镇党委政府根据该参考流程、中心工作和季节特点补充完善后统一提供给村居；自选内容由村居"两委"根据村情民意灵活确定。规范程序方面，统一印发《淄川区村级权力规范化运行指导手册》，重点规范党务、村务、财务、便民服务等四类事务程序，作为村居表决重大事项、开展便民服务、规范各项工作的基本依据。规范监督方面，抓好内部监督，发挥村居党组织纪检委员、村务监督委员会成员、党员和村民代表作用，重点对会议内容、程序进行监督；抓好群众监督，在村务公开栏及时、全面公开会议讨论表决事项及实施结果，每月 1 次公开财务收支明细，每半年 1 次向村民代表和党员发放村务财务明白纸，并做好备案归档；抓好审计监督，审计部门每年排出审计计划，既审计村居收支账目情况，又审计村居干部履职用权情况；四是抓好上级监督，严格落实村居重大事项决策镇党委提前审核把关、包村干部全程监督指导等制度。

三是强化“三保障”，推动制度落实。强化教育培训保障。各镇办组织机关干部、村居“两委”成员进行“三三制”工作法专题培训，安排党政成员定期到挂包联系村居指导，督促村务监督委员会加强对村级事务决策、执行、公开的监督。强化跟踪指导保障。在会前指导方面，镇党委政府按照“四步法”确定村居党员和村民代表会议流程：第一步，班子成员、业务科室提报需要会议讨论决策的事项。第二步，包片包村干部、网格员提报收集到的意见建议。第三步，分管副书记牵头列出议事内容和会议程序，召集包片包村干部开会部署。第四步，召开村居“两委”会议，明确议事内容，掌握会议程序，做好各项准备。在会中指导方面，包片领导、包村干部全程参加会议，对会议的每一项内容、每一个程序、每一处环节进行指导把关。在会后指导方面，抓好会议讨论表决事项公开和落实结果跟踪问效。强化督导考核保障。区委考核组结合基层党建工作考核，每季度对“三三制”工作法落实情况进行考核；区委组织部成立若干个联系镇办督导组，不定期进行督导检查；各镇办建立巡查小组，进行常态化巡回检查，督促抓好落实。将“三三制”工作法落实情况纳入镇办党（工）委书记抓基层党建工作述职评议考核，对落实不到位、不按规定内容和程序进行决策、监督不力等行为，严格按照《淄川区村居工作违规行为责任追究办法》追究有关人员责任，倒逼村居干部依法依规办事。

三、工作成效

一是让镇党委政府清楚了“怎么抓”，强化了政治引领作用。镇党委政府统筹整合各类资源，让村居根据每个季度的特点组织集中议事、集中学习、集中评议，避免了重复开会，提高了工作效率，保证了党委政府决策部署有效落实。无论是项目进地、土地流转，还是环境综合整治、关停土小企业，各项工作都得到了村居和群众的积极配合，上级党委政府安排部署的各项工作顺利推进。

二是让镇村干部明白了“怎么干”，保证了依法依规干事。“三三制”工作法将需要村居做的事情具体化、程序化，“拿过来就能用”，并且镇包片包村干部全程跟踪指导，村居干部既不用担心自己行为违规，也不用担心别人“挖坑”“挑刺”。2016 年以来，组织召开党员和村民代表会议 4 600 余次，避免了走捷径、搞变通等现象发生；组织开展评议村居书记主任 4 600 余次，评议结果与补贴发放、评先树优挂钩，督促村居干部讲纪律、守规矩、讲方法，进一步转变了工作作风。

三是让党员群众知道了“怎么办”，保障了群众权力权益。对关系群众切身利益的重大事项，全部由党员和村民代表按照规定程序步骤民主讨论表决，搭建起了让群众充分行使权利、发挥作用的平台。2016 年以来，讨论表决旧村改造和房地产开发、集体资产处置、经济合同签订、大额资金支出、村居公益事业、村规民约修订等重大事项 1.2 万余项，评议票决特困医疗救助人员、新申请低保人员、“时代先锋”“四德”“三风”先进典型等特定人群 1.7 万余人次，有效避免了优亲厚友、暗箱操作、权力滥用等现象发生，消除了党员群众的疑虑，提升了村居工作满意度。

建立“云党建·先锋在线”平台助推基层党组织组织力提升

（2017）

党的十九大报告强调，加强基层组织建设要以提升组织力为重点。桓台县认真学习贯彻习近平新时代中国特色社会主义思想和党的十九大精神，以党的建设制度改革为契机，按照“内容设计标准化、积分考评数字化、过程管理可视化、结果运用刚性化”的思路，运用“互联网＋”思维，研发了“云党建·先锋在线”平台，探索创新加强和规范基层党内政治生活的新途径新机制，通过严肃党内政治生活，助推基层党组织组织力提升。“云党建”改革创新经验被省委作为党建改革创新案例向中央改革办报送，省委副书记杨东奇同志做出批示；入选2017年淄博市第二批创新改革事项；作为全市“改革七星”之一，迎接了全国深化改革高层研讨会、市委全面深化改革现场观摩会等40余批次的领导专家观摩调研。新华社、《人民日报》、中央人民广播电台、《中国组织人事报》等对桓台县“云党建”做法进行了宣传推介。

一、背景及动因

习近平总书记在十九大报告中强调，要“以党的政治建设为统领”“把党的政治建设摆在首位”，明确了政治建设在新时代党的建设中的战略定位，抓住了全面从严治党的根本性问题。桓台县深入学习贯彻党的十九大精神，集中开展“新形势下如何加强和规范基层党内政治生活”专题调研，结合“两学一做”学习教育问题清单，梳理汇总了基层存在的一些不容忽视的问题。在思想认识上，少数党组织和党员政党意识和党员意识不强，重业务、轻党建，认为政治生活是"软指标"，不能在党言党、在党忧党、在党为党，战斗堡垒作用和先锋模范作用发挥不充分。在活动方式上，有的基层党组织面对形势发展变化，老办法不管用，新办法不会用，使组织生活失去吸引力。有的党支部用各种活动替代党员教育管理，组织生活出现表面化、形式化、娱乐化、庸俗化倾向，偏离了组织生活应有的功能和属性。在工作机制上，有的党支部对党员的管理、评价、考核等机制落实不到位，失之于宽，失之于软。有的不敢坚持原则，畏首畏尾，对不合格党员处置措施不硬。有的上级党组织对下级党组织和党员的监督管理依靠单一的"人管人"，或党员觉悟"自己管自己"，存在管不到、管不好的问题。在落实责任上，少数基层党组织落实管党治党的责任不力，执行"三会一课"等党内政治生活制度不严格。有的经验缺乏，观念陈旧，不会组织；有的认为落实党内政治生活制度太繁琐，嫌麻烦，不愿组织；有的班子软弱涣散，缺乏凝聚力、向心力，不敢组织。解决这些问题，必须以贯彻落实党的十九大精神为牵引，创新方法手段，推进基层党建任务落实，使党的组织更加坚强有力、党员教育管理更加严格规范。

二、主要做法与特点

（一）内容设计标准化，对基层党内政治生活全覆盖

编制《桓台县基层党组织政治生活标准化体系》，明确党员在党内政治生活中"必须做""努力做""不能做"的 80 项内容，使基层党组织有章可循好操作、党员清楚明白易接受。一是紧贴党员实际提出基本要求。经过梳理归纳，提出了党员参加党内政治生活 36 项基本要求。其中，对所有党员提出"认真学习党章党规、中央最新文件精神、习近平总书记系列讲话""按时参加'三会一课'、党员活动日、民主评议党员、组织生活会和民主生活会等党内组织生活"等 16 项共性要求，针对不同领域的党员提出 20 项要求。二是紧跟时代步伐建立先锋标准。着眼创建"时代先锋"品牌，提出"在中心工作、重点工作或急难险重工作中发挥表率作用""积极参加志愿服务、

结对帮扶、‘微心愿’认领活动”18 项先锋标准，引导广大党员对标先进、实干苦干、永争一流。三是紧扣突出问题明确负面清单。紧密结合历次党内集中教育特别是“两学一做”学习教育反映比较集中的问题，梳理归纳了26 项负面清单，促使基层组织和党员按照党内政治生活准则和党的各项规定办事。

（二）积分考评数字化，提高基层党内政治生活质量

利用“云党建·先锋在线”平台，实行先锋指数考评管理，把全县 3.2 万名党员全部纳入其中，使党员参加党内政治生活由“软指标”变成“硬杠杠”。一是分项计分。党员积分由基本分、先锋分、倒扣分三个大项构成。基本分对照 36 项基本要求，按月计分。先锋分对照 18 项先锋标准，按年计分。倒扣分对照 26 项负面清单，从年度综合考评中直接扣除。二是分级审定。基层党支部配有面部、指纹识别终端，党员参加日常组织生活和各类教育培训，通过面部识别或指纹验证签到认定，即可自动生成相应积分。党支部每季度召开支委会，研究确定每个党员的季度得分。三是分类定级。根据综合考评得分，评选出先锋党员、合格党员、警示党员和不合格党员四个考核等次。县镇村三级能够全面掌握所属党员积分情况、考核等次，每名党员通过手机可查看个人历次积分情况、考核等次及党组织近期活动情况。

（三）过程管理可视化，强化基层党内政治生活监督

在“云党建·先锋在线”平台建立“可视化管理模块”，强化基层党内政治生活的全过程、各环节管理监督。一是推进可视化建设。首批建设 1 个平台可视化控制中心、9 个镇（街道）管理站点、347 个村（社区）终端，各终端的监控设施依托互联网接入平台控制中心机房，音视频数据实时储存到平台数据库，就像为党建工作安上了“千里眼”“顺风耳”。二是实时监督管理。严格落实县镇村三级党建责任，分级授予相应的平台权限，上级党组织可以对所辖党组织党内政治生活进行实时监督、远程指导，便于及时发现、纠正问题，推动了过程管控向质量管控的转变。三是拓展平台功能。把“云党建·先锋在线”平台与“桓台党建”微信公众号对接互联互通，党组织与

党员之间能够实时互动。流动党员每月通过手机终端参加学习和基本知识测试，达到了“党员走到哪里，组织管理就延伸到哪里”的实效。

（四）结果运用刚性化，强化基层党内政治生活制度执行力

建立了积分公示、表彰奖励、提醒谈话、警示诫勉、不合格党员处置“五项制度”，优秀有奖励、落后有警示、不合格有处置，形成了先锋党员有荣誉感、一般党员有紧迫感、后进党员有危机感的长效机制。一是优秀有奖励。对年度评选为先锋党员的，深入挖掘并广泛宣传其先进事迹，并作为评定优秀党员、各类评先树优、组织推荐“两代表一委员”、后备干部选配和干部调整使用的优先对象。二是落后有警示。对当月不按时参加组织生活、不按时足额交纳党费、不完成党组织分配任务的党员，通过管理平台采取短信方式提醒告知。基层党（工）委每半年对综合排名靠后的党组织，约谈其党组织负责人。设立党员警示学校，对年度评定为警示党员的进行警示诫勉谈话，采取“一对一”“多对一”等方式结对进行帮促，对警示党员进行“补课”“回炉”。三是不合格有处置。经支部大会讨论确定为不合格党员，按组织程序给予限期改正、劝退、除名处置。基层党员干部反映，“云党建·先锋在线”强化了党员参与基层党内政治生活的管理，真是管准了、管活了、管好了！

三、工作成效

一是规范了党员活动。在基层党支部全面推广主题党日制度，每月固定一天，每次突出一个主题，坚持学做结合，集中开展学习讨论、交纳党费、民主议事、走访群众、志愿服务等“五个一”活动。同时，结合县委中心工作，以“拆违行动”“散乱污整治”“卫生城市创建”为载体，基层党组织开展各类主题活动4 000余个，党员带头参与中心工作和重点项目建设3万余人次。二是实现了过程管控。通过“云党建·先锋在线”平台，构建起了“县—镇办—村居—党员”四级网络和可视化终端、手机终端“两个终端”，把全县基层党组织和党员全部纳入其中。变结果管理为过程管理，为基层党

组织和党员开辟了“指尖上的党建阵地”。三是强化了制度执行。运用“云党建”平台的积分公示、表彰奖励、提醒谈话、警示诫勉、不合格党员处置5项制度，选树表扬先进典型260个，形成了一个先锋党员带动一片的生动局面。对38名支部书记进行警示约谈，发送提醒短信4万余条，对5名支部书记予以免职，督促103名“空挂党员”转移了组织关系。2018年3月以来，各镇（街道）党（工）委对排查出的685名受警示党员集中进行警示约谈、“回炉”补课、教育转化。

以信息化为切入点
推进纪检监察工作创新发展

（2017）

加强信息化建设是纪检监察工作与时俱进的必然要求，是强化监督管理、提高工作效率的重要手段。近年来，市纪委认真落实以信息化推进全面深化改革的工作部署要求，积极探索、选择信息化与纪检改革相融合的切入点和着力点，不断提高监督执纪问责工作效率和水平。

一、着力打造全市纪检监察工作信息系统

在以信息化推进纪检监察工作方面，张店区、周村区纪委分别研发建成了“张店区党风廉政建设责任日常监管评估系统”“周村区廉情大数据平台”，走在了全市前列。在全市纪检监察工作信息系统建设之初，市纪委主要是以周村区“廉情大数据平台”、张店区“党风廉政建设责任日常监管评估系统”为范例，引导各级纪检监察机关进一步增强信息化思维，促进纪检监察工作创新发展。为进一步提升基层纪检监察工作信息化水平，市纪委以标准统一、共建共用、内外分开、分步建设为原则，牵头建设了由全市各级纪检监察机关共用的纪检监察工作信息系统，努力打造形成以信息化推进纪检监察机关监督执纪工作的淄博特色。

全市纪检监察工作信息系统包含“三个平台、两个门户、一个 APP”，三个平台即业务工作平台、廉情数据平台和系统支撑平台，两个门户即纪检监察专网应用门户和互联网应用门户，一个 APP 即系统手机 APP。

业务工作平台主要是为全市纪检监察机关打造更加安全便捷的内部办公平台。为兼顾安全和便利，平台在内外网分开部署，并支持电脑、手机等多

种终端使用。平台功能涵盖工作督查、干部管理、公文管理、车辆管理、会务管理、财务管理、运维管理、保密工作等十余项日常工作。

廉情数据平台主要是为全市纪检监察机关监督检查和审查调查工作提供支撑。主要包括廉政档案管理系统、“两个责任”工作电子监管系统、外部信息查询系统、数据分析比对系统、纪检监察内部数据采集系统等模块。平台重点围绕“人、权、事”，整合纪检监察机关监督对象的各类廉政信息和舆情信息，以及信访举报、审查调查、监督检查、巡察反馈等内部信息，为有关工作提供更加全面、更加及时、更加智能的信息查询服务和智能决策辅助。

支撑平台主要是为整套系统提供软硬件的支撑。主要包括内网数据中心、数据交换系统、报表系统、建模系统、审计系统等基础设施和模块。平台通过集约化的建设管理，为全市纪检监察信息系统各功能模块提供更加安全、更加稳定的运行环境，更加标准化、更加快捷的开发环境，更加规范、更加及时的运维服务。

目前，已完成系统支撑平台第一期建设，正在抓紧开展业务工作平台和廉情数据平台第一期建设。各模块方面，已经上线了外网应用门户和系统手机 APP，启用了手机考勤、内部通讯录、请假、外出报备、用车申请、会议通知、会议报名、会议室预约等功能，在加强工作管理的同时，大幅提高了工作效率。下一步，一是加速廉政档案管理、“两个责任”工作电子监管、外部信息查询等系统的开发实施工作，进一步丰富系统功能、提升使用效果；二是加强对下级纪检监察机关的指导，推动系统在全市纪检监察范围内的深入应用。

二、推广推介张店区党风廉政建设责任日常监管评估系统

该系统主要是将党风廉政建设主体责任按照“工作项目化、任务清单化”的原则，依托“231568”责任体系（“2”是以“两个责任落实”为总抓手，“3”是在全区三个层面各建立三个责任清单，“15”是履行好主体责任十五项职责，“6”是履行好监督责任六项职责，“8”是用好八项保障措施

确保责任落实），采用 N + X + Y（其中，N 为规定任务，是必须贯彻落实的共性工作任务；X 为自选任务，是具有特色性的工作任务；Y 为动态任务，可根据上级工作要求随时部署开展）的任务模式，将履行“两个责任”工作任务细化分配给各责任主体。

从该系统应用效果看，一是责任明晰化，解决“责任架构不清”问题。系统设置区党政领导班子、镇（街道）和区直部门、村居及下属单位三个层面，每个层面根据责任主体不同，分别建立班子、主要负责人、其他班子成员三个清单。各责任主体按照规定的时间节点开展相关工作，并提报相关纪实材料，确保主体责任纵向到底、横向到边。

二是指标具体化，解决“责任清单模糊”问题。系统根据清单内容设立各类任务指标，根据要求完成时限不同，分为月任务、季度任务、半年任务、全年任务或固定日期任务。任务内容和完成时限明晰具体，让各责任单位有载体可抓，有标准可依。对于完成时限前 5 天仍未开展、完成或报送相关内容的，系统将自动发送短信提醒，确保工作实效。

三是落实常态化，解决“工作被动应付”问题。系统将党风廉政主体责任履行情况日常化、指标化，便于各责任主体谋划开展工作，实现了由消极应付到积极主动的转变。

四是运作流程化，解决“工作程序不畅”问题。各责任主体根据时间节点将工作完成情况提报系统，区纪委及派驻纪检组审核把关，对不符合要求的予以退回，限期整改落实到位，并列入当月考核。

五是考核日常化，解决“年底突击考核”问题。系统将全年工作指标分布到各个月份中，每月自动评分，分数作为全年党风廉政建设目标管理考核的一部分，考核更加科学细致。

三、推广推介周村区廉情大数据平台

该系统主要通过大数据、云计算、人工智能等科技手段全面提升党风廉政建设和反腐败工作水平。

一是打造廉政建设管理系统。各部门单位党风廉政建设监督员将本单位党风廉政建设和反腐败工作开展情况，包括党风廉政建设专题会议、三重一大事项管理、“三公”经费管理、廉情考核管理等内容，上传至系统，全方位展示各部门单位党风廉政建设和反腐败工作情况。

二是打造廉洁自律管理系统。数据库收纳了全区 1 200 余名领导干部“三龄两历”、家庭成员和主要社会关系信息、主体责任落实和考核情况、德廉和党风党纪知识测试成绩、述责述廉和民主测评成绩以及受到信访举报、违纪处理、追责问责等 12 大类信息，汇总形成了领导干部廉情大数据，全景展示领导干部廉洁自律情况。

三是打造廉政风险点筛查系统。突出重大工程预防、专项资金拨付等重点，设置审计监督管理、资金监督、工程同步预防三个子系统，构建重点突出、靶向精准的廉政风险点筛查体系，实现关口前移、抓早抓小，为纪委监督执纪提供基础数据。

四是打造 1 + X 廉政大宣教系统。“1 + X”工作机制，即一条主轴线、数个发力端，构建了由区纪委总牵头，区委组织部、区委宣传部、区法院、区检察院等 14 家相关部门单位参与的廉政大宣教格局，各部门单位确定的宣教活动计划全部导入系统。

五是打造廉情分析系统。该体系主要是通过对各系统录入的数据信息进行综合分析，自动对各部门单位整体和领导干部个人廉政情况作出评价，并按照不同级别分别标注红、黄、蓝三色预警，使廉政风险点更加形象直观，强化日常监督。

从廉情大数据平台的应用情况看，一是全面收集“廉情”，监督执纪更加有的放矢。廉情大数据系统汇集全区 84 个部门单位主体责任落实以及 1 200余名领导干部廉洁自律等信息、数据，直观、全面地展现了全区党风廉政建设情况，通过对大量数据整合、碰撞、分析研判，风险级别较高的单位和个人将被列为监督执纪工作重点，有针对性地开展巡察监督、日常监督和专项监督检查等工作。

二是全程跟踪问效，主体责任落实更加到位。廉情大数据平台实现了对全区各部门单位和领导干部主体责任履行情况的全程在线监测和智能化评价考核，将阶段式考核转化为常态化评价预警，有效解决了主体责任压力传导不到位、责任履行不到位等问题，推动主体责任落地生根。

三是突出抓早抓小，日常监督更加严实。廉情大数据平台通过信息化手段对各部门单位党委（党组）、领导干部履责情况进行实时监测，对重点行业、重点岗位、重点人员的廉政风险进行智能评估，发现苗头性、倾向性问题，及时进行预警提醒，切实做到党风廉政建设工作关口前移、抓早抓小。

四是精准分析研判，风险防控更加有效。廉情大数据平台可以通过数据分析研判，对重点领域、重点岗位、重点人员存在的廉政风险实行精准防控，一旦出现预警有针对性的采取措施，及时扶“歪树”、治“病树”，最大限度地保护党员干部。

淄川区“党建地图” 构建新时代开放式组织生活体系（2018）

围绕破解新形势下基层党支部组织生活内容单调、活动单一、党员不感兴趣、缺乏吸引力等问题，2018 年以来，淄川区积极探索改革传统党内组织生活模式，深化“互联网＋党建”理念，依托“淄川党建”微信公众号，开发上线“党建地图”，盘活区域红色资源，发挥典型引领带动作用，将近年来打造的各类党建示范点串点成线、连线成面，让红色基因融入基层党建血脉，使基层党支部开展主题党日更加方便、更具感染力，构建起新时代开放式组织生活体系。“党建地图”运行以来，全区先后有 150 个党组织、4 700 多名党员参加了开放式组织生活。省委组织部《内部参阅》介绍了淄川区的做法。

一、主要做法

坚持以提升组织力为重点，突出政治功能，加强基层组织建设，通过打好“五个红色”组合拳，确保党内组织生活既管用又受欢迎，切实增强党员的认同感、归属感、荣誉感。

（一）整合资源、集成功能，建设“红色阵地”

立足不同领域特点和优势，坚持思维创新、路径创新、方式创新，将党建工作基础扎实、党员整体素质高、特色产业发展好的“两新”组织、农村、城市社区等领域党组织作为基地重点打造对象。实践过程中，整合辖区党员干部教育基地、党建工作示范点、党校教学点、党群服务中心、党性体检中心等六类党建资源，按照“整体规划、分点打造、统一管理、全面开放”思路，2018 年分两批建设 30 个“淄川区新时代开放式组织生活基地”，在主题设计、功能设置等方面突出政治性，促进学习议事、教育培训、党建活动、为民服务、拓展体验等功能在基地集成，使基地真正成为党员锤炼党性的熔炉、干部增强本领的课堂、支部开展活动的阵地。6 月，包括农村、城市、“两新”党建领域和党性党史领域在内的首批 13 个“淄川区新时代开放式组织生活基地”建成并正式投入使用。

（二）搭建平台、丰富内涵，绘制“红色地图”

设计开发“淄川区新时代开放式组织生活基地”线上平台——“淄川党建地图”手机端，图文并茂展示基地信息、组织生活“菜单”等内容，支持在线浏览、活动预约、内容订制、交通导航等功能。基层支部点点鼠标、动动手指，就能全面了解基地信息、个性订制组织生活、准确到达基地现场，实现线上“键对键”信息互联与线下“面对面”资源共享有机融合，推动组织生活进乡村、进社区、进车间、进楼宇、进工程项目一线，为组织生活创新开展插上信息化“翅膀”。

（三）贴近需求、创新载体，开展“红色之旅”

编印《淄川区新时代开放式组织生活指导手册》，聚焦基层支部工作要求和党员实际需求，量身定制组织生活“菜单”，科学确定佩戴党员徽章、重温入党誓词、诵读党章、交纳党费、学习研讨、现场参观六项开放式组织生活“规定动作”，创设先锋故事会、党员生日会、专题党课、党性体检、党务充电、红歌传唱、志愿服务、素质拓展、特色体验等系列“自选动作”。建立“基地列单、支部点单、党员用单”运行模式，突出实景代入、情境教学、现场交流、互动体验，促使组织生活更多体现自主、开放、互动，更有仪式感、更加接地气。

（四）全程纪实、常态考评，打牢“红色印记”

基地安排专人进行纪实，建立完善“一账一表一本”（组织生活台账，党员活动签到表、支部活动记录本)，组织生活开展情况实时上传“山东e支部”，实现线上线下同步留痕。党员参加组织生活情况作为民主评议党员重要依据，对无故不参加的进行谈话提醒，拒不整改、长期无故缺席的视情况给予相应组织处置。

（五）优化管理、强化保障，汇聚“红色力量”

印发《关于构建新时代开放式组织生活体系深化支部主题党日活动的通知》，将党员集中活动、党员分类管理、开展政治理论学习、落实组织生活制度等融入支部主题党日，提升实际效果。制定《新时代开放式组织生活基地运行管理办法》，明确准入条件、审批命名、运行管理等内容。从区管党费中列支部分经费用于基地建设和运行管理、教育培训基层支部和党员。统筹党校、老干部、广电等部门力量，做好主题党课策划、基地专题片摄制等工作。安排年轻干部、选调村干部、党务工作者等到基地学习锻炼，担任辅导教师、志愿者等角色，实行定岗定人定责常态化管理。

二、初步成效

创新开发“党建地图”，探索传承红色基因载体，构建新时代开放式组织生活体系，既让各类先进典型发挥了引领示范带动作用，又推动了党内组织生活的标准化和规范化，增强了仪式感和庄重感，提升了党组织的凝聚力和向心力。

（一）有力促进了互联网技术在党建领域的广泛应用

“淄川党建地图”既生动形象地展示了各基地的基本情况、开放时间、接待人数、地址、联系人等基本资讯，更提供了活动预约、交通导航等线上服务，可谓一应俱全、一目了然。操作过程中，基地绝大多数的工作量可由预约党组织通过线上自助完成，只需对极少数个性化服务进行线下对接。通过线上线下的有机结合，既提升了预约党组织的操作体验指数，也减轻了各基地的工作压力，更实现了全程纪实留痕。

（二）有力变革了传统党内组织生活形式

淄川区构建的新时代开放式组织生活体系，打破了单位、组织界限，通过实施跨区域、跨行业、跨单位联合开展党组织活动，科学设置规定项目和自选项目，由基层党组织按需选点、按需“点餐”、按“图”索骥，充分体现了组织生活中的党员主体地位。工作中，区里统一提供活动流程样本，开展辅导员专项培训，各基地结合实际丰富完善，做到既整体统一、显庄重，又彰显特色、接地气，增强了组织生活的针对性、实效性和开放性。淄川区委办公室调研室副主任孙岩说：“参加开放式组织生活后，感觉和原来传统的组织生活不太一样，可以说是一堂公开课，聚焦的都是党员的一些基本功，规范、庄重、严肃，很受震撼、很受启发、很受教育。”

（三）有力推进了“大党建”格局的构建形成

区委组织部、区党建办充分发挥统筹协调作用，整合宣传、党史、党校、广电等资源力量，突出抓全程、全程抓，“一揽子”统筹摆布活动流程设计、党课备课、专题片制作、基地辅导员培训等各项工作。新时代开放式组织生活体系的构建，从源头上打破了党建“体内循环”，是淄川区统筹资源力量、集聚合力抓党建的生动实践。淄川区“两新”工委书记、党建办副主任侯法加说：“构建新时代开放式组织生活体系，是淄川区围绕深化主题党日活动、提升组织生活质量、促进红色基因传承探索创新的一条新路径。通过充分利用党建资源，发挥党建示范点作用，能够有效增强组织生活的仪式感、庄重感，让党员时刻不忘初心、牢记使命、发挥作用。”

（四）有力推动了新时代红色基因传承

淄川区新时代开放式组织生活设置的佩戴党员徽章、重温入党誓词、交纳党费等项目，能够帮助党员始终牢记第一身份是共产党员，进一步增强政治认同和对党组织的归属感、责任感，唤醒党员意识、责任意识、规矩意识。山东轻工职业学院信息工程系党支部的 11 名党员，在赵瓦村基层党建引领乡村文明示范基地参加完开放式组织生活后，纷纷表示深受鼓舞、倍感振奋，将坚决继承发扬优良传统，牢记使命、敬业奉献，无愧于岗位职责。淄川区老年大学党总支书记许永兴在参加完开放式组织生活后动情地说：“这种组织生活形式新颖，内容丰富，让人耳目一新，感触更加深刻，能够唤醒党员意识，增强对党组织的归属感、责任感。”

三、几点思考

（一）构建新时代开放式组织生活体系，必须与时俱进利用好现代信息技术

以信息化、网络化的方法推进全面从严治党、加强党员教育、更好地服务党员，是我们党与时俱进、传承创新的具体体现。淄川区积极适应新时代新要求，通过“党建地图”这一载体，把信息化理念较好地运用到组织生活实践中，推动了支部组织生活精细化、规范化、高效化开展。实践证明，只有把组织生活传统优势与现代信息技术结合起来，以信息化助推组织生活创新开展，才能使组织生活既有意义又有意思，既有深度又有温度。

（二）构建新时代开放式组织生活体系，必须整合各类资源力量

提升党内组织生活开放程度，让更多的党支部和党员从封闭的“会议”走进开放的“基地”，可以使组织生活的空间更广阔、内容更丰富、更多样。淄川区围绕集成基地综合功能，注重将纪检、宣传、政法、党校、老干部、工青妇等部门教育资源有机整合，精准科学创设组织生活项目，形成了构建开放式组织生活体系的整体合力。实践证明，只有跳出“部门所有”，从“大党建”的格局出发，整合各类资源力量，充分调动各方面积极性，才能把开放式组织生活体系抓实抓细、抓出成效。

（三）构建新时代开放式组织生活体系，必须贴近党员需求精准施策

基层党员队伍数量多、差异大，组织生活方式理应多种多样、丰富多彩。淄川区在融合组织生活基本制度的基础上，注入了时代元素，特别是创设红

歌传唱、红色生日会、向党说句心里话等项目，为党支部和党员量身定制组织生活“菜单”，让党员的组织归属感、身份认同感显著增强。实践证明，只有充分尊重不同行业领域群体党员实际，让党员做组织生活的主人，使组织生活更多体现自主、开放、互动，才能让组织生活真正成为党员自己的仪式和节日。

（四）构建新时代开放式组织生活体系，必须形成坚强有力的组织保障

只有各级党委重视支持、常抓不懈，才能抓出成效。淄川区委书记将此作为创新改革项目亲自领办，多次召开专题会议听取汇报、提出要求，并以普通党员身份参加所在支部的开放式组织生活；淄川区党建办负责整体谋划和系统推进，加强对基地建设和运行管理的具体指导，落实好政策、经费、人员等保障措施，大力宣传开放式组织生活的经验做法，形成了良好的舆论导向。实践证明，新时代创新党的组织生活方式方法，既要强化问题意识、树牢改革导向，又要加强组织领导、强化基础保障，只有思想和行动统一起来，心往一处想、劲往一处使，才能办好事、办成事。

双基分类考核智慧平台
在“深度融合”中彰显党建生产力
（2018）

2018年以来，周村区检察院坚持以习近平新时代中国特色社会主义思想为指导，深入学习贯彻党的十九大精神，牢固树立“讲政治、顾大局、谋发展、重自强”思想，切实把“党的建设统领全局”的工作理念贯穿始终，构建“一个理念、两亮两创、三力领航、四级联动、五项融合”的党建工作新机制，通过借力“智慧检务”信息化平台，自主研发双基分类考核智慧平台及手机APP，将机关党的建设和业务素能建设进行双渠道综合智能考评，进一步激励广大干警坚定党性信仰、抬高标杆、对标加压，推动形成比学赶帮超的良好氛围，促进党建、业务工作的融合发展。

一、坚持从严治党，依托移动互联，探索谋划检察机关“党建+”新思路

党的十九大报告指出：“党政军民学，东西南北中，党是领导一切的”，强调“毫不动摇把党建设得更加坚强有力”。实践表明，党建工作做实了就是生产力，做细了就是凝聚力，做强了就是战斗力。

（一）着力为党建插上信息化“翅膀”

习近平总书记深刻指出，将信息技术应用到党建工作中，既是信息化时代发展的客观要求，也是党建工作改革创新的必然要求。2018年4月，周村区检察院借力智慧检务的大数据平台，融入移动互联技术，自主研发双基分类考核智慧平台及手机APP，将支部建设、组织生活、量化考核、民主评议

和光荣榜等五项分类栏目搬到“网”上，使党建从现实世界扩展到网络空间，极大覆盖了党的工作覆盖面。

（二）着力以“党建+”引领检察工作

周村区检察院始终坚持把党的建设作为首要任务，全面推行“党建+”工作体系，把党建工作融入检察监督、检察队伍、检察文化、检察创新和检务保障等方面，积极探索党组、机关党委、党支部、党员四级联动抓党建工作机制，通过发挥党组的头雁作用、机关党委的表率作用、支部的主体作用和党员的先锋模范作用，切实把党建优势转化为检察业务发展优势，把党建资源转化为检察工作发展资源，把党建成果转化为检察事业发展成果，为检察工作高质量发展注入强大的“红色动力”。

（三）着力对“党建+业务”进行双基分类考核

周村区检察院在全国检察机关率先研发“党建+业务”双基分类考核智慧平台，成为唯一一家将党的建设和业务素能进行双渠道综合考评的检察院。该平台通过对党建工作与检察业务工作的智慧化应用、智慧化考评和智慧化管理，使党建与检察业务从分割走向联合，党建与检察队伍管理从模糊走向精确，是“互联网+”时代信息技术在检察机关党建与检察业务领域的创新应用。

二、深化载体创新，双基分类考核智慧平台筑牢检察工作的“根”与“魂”

双基分类考核智慧平台就是通过数据支持和智能分析，对党的建设子平台中的党支部、党小组、党员和业务素能子平台中的员额检察官、检察辅助人员、司法行政人员实行区别化分类考核，为党员干警提供了“示范带动、奖罚分明、动态管理”的新平台，从根本上解决了党的建设与业务工作“两张皮”问题。

（一）突出了明确的政治导向

习近平总书记强调，抓好党建是最大的政绩。“检察机关作为党领导下的人民民主专政的国家政权机关，首先是政治机关，必须把讲政治摆在首位。”周村区检察院不断强化政治意识，坚定政治方向，提高政治站位，探索建立双基分类考核智慧平台，在党的建设子平台中将党组织管理、党员互动交流、党建考核等诸多功能融于一体，从党员、党组织情况、制度规范、活动执行等维度进行数据统计，对党建考核差的支部和党员个人年度综合考评不得评为优秀，真正把党建工作的“软任务”变成“硬指标”，进一步增强党员政治意识，提高政治站位，更好地带动检察工作的深入开展。

（二）突出了改革创新的引领作用

习近平总书记指出：“惟改革者进，惟创新者强，惟改革创新者胜。”近年来，该院深入推进司法责任制改革向纵深拓展，整合内设机构设立“七部一室”，并围绕员额检察官办案的主体地位，创新性地为18名员额检察官设置了司法档案，并实行动态管理。每一名检察官在平台上都对应一个数据口袋，每一个口袋可以看到这名检察官的每月、每季度、每半年、每年的办案数、检察研修成果，并且对每名检察官的司法廉政、涉检信访等问题进行备案，切实保障检察权公正运行，推动检察事业的“可持续发展”。

（三）突出了考核的“指挥棒”作用

根据上级检察机关的任务部署和相关工作安排，针对员额检察官、检察辅助人员和司法行政人员三类人员的职责不同，在业务素能子平台中设置了三种不同的量化考评体系，其中包含基础指标、奖励指标、否定指标等239项加减分项。通过对三类人员的办案数量、办案质量等方面的多维度分析，生成三类人员的业务素能信息统计，并自动进行排名，为业务部署提供切实有效的数据依据，提高了业务考核的科学性、针对性和有效性，推动在全院实现“要我干”向“我要干”的转变。

（四）突出了党建与业务的深度融合

双基分类智慧考核平台紧紧抓住党建工作与业务工作“全面融合、全面提升”这一基本要求，摒弃了以往单纯抓党建或是抓业务思想，而是将党建工作与检察业务、检察队伍、检察文化、检察创新、检务保障等进行全面融合，从党的建设对全体党员干警进行横向考核，从业务素能方面对照上级考核任务对三类人员进行纵向考核，以横向比成效拉动纵向比成效，以党建与业务的“双轮驱动”，达到以党建促业务、以考评促提升的效果。

三、智能化“双轮驱动”，助力党的建设与检察业务建设驶入新轨道

平台将党内政治生活和履职尽责情况作为考核评价体系的核心内容，通过智能化考评把党建工作渗透到检察业务的各个方面和各个环节，实现了党建工作与业务工作的双提升、双促进。

（一）党建工作水平显著提高

党的建设平台融合资讯、党务、学习、互动等功能，构建起组织管理、党员考核、民主评议、学习教育等一体化平台，提供一种全新的党建理念和考核方式。随着平台和 APP 的应用，党员干警通过该平台对党建工作建言献策，交流心得；针对党内组织生活的民主评议，设置了网上投票，党员逐渐由党建工作的被动参与者变为党建工作的积极主导者，推动组织生活和党员活动进一步“实”起来、“严”起来、“活”起来，党建工作的效率和水平全面提升。

（二）检察官办案效率切实提升

该平台切实发挥了考核的“指挥棒”作用，进一步提升了考核的科学化、智能化水平。通过创新三类人员分类考核机制，在抓牢抓实党的建设的同时，员额检察官、检察辅助人员与司法行政人员可以通过考核数据了解自

己的综合排名，在各自类别内形成了良性的竞争关系，提高了业务考核的科学性、针对性和有效性，推动了办案数量及质量的大幅提升。特别是该院员额检察官 2018 年的办案数超过 2017 年人均办案数的 77%，检委会讨论决定案件比下降了 43.2%。

（三）检察工作全面整体推进

平台通过制定考核指标、建立考核流程、执行考核打分、统计考核结果，对党建工作、业务工作以大数据化的形式，进行“列清单”式的量化考核，每月评选出红旗党支部、党小组、党员等内容直接推送至手机 APP 中；对年度综合考评分数较高的党员干警，纳入年度评先评优考核推荐范围；对于考核成绩连续排名位于后三位的干警，平台将通过手机 APP 以数据化形式进行推送提醒、实时督促，全面提升了党员参加党内政治生活和组织生活的积极性、主动性和员额检察官、检察辅助人员与司法行政人员干事创业的精气神，推动周村检察整体工作走在全市前列。

【编辑评述】

推进全面从严治党向基层纵深发展

习近平总书记在党的十九大报告中强调，要“以党的政治建设为统领”“把党的政治建设摆在首位”，明确了政治建设在新时代党的建设中的战略定位，抓住了全面从严治党的根本性问题。

淄博市推进全面从严治党，坚持问题导向，聚力补齐基层党建短板弱项，切实把基层党组织建设成坚强堡垒。注重四个“着力”：着力提升组织力，着力抓规范落实，着力抓督促检查，抓创新突破，严实标准、分类推进，更加用力抓好镇（街道）、农村、城市社区、“两新”组织党建工作，切实把基层基础筑牢夯实。

围绕严肃党内政治生活、破解“落实不力”问题，淄博市打造以信息化技术推进全面从严治党向基层延伸、向纵深发展典型。以信息化助力助推党的制度建设举措落地落实，按照“内容设计标准化、积分考评数字化、过程管理可视化、结果运用刚性化”的思路，高标准建设“云党建·先锋在线”平台，全面推行基层党组织政治生活标准化体系，把严实要求落细落小到每一个支部、每一名党员，推动全面从严治党走向“严、实、硬”。

针对基层党组织生活内容单调、活动单一、缺乏吸引力等问题，淄川区打破区域、行业、单位界限，通过整合辖区党员干部教育基地、党建工作示范点等六类党建资源，分领域建设新时代开放式组织生活基地，同步引入“互联网+党建”理念，开发上线“党建地图”，着力构建起了新时代开放式组织生活体系。

2018年6月28日至29日，全国党建研究会农村专委会工作会议和“提升农村基层党组织组织力、推动乡村振兴”农村党建专题研讨会在淄博市临淄区召开。以临淄区为代表的淄博基层党建工作经验获与会人员高度评价。

后　记

习近平总书记多次强调指出，“地方是推进改革的重要力量”。

党的十八届三中全会以来，针对地方推进改革、落实改革和创新改革，中国经济体制改革杂志社一是建立与地方改革部门“共有、共办、共用”的办刊追求，依托《改革内参》《中国改革年鉴》“中国改革网”和微信公众号“地方全面深化改革”等媒体平台，搭建决策层面与一线改革探索、改革理论与实践创新、区域部门横向沟通之间的联系桥梁，建立了与地方改革部门积极互动的通联网络。二是专门建立“地方改革创新研究中心”，紧紧围绕全面深化改革的进程，深度结合地方改革创新实践，大力开展地方改革创新实践案例调研、地方改革创新高层研讨会、地方改革创新实践第三方评估等活动。至2018年上半年，中国经济体制改革杂志社先后调研了40多个地方改革创新案例，部分调研、课题成果得到了中央领导的批示和有关部门的重视。2018年10月，由本社承担的中国经济体制改革研究会“地方改革创新案例研究”课题综述文章，成为国家发改委最后向中宣部“纪念改革开放40周年理论研讨会”推荐的2篇文章之一。“五个坚持”抓落实、深化改革惠民生的淄博经验，引起社会广泛关注。

近年来，淄博市坚持时时对标中央改革决策部署、用足用好改革开放“关键一招”，坚持以制度创新为突破口、加快推动老工业城市高质量发展，坚持“六个一”督察制度、奋力打通改革落地的难点和堵点，坚持以信息化为抓手、提升各领域改革质量效率，坚持扛起改革“施工队长”重大责任、构建强有力的落实保障体系，以坚定不移持续推进“五个坚持抓落实，深化改革惠民生”为特点，形成了全面深化改革的“淄博实践”，在中央媒体广泛宣传报道。“信息化作为重要抓手推进全面深化改革”荣获中国改革2017

年度唯一特别案例奖。本社于2017年、2018年在淄博市连续两年举办了全面深化改革推进落实暨“淄博实践”高层研讨会、社会民生体制改革暨“淄博实践”现场会。淄博于2017年成为本社在全国设立的首批地方全面深化改革调研基地之一。在本社组织开展的“改革开放40年地方改革创新40案例”征集活动中，“淄博市：全面深化改革推进落实体系的淄博实践”案例入选“40年40案例”，淄博市另一案例“临淄区：社会民生体制改革临淄实践”也入选了“入围案例”。可以说，以“淄博实践”为代表的地方全面深化改革的推进和落实，为道路自信、理论自信、制度自信、文化自信做出了鲜活、真实、富有成效的诠释，为十八届三中全会提出的全面深化改革的目标任务交出了一份阶段性、优秀答卷。

《全面深化改革“淄博实践”制度创新案例集萃》收录的60个改革案例是淄博市三年来连续六批推广推介的60项基层创新经验。这些经验涉及党建、经济体制改革、民主法治、行政体制改革、乡村振兴战略，也涉及教育卫生、政务服务、生态环保、创业就业、社会保障、公共安全等群众关心关注的各个领域，来自市、区县、镇办甚至村居多个层次，具有很强的示范意义和学习参考价值。本社将在对地方全面深化改革的充分调研基础上，形成更多的地方经验成果。

中国经济体制改革杂志社
地方改革创新研究中心
2018年12月